U0453220

本书得到中国社会科学院基础研究学者资助项目（2014–2018）和国家重大基础研究计划（973）项目（2012CB955801）资助

Global Climate Governance and China's Green Economic Transition

全球气候治理与中国绿色经济转型

蒋金荷 著

中国社会科学出版社

图书在版编目（CIP）数据

全球气候治理与中国绿色经济转型/蒋金荷著．—北京：中国社会科学出版社，2017.12
ISBN 978-7-5203-1834-1

Ⅰ.①全… Ⅱ.①蒋… Ⅲ.①绿色经济—经济发展—研究—中国 Ⅳ.①F124.5

中国版本图书馆 CIP 数据核字（2017）第 313493 号

出 版 人	赵剑英
责任编辑	卢小生
责任校对	周晓东
责任印制	王　超
出　　版	中国社会科学出版社
社　　址	北京鼓楼西大街甲 158 号
邮　　编	100720
网　　址	http://www.csspw.cn
发 行 部	010-84083685
门 市 部	010-84029450
经　　销	新华书店及其他书店
印　　刷	北京明恒达印务有限公司
装　　订	廊坊市广阳区广增装订厂
版　　次	2017 年 12 月第 1 版
印　　次	2017 年 12 月第 1 次印刷
开　　本	710×1000　1/16
印　　张	16.25
插　　页	2
字　　数	242 千字
定　　价	88.00 元

凡购买中国社会科学出版社图书，如有质量问题请与本社营销中心联系调换
电话：010-84083683
版权所有　侵权必究

前　言

自 2012 年提出加快生态文明体制改革以来，推进绿色低碳发展成为各级政府的重要使命，生态文明建设被纳入国家"五位一体"（经济建设、政治建设、文化建设、社会建设、生态文明建设）总体布局。中国政府在"十三五"规划纲要中明确提出，要积极应对全球气候变化，坚持减缓与适应并重，主动控制碳排放，落实减排承诺，增强适应气候变化能力，深度参与全球气候治理，为应对全球气候变化做出贡献。2016 年中国政府签订《巴黎协定》，承诺将于 2030 年单位国内生产总值二氧化碳排放比 2005 年下降 60%—65%。

当前中国经济进入新时代。党的十九大报告指出："中国特色社会主义进入新时代，我国社会主要矛盾已经转化为人民日益增长的美好生活需要和不平衡不充分的发展之间的矛盾。"[①] 我们要建设的现代化是人与自然和谐共生的现代化，既要创造更多物质财富和精神财富以满足人民日益增长的美好生活需要，也要提供更多优质生态产品以满足人民日益增长的优美生态环境需要。因而，实现绿色经济转型既是新时代我国发展战略的需要，也是我国经济发展模式、动力以及生态文明建设的需要。

气候变化是全球性环境问题，各国为了保护全球生态环境，保护气候资源，努力减缓气候变化，推出了一系列政策法规，实施低碳发展。中国政府在全球化遭遇阻力、世界经济发展不均衡的大环境下，提出了"构建人类命运共同体、建设美好世界"的伟大倡议。全球气

[①] 习近平：《决胜全面建成小康社会　夺取新时代中国特色社会主义伟大胜利——在中国共产党第十九次全国代表大会上的报告》，人民出版社 2017 年版，第 11 页。

候治理就是实践"构建人类命运共同体"这一理念的具体举措。全球气候治理不仅要求各国在治理过程中保持信任和充分合作，而且参与者的范围应由单纯的政府决策者扩大到企业、社会组织、国际机构、公众等，亦即全球气候治理的"本地化"和"全体化"。全球气候治理的各种规制和措施需要结合本地区的经济发展阶段、资源禀赋和生态环境特征，才有可能取得预期目标：降低气候系统的脆弱性，提高应对气候变化的韧性。

改善生态环境质量、提高资源效率、减少贫困，既是国际社会在21世纪面临的挑战，也是全球气候治理的三大目标。在政策界和学术界，人们都认识到当前的生产方式和消费方式是不可持续的，并迫切需要转向绿色低碳发展道路。2008年国际金融危机以来，绿色经济已经成为许多国家经济政策的重点，因为绿色经济既关注"绿色环境"又关注持续的经济增长。绿色、生态、低碳成为当代的三大发展愿景，其中生态保护是基础，低碳转型是主旋律，实现绿色经济是最终目标。

在全球气候治理格局下，研究中国绿色低碳转型需要面对的机制问题、路径问题和政策体系问题等具有学术理论研究价值和实践指导意义，同时，在整合全球气候变化问题与局部生态环境问题的协同效应方面进行了有益的探索。本书的内容既是笔者对国内外学者在全球气候治理、绿色经济转型等领域研究成果的系统综述和比较，也是笔者近几年参加环境（气候）治理、绿色经济转型、环境生态效益评价等相关研究课题的阶段性总结和思考。本书的内容框架如下：第一章综述了联合国气候变化谈判的主要成果、研究动向，并对气候变化经济学研究前沿进行简要分析。第二章综述了全球气候治理的现状以及一些主要实践行动。第三章首先对绿色经济转型的相关概念进行简要辨识；然后运用从新制度经济学理论简述绿色经济转型机制，并对环境外部性理论进行概述。第四章主要从减缓气候变化工具和适应气候变化措施两个维度综述全球气候治理的政策工具体系，并简略分析气候融资情况。第五章对主要国家近几年来颁布的重点气候治理和绿色经济转型政策进行简述。第六章首先从国家安全视角分析气候变化对我国带来的潜在风险和影响；其次评估"十五"规划以来我国低碳绿色经济转型成效；最后简单梳理我国应对气候变化绿色经济转型政策和行动。第七章首先从三个维度构建绿色经济转型指数，并对各地区绿色经济转型水平进行系统评价与比较。第八章对全球气候治理与绿色经济转型协同效应进行案例分析：选择已经开展退田还湖还湿的洞庭湖地区，利用湿地生态系统服务评价方法，实例印证退田还湖还湿试点工程在推进气候治理、促进当地生态环境资源与绿色经济转型的协同效应。

目 录

第一章 国际气候变化研究新动向 …………………………………… 1

    第一节 国际气候变化谈判主要成果简介 ………………… 2

    第二节 气候变化经济学研究新进展 ……………………… 6

第二章 全球气候治理现状和实践行动 ……………………………… 22

    第一节 全球气候治理现状分析 …………………………… 22

    第二节 全球气候治理实践行动评述 ……………………… 33

第三章 绿色经济转型的经济学机制阐释 …………………………… 50

    第一节 绿色经济转型相关概念辨识 ……………………… 50

    第二节 绿色经济转型的新制度经济学阐释 ……………… 56

    第三节 环境外部性理论方法简述 ………………………… 63

第四章 全球气候治理的政策体系分析 ……………………………… 67

    第一节 适应措施评述 ……………………………………… 67

    第二节 减缓或预防措施及政策工具选择 ………………… 74

    第三节 碳税和总量管制与交易的比较 …………………… 82

    第四节 全球气候融资评述 ………………………………… 84

    第五节 其他辅助政策工具 ………………………………… 87

第五章 主要国家气候治理与绿色经济转型政策分析 …………… 89

    第一节 欧盟绿色经济政策与《地平线计划2020》评述 …… 90

第二节　德国绿色经济发展政策和《气候行动规划
　　　　　　2050》简述 ………………………………………… 95
　　第三节　法国和英国绿色经济发展政策简述 …………………… 102
　　第四节　北美洲三国《温室气体长期低排放战略》简述 …… 104
　　第五节　气候中性和碳中和倡议 ……………………………… 109

第六章　气候变化对我国的影响分析与绿色经济转型政策 ……… 114
　　第一节　气候变化对我国的潜在影响分析：国家安全视角 … 115
　　第二节　我国低碳绿色经济转型成效初步评估 ……………… 119
　　第三节　我国各省区市"十二五"时期节能减排考核
　　　　　　指标差异分析 ………………………………………… 133
　　第四节　我国低碳绿色经济转型的政策和行动 ……………… 135

第七章　我国绿色经济转型水平评价与区域比较 ………………… 146
　　第一节　绿色经济转型评价指标体系构建 …………………… 146
　　第二节　绿色经济转型指数估算和评价 ……………………… 149
　　第三节　中国及省区市绿色经济转型评价指数估算结果 …… 151
　　第四节　中国及省区市绿色经济转型评价和比较分析 ……… 159

第八章　全球气候治理与绿色经济转型协同效应：案例分析 …… 177
　　第一节　适应气候变化与水资源可持续利用 ………………… 177
　　第二节　退田还湖还湿试点综述 ……………………………… 179
　　第三节　退田还湖还湿生态服务经济评价综述 ……………… 182
　　第四节　案例分析：洞庭湖12个堤垸 ………………………… 191

附录一　联合国可持续发展目标简要说明 ………………………… 196

附录二　2000—2016年中国及省区市碳排放、能耗、水耗与
　　　　经济数据 ………………………………………………… 213

参考文献 ……………………………………………………………… 239

第一章 国际气候变化研究新动向

气候变化已成为21世纪人类共同面临的最大的环境与发展挑战，考验着人类的文明、经济发展模式、社会制度、国际政治等。工业革命以来，大气层中温室气体浓度不断升高，导致地球表面平均气温呈上升趋势，全球变暖是气候变化的一个主要特征。据政府间气候变化专门委员会（Intergovernmental Panel on Climate Change，IPCC）第五次评估报告，自1850年以来，全球地表升温速度高达0.86℃/100年。20世纪是过去千年最暖的百年，21世纪最初十年成为过去千年最暖的十年。人类活动被认为是全球变暖的主要驱动因素，特别是人类燃烧化石能源排放的二氧化碳（CO_2）被认为是最主要的原因（IPCC，2013；秦大河等，2017）。为减缓全球变暖、适应气候变化以及改善人类赖以生存的生态环境系统，在联合国相关机构的协调下，国际社会进行了长期而又艰难的气候变化谈判。2015年12月12日，联合国气候变化大会于巴黎达成了气候变化协定——《巴黎协定》（Paris Agreement）。近几年来，国际社会基于《巴黎协定》的规定，各成员国编制、通报并维持其预计实现的"国家自主贡献"（Nationally Determined Contributions，NDCs），各国纷纷推出根据本国国情发展需要的低碳发展战略。面对减排刻不容缓的全球情势，学术界对于气候变化的相关研究发布了一些新动向和新进展。本章先阐述联合国气候变化谈判的主要成果、研究动向，再对气候变化经济学研究前沿问题进行简要分析。

第一节　国际气候变化谈判主要成果简介

联合国为预防温室效应带来的气候变化问题日益恶化，于1988年成立了政府间气候变化专门委员会（IPCC），负责收集和组织各国在气候变化研究领域的工作与成果，并提出科学评价与政策建议。IPCC成立近30年来，每年举行一次以碳减排为核心议题的气候变化谈判，取得不少成果（万怡挺等，2015）。

一　《联合国气候变化框架公约》成立与《京都议定书》签订

1992年6月，在巴西里约热内卢召开了联合国环境和发展大会（也称为"地球峰会"），154个国家的领袖签署通过《联合国气候变化框架公约》（United Nations Framework Convention on Climate Change，UNFCCC）（以下简称《公约》）。①《公约》对"人为温室气体"排放制定了全球性管制目标协议、对温室效应所形成的全球气候变暖问题加以规范，为全球第一个为全面控制二氧化碳等温室气体排放、应对全球气候变暖给人类带来不利影响的国际公约，也是国际社会在应对气候变化问题上展开国际合作的一个基本框架。

《公约》于1994年3月21日正式生效，有190多个国家批准了《公约》，依据"共同但有区别责任"和"公平原则"，将成员国区分为"附件一成员国"和"非附件一成员国"两组，承担不同责任。其中"附件一成员国"共计37个国家，包含24个经济合作与发展组织（Organization for Economic Cooperation and Development，OECD，以下简称经合组织）国家、欧洲共同体和12个经济转型国家，责任包括到2000年将二氧化碳及其他温室气体排放回归"本国1990年水平"；经合组织国家提供资金与技术，协助发展中国家防治气候变化；

---

① 《公约》由序言及26条正文组成，具有法律约束力，旨在控制大气中二氧化碳、甲烷和其他温室气体的排放，将温室气体的浓度稳定在使大气系统免遭破坏的水平。参考《公约》网站 http://unfccc.int/。

概述达成目标所采取的行动方案与预期效果。不在"附件一成员国"名单内的《公约》成员国为"非附件一成员国"(包括小岛型岛国、新兴工业国家、发展中国家等),责任包括进行本国温室气体排放资料统计,阐述本国国情、温室气体排放预估及拟实行控制措施等。①

《公约》生效之后,成员国大会(Conferences of the Parties,COP)每年举行一届,其中最重要的一次大会是1997年第三届成员国大会,这次会议通过了《京都议定书》(Kyoto Protocol)。历届《公约》成员国大会的举办地点和重要议题总括见表1-1。

表1-1 历届《公约》成员国大会的举办地点和重要议题总括

届次	时间	地点	重要议题
1	1995年3月	德国柏林	首届会议,通过《共同履行公约的决定》
2	1996年7月	瑞士日内瓦	—
3	1997年12月	日本京都	通过《京都议定书》,制定2012年前发达国家减排气体种类、时间表和份额
4	1998年11月	阿根廷布宜诺斯艾利斯	—
5	1999年10月	德国波恩	—
6	2000年11月	荷兰海牙	美国坚持扣减其减排指标,致会议延期
7	2001年10月	摩洛哥马拉喀什	通过《马拉喀什协定》
8	2002年10月	印度新德里	通过《德里宣言》,强调应对气候变化必须在可持续发展的框架内进行
9	2003年12月	意大利米兰	—
10	2004年12月	阿根廷布宜诺斯艾利斯	《公约》十周年
11	2005年11月	加拿大蒙特利尔	通过双轨路线"蒙特利尔路线图"
12	2006年11月	肯尼亚内罗毕	
13	2007年12月	印度尼西亚巴厘岛	通过里程碑式的"巴厘岛路线图",致力于讨论"后京都"问题

① http://unfccc.int/resource/docs/convkp/conveng.pdf.

续表

届次	时间	地点	重要议题
14	2008年12月	波兰波兹南	八国集团（G8）首脑会议达成与《公约》其他成员国共同实现2050年的减排目标
15	2009年12月	丹麦哥本哈根	发表《哥本哈根协议》，针对2012年后的应对气候变化新进程磋商
16	2010年11月	墨西哥坎昆	谈判向国际社会发出比较积极的信号
17	2011年11月	南非德班	绿色气候基金董事会，实施《京都议定书》第二承诺期
18	2012年11月	卡塔尔多哈	2013年实施第二承诺期
19	2013年11月	波兰华沙	损失损害补偿机制问题达成初步协议
20	2014年12月	秘鲁利马	细化2015年《巴黎协定》的各项要素
21	2015年12月	法国巴黎	达成历史性意义的《巴黎协定》
22	2016年11月	摩洛哥马拉喀什	通过了《马拉喀什行动宣言》
23	2017年11月	德国波恩	会前美国新政府退出《巴黎协定》，会议达成名为"斐济实施动力"的系列成果

注："—"表示这届会议未取得实质性成果。
资料来源：笔者根据网络资料整理。

1997年12月，日本京都举行第三届成员国大会，并签署《京都议定书》：2008—2012年，主要发达国家的温室气体排放量要在1990年的基础上平均减少5.2%，其中欧盟将6种温室气体的排放降低8%，美国降低7%，日本降低6%。《京都议定书》最终于2005年2月16日开始强制生效。这是人类历史上首次在全球范围内以强制性法规形式限制温室气体排放行为，欧盟等发达经济体开始履行减排承诺。但是，由于美国于2001年退出《京都议定书》，而且附件一成员国在第一承诺期的减排义务并不足以实现IPCC关于减排的目标。因而，各国在《京都议定书》第二承诺期和全球范围内更多国家参与减排的国际协议进行各种级别的艰苦谈判，才有了2015年的《巴黎协定》。《巴黎协定》是迄今最复杂、最敏感也是最全面的气候变化谈判成果。

二 《巴黎协定》的特点与气候治理模式变化

《巴黎协定》的签署,开启了全球绿色低碳发展的新局面,将升温控制在2℃,成为全球气候治理新的目标和挑战。这是继《京都议定书》之后,第二个具有法律约束力的国际公约,为全球气候变化问题构建了一个新的机制,是在应对气候变化进程中迈出的历史性的一步(何建坤,2016;林欢,2016)。

(一)《巴黎协定》概述

《巴黎协定》由决议草案和协定两部分组成。其中,决议草案由协定的通过、国家自主贡献①、2020年之前的强化行动等六部分构成,不需要各国批准。协定列有29条,包括目标、减缓、适应、资金、技术转让等方面的内容,需要各国批准。《巴黎协定》于2016年4月22日至2017年4月21日开放签署,只要满足"不少于55个缔约方"和"共占全球温室气体总排放量的至少约55%的缔约方交存其批准、接受、核准或加入文书"两个条件,《巴黎协定》便于满足条件之日后第三十天起生效。经过国际社会的共同努力,《巴黎协定》通过不到一年,就达到了生效门槛,并于2016年11月4日正式生效。

(二)《巴黎协定》气候治理模式变化

《巴黎协定》制定了气候变化的长期目标,将全球升温控制在2℃之内,努力限制在1.5℃,到2080年,实现"零排放"。其最大的特点是将所有成员国都纳入了保护地球生态环境的可持续发展框架体系。首先,各成员国在2020年前向联合国秘书处提交到2050年乃至更长期间的低碳战略。其次,各成员国就其同意提交的国家自主贡献定期在整体进度上进行促进性全球盘点;并且各个国家提供的NDCs主要为减缓行动信息,同时成员国有权提供适应、资金等信息。再次,各成员国要定期提供温室气体排放清单和履行的进度追踪信息,为全球盘点提供参考。最后,各成员国定期依照透明的方式开展工作。

---

① 国家自主贡献(NDCs):已批准《巴黎协定》的国家提交的材料,表明各国为实现《巴黎协定》的长期温度目标(将升温限制在2℃以下)而做出的努力。新的或更新的国家数据中心将在2020年提交,此后,每五年提交一次。因此,国家自主贡献代表了一个国家目前在全国范围内减少排放的雄心和目标。

《巴黎协定》确立了以预定国家自主贡献（Intend National Determined Contributcons，INDCs）为核心的自下而上的减排模式，因此，各成员国依据自主贡献的形式，自主制订减排计划。INDCs 构建了各国自主贡献的新型的全球气候治理体系，已经有 188 个成员国提交了INDCs，覆盖了全球 90% 的温室气体排放。此外，发达国家在资金、技术和能力建设方面帮助发展中国家应对气候变化，从而避免了某些发达国家利用 INDCs 逃避减排义务的可能性。

《巴黎协定》的这种减排模式完全不同于《京都议定书》的治理机制。《京都议定书》对发达国家规定了自上而下的强制减排模式，在气候变化领域主要体现为"下"遵守"上"设计的方案、路线，"下"多为被动执行具体的气候变化对应领域，"上"为成员国的行动、方案等。这种自上而下的减排模式没有得到多数国家的认可，反而这种治理模式的弊端日益凸显。再加上美国从未批准，且加拿大也于 2011 年宣布退出《京都议定书》，所以，实际上，《京都议定书》并未取得显著的减排成效（秦天宝，2016）。

《巴黎协定》改变了之前发达国家和发展中国家的划分，重新划分为发达国家、最不发达国家和小岛屿发展中国家以及发展中国家三类，这意味着国际社会充分考虑了最不发达国家和小岛屿发展中国家的主张。就减排而言，中国等发展中国家加重了减排责任。一方面，发展中国家所取得的发达国家的援助将逐步减少；另一方面，发展中国家有可能对那些最不发达国家确立的共同但有区别责任原则也随之发生了变化。总之，《巴黎协定》遵守了适用共同但有区别的责任原则，弱化了该原则的适用基础，突出了社会的包容性发展。

第二节　气候变化经济学研究新进展

近几年来，全球经济一直未出现全面复苏迹象，因气候变暖引起冰川溶化、极端气候事件频发、土地退化以及贫困问题等全球性经济、环境、社会问题已越来越突出，亟须通过各经济体、组织机构和行为主体之间的联合与合作，共同解决全球性问题。气候变化问题已引起越来越多研究部门的关注，气候变化经济学研究领域的核心主题由起初的能源系统问题演变成多学科多领域、多层次的复杂经济社会问题，涉及经济学、政治学、生态环境学及社会管理等学科。基于相关文献，气候变化经济学的研究进展主要包括研究方法论和最新研究结论等（Goulder and Pizer，2006；Harris et al.，2017；Stern，2007；Stern，2016；Nordhaus，2013）。

一 研究方法论

气候变化是一个体现外部性、共同财产资源、公共物品、可再生和不可再生资源以及随着时间推移成本和收益折现的问题。它具有经济学、大气科学、环境科学、政治学和技术方面的内容。这就决定了气候变化问题的全球性、长期性和不确定性（复杂性）等特征，因而，单靠经济分析并不能充分应对这一范围的问题，但是，经济理论和政策分析在寻求解决方案方面可以提供很多帮助。

从威廉·诺德豪斯（William Nordhaus）的"我们应该以多快的速度掠夺全球公域？"开始（1982年），气候变化经济学的研究重点是诊断气候变化的经济学基础，并提供正面和规范性分析政策来应对这一问题。在与环境经济学的其他领域重叠的同时，由于气候变化问题的独特性，气候变化经济学具有特别的关注点，包括长期规模性、不确定性的程度和性质，区域不均衡分布、跨时空的政策利益和成本评估等。

（一）气候变化影响的建模分析

科学家对地球大气中的二氧化碳浓度不断增加的可能影响结果进行了建模研究，包括预期的负面影响，如中断向城市和农业的供水、热带疾病传播对健康造成的损害和死亡、干旱造成的农业产量损失等；可能的有益影响结果，如在寒冷气候环境下农业产量的增加、降低采暖成本等；其他难以预测但可能更具破坏性和永久性的影响结果，如天气模式的破坏（飓风、干旱和其他极端天气事件发生频率增加）、南极西部冰盖可能塌陷，这将导致海平面上升而淹没主要沿海城市等。

潜在的有益结果将主要在北半球的北部，例如冰岛、西伯利亚和加拿大。世界上其他大多数地区，尤其是热带地区和亚热带地区，可能会因气候变暖而遭受严重的负面影响。根据 IPCC 的预测，随着排放量的增加和温度的升高，负面影响将会加剧，而正面影响则会减弱（见表 1-2）。

表 1-2　　气候变化的可能影响

影响类型	最终相对于工业化前温度的上升温度				
	1℃	2℃	3℃	4℃	5℃
淡水供应	安第斯山脉的小冰川消失，威胁到5000万人的供水	在某些地区（如南部非洲和地中海地区），潜在的供水量减少20%—30%	南欧每十年发生一次严重干旱，导致缺水人口增加10亿—40亿	南部非洲和地中海地区的潜在供水量减少30%—50%	喜马拉雅山的大型冰川可能消失，影响中国1/4的人口
粮食和农业	温度范围内的产量适度增加	热带地区农作物减产（如非洲农作物减产5%—10%）	面临饥饿风险的人口增加1.5亿—5.5亿；在高纬度地区，单产可能达到顶峰	非洲单产下降了15%—35%。一些地区失去了农业生产条件	海洋酸度增加可能会减少鱼类资源
人类健康	每年至少有30万人死于与气候变化有关的疾病；高海拔地区降低冬季死亡率	非洲有4000—6000万人口暴露于疟疾中	每年有100万—300万潜在人口死于营养不良	非洲多达8000万人暴露于疟疾中	疾病进一步增加，医疗服务负担沉重
沿海地区	沿海洪灾造成的损失增加	多达1000万人遭受沿海洪灾	多达1.7亿人遭受沿海洪灾	多达3亿多人遭受沿海洪灾	海平面上升威胁纽约、东京和伦敦等主要城市
生态系统	至少有10%的物种面临灭绝危险；野火风险增加	15%—40%的物种可能面临灭绝危险	20%—50%的物种可能面临灭绝危险；亚马逊森林可能崩溃	北极苔原损失了一半。珊瑚礁大量消失	全球大灭绝

资料来源：IPCC, 2007b; Stern, 2007。

（二）成本效益分析

表1-2表明，未来一个世纪的全球变暖趋势存在很大的不确定性。考虑到这些不确定因素，一些经济学家试图将全球气候变化的分析置于成本效益分析的背景下。尽管对这种用货币价值来研究气候变化影响的复杂性存在简单化，但是，通过成本效益分析也为我们提供了一种了解气候变化影响的路径。

如果没有政府政策干预，按照BAU（Business as Usual，BAU）情景，碳排放量将继续增加，如图1-1所示。但是，这些预测是基于当前趋势的，没有考虑未来减排政策的影响。根据《巴黎协定》确定的目标，需要立即采取积极的政策行动，以稳定碳排放量，然后才有可能在未来几十年内减少总排放量。了解减少排放涉及的问题，就是研究这类政策举措的经济学意义所在。

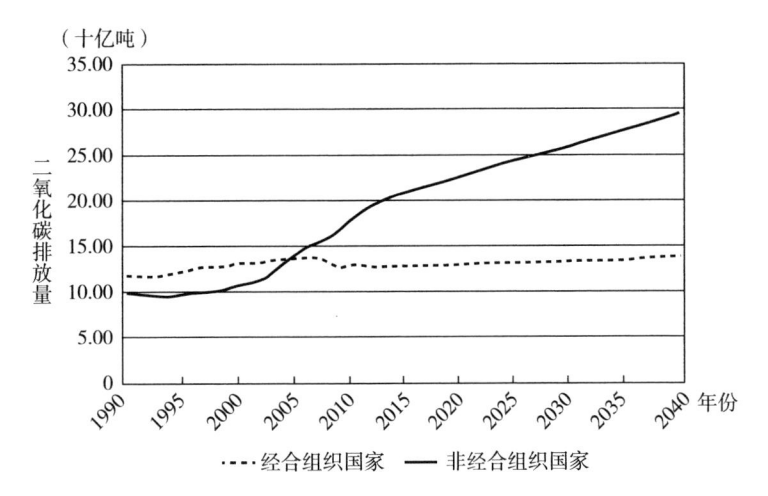

图1-1 与能源相关的二氧化碳排放量估计值及预测值（至2040年）

注：经合组织国家主要包括工业发达国家，非经合组织国家包括世界其他国家。

资料来源：EIA，2016年。

当经济学家进行成本效益分析时，他们需要权衡：预计的碳排放量增加所带来的后果与当前稳定或减少二氧化碳排放的政策措施的成本。采取强有力的政策行动来防止气候变化，将带来与避免的损失相等的收益。防止损坏的这些好处也可以称为避免成本。然后，必须将估计的收益与采取行动的成本进行比较。

各种经济研究试图估算应对气候变化采取政策行动的收益和成本，以货币化或占国内生产总值的百分比来衡量气候变化的成本存在一些固有的问题。一般而言，这些研究仅能捕捉到气候变化对经济生产的影响，或用货币表示所产生的非市场影响。某些经济部门可能容易受到气候变化的影响，如农业、林业、渔业、沿海地区房地产业和交通运输业等。但是，这些产业仅占 GDP 的 10% 左右。其他主要产业，例如，制造业、服务业和金融业，被认为仅受到轻微的气候变化影响（Nordhaus，2013）。

因此，用 GDP 影响的估算方法可能会忽略气候变化对生态系统的最强有力的破坏。根据威廉·诺德豪斯的说法，他在过去 20 年间撰写了许多关于气候变化的成本效益研究报告："气候变化中最具破坏力的方面（在不受管理和无法管理的人与自然系统中）远远超出了常规市场。我确定出四个特别令人关注的领域：海平面上升、飓风加剧、海洋酸化和生物多样性丧失。目前，对于每一种变化，变化的规模都超出了人类停止努力的能力。需要强调的是，我们必须加强对地球系统奇点和临界点的关注，例如，那些涉及不稳定的冰盖和逆流海洋。这些影响不仅难以从经济角度衡量和量化，就是从经济和工程的角度来看，它们也很难管理。但是，说它们很难量化和控制并不意味着应该忽略它们。恰恰相反，这些系统是应该最值得认真研究的，因为从长期来看，它们可能是最危险的。"（Nordhaus，2013）

成本效益分析也可能引起争议，因为它为人类健康和生命的价值设定了一个数字。大多数研究都遵循一种常规的成本效益法，即根据人们愿意为避免危及生命的风险而愿意支付或愿意接受的金额来承担此类风险（例如，承担危险工作的额外工资）。但是，由于确定"统计生命"价值的方法取决于诸如收入和条件价值评估（Contingent Valuation Method，CVM）等货币衡量标准，发展中国家往往赋予较低的人类生命价值。由于发展中国家将经历许多最严重的气候变化影响，因此，这种经济估值偏见显然引发了分析和道德问题。

不确定性问题对于气候变化的成本效益分析至关重要。如果天气破坏远比预期的严重,则损失估计数值往往会忽略灾难性后果的可能性。例如,一场飓风除造成生命损失外,还可能造成数百亿美元的经济损失。如果气候变化导致严重的飓风更加频繁,成本效益分析将不得不以比以前更高的水平来估算破坏成本。如果热带疾病由于天气变暖而大大扩大其范围,那么另一个未知的价值(人类发病率或疾病损失)可能是巨大的。

(三)气候变化影响的综合评估模型分析

尽管前述的成本模型可用于评估实现给定排放目标的替代政策的成本效益,但将成本与减排收益(避免损失)联系起来的方法催生了综合评估模型的开发。这些模型将温室气体排放、温室气体浓度以及温度或降水的变化联系在一起,并考虑这些变化如何反馈给生产和公用事业。许多综合评估模型都是优化模型,可以解决排放时最大化净收益问题(大都在温度或浓度的限制下)。

科学家和经济学家已经使用综合评估模型(Integrated Assessment Models,IAM)将人口和经济增长的情景以及由此产生的排放量转化为大气成分和全球平均温度的变化。然后,这些模型应用"破坏函数",破坏函数近似估算温度变化与受海平面变化、飓风频率、农业生产力和生态系统功能等影响而产生的经济成本之间的全球关系。最后,这些模型试图将未来的损失转化为现在的货币价值(Revesz,Arrow et al.,2014)。

图1-2给出了三种广泛使用的综合评估模型(CRED模型、DICE模型和ENVISAGE模型)在全球气温不同水平上升时所估算的损失值。较高的温度变化范围会导致全球范围内的损失估计值大大增加,不同的模型对未来破坏的估计是不同的,进而对经济产生不同的影响,损失范围为每年占全球GDP的2%—10%或者更多一点,这取决于全球平均气温上升情况。

这些货币化的损失估算可能会引起争议,并且可能无法涵盖损失的所有方面,但是,假设我们决定接受它们,至少作为一个粗略的估算。然后,我们必须权衡防止气候变化的政策的估计收益与这些政策的成本。为了估算这些成本,经济学家使用经典的经济学模型来表示诸如劳动力、资本和资源等投入如何产生经济产出。

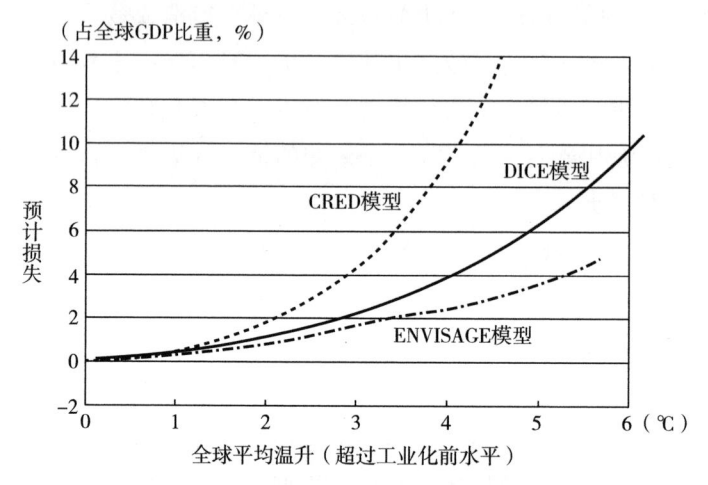

图1-2 全球气温上升造成损失增加

注：图中显示的三种不同综合评估模型（ENVISAGE模型、DICE模型和CRED模型）给出的损失估算在低等至中等水平的温度变化下是相似的，但是，在较高水平的温度变化下却有很大差别，反映了建模中使用的不同假设。

资料来源：R. Revesz 和 K. Arrow 等，2014年。

为了降低碳排放量，我们必须减少化石燃料的使用，代之以可能更昂贵的其他能源，并投资于可再生能源、能源效率和其他碳减排战略的新基础设施。经济学家针对各种措施（如能源效率、转向太阳能和风能或避免森林砍伐）计算了边际减排成本（减少一单位额外的碳的成本）。

这些措施中，有些是低成本的，甚至是负成本的（意味着它们除减少碳排放外，还带来了经济利益）。但是，特别是对于非常大量的碳减排而言，大多数经济模型预测会对GDP产生一些负面影响。对大量研究的荟萃分析（meta-analysis）发现，对GDP的影响估计值随着对替代新能源、技术学习和经济灵活性的可能性假设而变化（Stern，2007）。

达到不超过2℃温升的《巴黎协定》目标的一项成本估算是：这将需要约占1.5%的世界收入（相当于一年实际收入的增长）。但是，这是在国际合作的最佳情况下进行的。在不利的假设下，成本估计将上升至全球 GDP 的 4% 以上（Nordhaus，2013）。同样，以上提到的荟萃分析发现，成本变化可能从最坏情况下占全球 GDP 的 3.4% 增加到最佳情况下占全球 GDP 的 3.9%（Stern，2007）。

（四）碳定价机制新进展

大量研究结论表明，碳定价机制是实现《巴黎协定》温控目标的重要保障，但是，当前我们离实现《巴黎协定》目标所需的距离还很遥远，碳定价机制的覆盖面和价格水平仍然不足，增加碳定价的广度和深度至关重要。根据世界银行等机构最新发布的《2017 年碳定价现状及趋势》的年度报告[1]，2016 年，全球各个层面实施碳定价机制的势头持续高涨，但是，要确保全球实现《巴黎协定》的 2℃温控目标，未来碳定价的行动力度必须要有明显加大。

自 2016 年以来，全球在碳定价方面取得了一些进步。2017 年，碳定价计划的总价值达到了 520 亿美元（包括排放交易体系和碳税），比 2016 年增长了 7%。自 2016 年年初以来，全球共增加了 8 个新的碳定价举措，其中 75% 在美洲（主要为哥伦比亚、智利和几个加拿大省份）；目前共有 42 个国家和 25 个地区对碳排放实施了定价（这些实施了定价的国家和地区占全球经济总量的 50% 和全球温室气体排放总量的 25%）。自 2016 年年初以来，碳定价机制取得的进展包括：①智利和哥伦比亚推出了碳税；②加拿大 3 个省（阿尔伯塔省、不列颠哥伦比亚省和安大略省）和美国 1 个州（华盛顿州）推出了新的或加强型碳定价机制；③墨西哥开始实施为期 1 年的排放交易体系模拟计划，旨在提高碳定价意识，为 2018 年启动排放交易体系试点做准备；④中国准备启动全国碳排放交易体系，可能成为世界最大的碳定价举措。

但是，不容乐观的是，目前仍有 85% 的碳排放量尚未纳入碳定价的覆盖范围，而且碳定价覆盖范围内有 75% 的排放量定价水平为每吨

---

[1] World Bank, "State and Trends of Carbon Pricing 2017", World Bank, Washington, DC, 2017.

碳10美元，远远低于碳定价高级别委员会（High Level Commission on Carbon Prices）认为的符合《巴黎协定》温控目标的2020年每吨40—80美元和2030年每吨50—100美元的水平。①

因此，要实现《巴黎协定》的目标，未来碳定价的发展速度还要显著提升。碳定价机制未来的优先行动领域包括：①通过推出新的倡议和在现有实施的机制中扩大碳定价机制的覆盖范围，增加温室气体排放量。②通过提高碳价格、加强碳定价机制的影响力度，碳价格可以传递更强的价格信号，为低碳技术吸引到更多投资。③在国内层面，使碳定价机制与辅助性的政策保持协调一致，确保在更广泛的政策框架下的连贯性。④加快《巴黎协定》指导框架的制定，使之有助于连接国内的碳定价机制，并促进国际市场机制的使用。⑤以更加战略性和综合的方式利用气候融资，促进能支持变革性的气候变化减缓政策和融资的气候市场发展。

（五）折现率选择和不确定性问题

如果积极的碳减排政策的成本和收益都在GDP中占几个百分点的范围内，我们该决定怎么做？在很大程度上取决于我们对未来成本与收益的评估。采取行动的成本必须在今天或不久的将来承担；而采取行动的收益（避免的损失成本）在将来会越来越大。因此，现在的任务是决定如何平衡这些未来的成本和收益。

经济学家通过使用折现率评估未来成本和收益。与折现相关的问题和隐含的价值判断增加了评估成本和收益时已经存在的不确定性。这表明我们应该考虑一些替代方法，包括可以兼顾生态、经济成本和收益的技术。有关气候变化成本效益分析的经济学研究对经济政策得出了截然不同的结论。根据威廉·诺德豪斯及其同事的早期研究（2000—2008年），减缓气候变化的"最佳"经济政策涉及短期内适度的减排量，其次是中长期减排量的增加，有时被称为作为逐步加强气候政策的手段（Nordhaus，2007，2008）。

多数有关气候变化的早期经济研究得出的结论与威廉·诺德豪斯

---

① 中国科学院兰州文献情报中心：《气候变化科学专辑》2017年第23期。

研究的结论相似，尽管少数研究建议采取更激烈的行动。关于气候变化经济学的辩论，在2007年发生了重大变化，当时世界银行前首席经济学家尼古拉斯·斯特恩（Nicholas Stern）发表了一份长达700页的报告，该报告由英国政府赞助，题为《气候变化经济学：斯特恩评论》，又称《斯特恩报告》。尽管先前对气候变化的大多数经济分析都提出了相对温和的政策回应，但《斯特恩报告》强烈建议立即采取实质性的政策行动：现在的科学证据是压倒一切的即气候变化是严重的全球威胁，需要紧急的全球对策。该报告评估了关于气候变化影响和经济成本的大量证据，并使用了许多不同的技术来评估成本和风险。从所有这些角度来看，《斯特恩报告》收集的证据得出一个简单的结论：采取强有力的行动的好处远远超过了不采取行动的经济代价。

根据常规经济模型的结果，《斯特恩报告》估计，如果我们不采取行动，那么现在和永远，气候变化的总成本和风险都相当于每年至少损失全球GDP的5%。如果考虑到更大范围的风险和影响，则损失的估计值可能会上升到GDP的20%或者以上。相比之下，每年的行动成本（减少温室气体排放以避免气候变化的最严重影响）可以限制在全球GDP的1%左右。收益与成本之比至少为5:1，这意味着立即采取重大政策行动的有力的经济理由，而不是缓慢的"加速"行动（Stern，2007）。

两种经济分析方法对气候变化进行分析带来了这么大的差异，原因何在？一个主要问题是选择用于评估未来成本和收益的折现率。长期收益或成本的现值（PV）取决于折现率。较高的折现率将导致长期收益的现值估值偏低，而使短期成本的现值估值偏高。相比之下，低折现率将导致长期收益的当前估值较高。如果我们选择低折现率，那么积极减排政策的估计净现值将更高。

尽管斯特恩和诺德豪斯研究都使用标准的经济学方法，但斯特恩的方法更加关注长期的生态和经济影响。《斯特恩报告》使用1.4%的低折现率来平衡当前和未来的成本。因此，即使几十年来进取行动的成本似乎高于收益，但潜在的高额长期损失仍在平衡，而有利于今天的进取行动。这些对于它们的货币和非货币影响都是重要的。从长远来看，全球气候变化对环境的破坏也将对经济产生重大的负面影响。但是，使用标准折现率会降低未来长期重大损失的现值（见专栏1-1）。

专栏1-1 折现率简介

经济学家使用以下等式计算未来几年发生的X美元成本或收益的现值：

现值$(X) = X/(1+r)^n$

其中，r是折现率。例如，如果我们要确定从现在起25年后以5%的折现率获得的50000美元收益的现值，则为：

$50000/(1+0.05)^{25} = 14765$（美元）

折现率的选择随着时间的推移而变得越来越重要。图1-3显示了气候变化成本效益分析中使用的几种折现率在未来不同时间段内所经历的100美元成本或收益的现值。我们发现，当使用5%或7%的折现率时，就未来价值而言，未来100年发生的成本或收益可以忽略不计——分别仅为0.76美元和0.12美元。即使折现率为3%，100年后的100美元的价值也仅为5.20美元。但是，当折现率为1%时，对未来100年的影响很大，当前价值约为37美元；即使折价200年，其现值仍接近20美元。

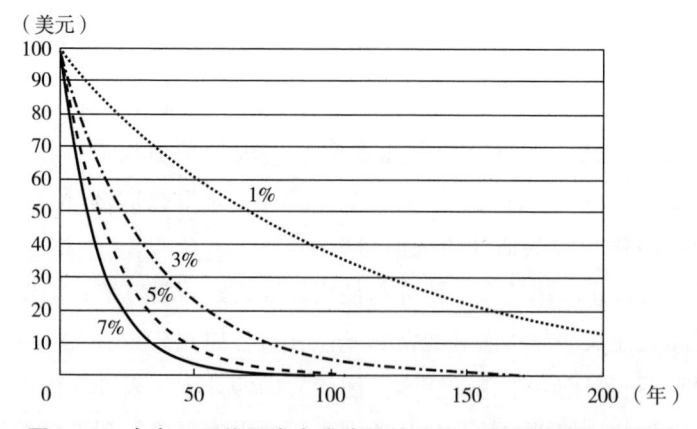

图1-3 未来100美元成本或收益的现值：不同折现率的影响

资料来源：Harris等，2017年。

这两项研究之间的另一个区别在于对不确定性的处理。斯特恩方法将较大的权重分配给不确定但潜在的灾难性影响。这反映了预防原则的应用：如果某个特定结果可能是灾难性的，即使看起来不太可能，也应采取强有力的措施来避免。这项原则已在环境风险管理中得到了越来越广泛的应用，它对全球气候变化尤为重要，因为许多未知但潜在的灾难性后果可能与持续的温室气体累积有关（见专栏1-2）。

> **专栏 1-2　气候变化的拐点和奇点**
>
> 气候变化预测中的许多不确定性与反馈回路的问题有关。当初始变化（如温度升高）在物理过程中产生变化时，就会发生反馈环，然后放大或减小原始效应（增加原始效应的响应称为正反馈环；减少原始效应的响应称为负反馈环）。正反馈回路的一个例子是气候变暖导致北极苔原的融化增加，释放出二氧化碳和甲烷，这增加了大气中温室气体的积累，并加速了变暖过程。由于与气候变化有关的各种反馈回路，最近的证据表明，变暖发生的速度比大多数科学家在5—10年前的预测要快。从而使人们越来越担心"失控"反馈回路的可能性，这可能会在短期内导致巨大的变化。一些科学家建议，我们现在可能正在接近某些气候临界点，一旦超过这个临界点，就可能造成灾难性影响。

也许最令人不安的可能性是格陵兰和南极西部冰盖的迅速崩溃。2016年，詹姆斯·汉森（James Hansen）等发表的一篇论文认为，极地冰块在未来50年内可能融化，导致海平面上升20—30英尺。该论文认为，由于陆地冰融化而涌入海洋的淡水将引起一个反馈回路，这将导致格陵兰和南极洲冰盖迅速崩解。主要作者詹姆斯·汉森博士说："这将意味着所有沿海城市、世界上大多数大城市及其所有历史都将流失。"

尽管快速融化场景仍存在争议，但已发现其他危险的反馈回路。在最近的研究中，科学家发现，北极的甲烷排放量在短短的五年内增加了近1/3。这个发现是近年来来自该地区的一系列报道的结果，先前冻死的沼泽土壤正在融化并释放出大量甲烷。目前，这种北极土壤封锁了数十亿吨甲烷，比二氧化碳的温室气体排放要强得多，导致一些科学家将永冻层融化描述为定时炸弹，这可能使应对气候变化的努力不堪重负。他们担心甲烷排放量增加引起的气候变暖本身会释放出更多的甲烷，并将该地区锁定在一个破坏性循环中，迫使温度升高得比预期的要快。[①]

马丁·韦茨曼（Martin Weitzman）的研究认为，对灾难性气候变化可能性的认真考虑可能会超过折现率的影响，这表明，为了避免未来灾难发生的可能性，今天在减缓气候变化方面进行了大量投资，以确保与保险未来房屋火灾的不确定性相同的原则（Weitzman, 2009）。

这两项研究差异的第三个方面涉及对减轻气候变化的行动的经济成本的评估。为防止全球气候变化而采取的措施，将对GDP、消费和就业产生经济影响，这说明了政府不愿采取大刀阔斧的措施来大量减少二氧化碳排放的原因。但是，这些影响并非全都是负面的。

《斯特恩报告》对碳减排成本评估的经济模型进行了全面评价。这些成本估算取决于所使用的建模假设。

综上所述，将大气中的二氧化碳稳定在450ppm的预测成本可能在全球GDP下降3.4%—3.9%的范围内变化，结果取决于一系列假设，包括（Weitzman, 2009）：

（1）对能源价格信号的经济反应的效率低下。

（2）非碳能源技术"支持"的可用性。

（3）各国是否可以使用可交易的许可证计划交易成本最低的碳减排方案。

（4）碳基燃料税收入是否用于降低其他税种。

---

① Justin Gillis, "Scientists Warn of Perilous Climate Shift Within Decades, Not Centuries", *The New York Times*, March 22, 2016; DeConto and Pollard, 2016.

（5）是否考虑了减少碳排放的外部利益，包括减少地面空气污染。

根据作出的假设，减排政策的范围可以从最小限度地减少排放到大幅度减少80%或更多的二氧化碳排放。但是，近年来，诺德豪斯和斯特恩的立场趋于一致。诺德豪斯在他的最新出版物中使用了更新版本的模型（DICE-2013），预测到2100年温度升高3℃或更多。他主张每吨二氧化碳排放征收21美元的碳税，并随着时间的推移，迅速增加（Nordhaus，2013）。西蒙·迪茨（Simon Dietz）和尼古拉斯·斯特恩对他的模型进行了修改，考虑到损失增加和气候"临界点"的可能性（参见专栏1-2），建议碳税提高2—7倍，以限制大气中累积二氧化碳浓度稳定在425—500ppm，全球温度变化为1.5—2.0℃。因此，尽管存在分歧，但是，趋势是朝着建议采取更严厉的政策措施的方向发展。

尽管诺德豪斯和斯特恩在应将碳税征收按照"缓坡"还是"陡坡"以及将预期的未来损失转换为现值的适当折现率方面可能有所不同，但是，由于他们都同意随着模型的完善以及碳税的进一步推迟，所以，该坡度的陡度将会增加（Nordhaus，2013；Dietz and Stern，2014）。

二 研究范畴扩大：气候变化和不平等问题

气候变化的影响将在很大程度上落在世界贫困人口身上。非洲等地区可能面临严重的粮食生产和水短缺问题，而南亚、东亚和东南亚的沿海地区将面临洪灾的巨大风险。气候干燥会对拉丁美洲热带地区的森林和农业地区造成破坏，而在南美洲，降雨方式的变化和冰川的消失将严重影响水的可利用性。虽然较富裕的国家可能拥有适应许多气候变化影响的经济资源，但较贫穷的国家将无法采取预防措施，尤其是那些依靠最新技术的措施。

有研究使用地理分布的影响模型来估计气候变化对全球范围的影响。表1-3显示，到2080年，在大多数发展中国家所在的非洲、南美洲和亚洲，沿海洪灾受害者的人数和面临饥饿风险的人口将相对较多。《自然》杂志发表的一项研究预测：如果社会继续像过去那样运转，相对于没有气候变化的世界，气候变化有望通过大幅减少全球经济产出，并可能扩大现有的全球经济不平等状况来重塑全球经济。诸如史无前例的创新或防御性投资之类的适应措施可能会减轻这些影响，但是，社会冲突或贸易中断可能会加剧这些影响（Burke, Hsiang and Miguel, 2015）。总体而言，该研究预测，"全球重大损失的可能性是巨大的"，最大比例的损失将由最贫穷的国家承担。

表1-3　　　　　到2080年气候变化对区域的影响　　　单位：以百万计

区域	流域中水资源压力增加的人口	沿海洪灾受害者增加的年均人数	面临饥饿风险的其他人口*
欧洲	382—493	0.3	0
亚洲	892—1197	14.7	266（-21）
北美洲	110—145	0.1	0
南美洲	430—469	0.4	85（-4）
非洲	691—909	12.8	200（-2）

注：这些估计是基于BAU情景（IPCC A2情景）的。二氧化碳的富集效应提高了植物的生产力，最大限度地估计此值实际上可以减少有饥饿危险的人数。

* 括号内数字为最大二氧化碳富集效应。

资料来源：IPCC，2007b。

经济学家将不平等问题纳入气候变化分析的方式可能会对他们的政策建议产生重大影响。如果所有成本均以货币计算，那么，以美元计算，在一个贫穷国家中，例如，GDP的10%的损失可能要比在一个富裕国家中占GDP的3%的损失少小得多。因此，贫穷国家因气候变化造成的损失可能占国内生产总值的比重相对较小。《斯特恩报告》断言，气候变化对世界上最贫困人口的不成比例的影响应该增加气候变化的估计成本。斯特恩估计，如果没有不平等因素的影响，BAU情景的成本每年可能高达全球GDP的11%—14%。对世界贫困人口的影响，估计其成本占全球GDP的20%（Stern，2007）。

关于评估社会和环境成本与收益的正确方法的假设可能会对政策建议产生重大影响。正如我们已经看到的那样，成本效益分析主要建议采取减缓气候变化的措施，但是，基于有关风险和折现的假设，其建议的力度有所不同。一位以生态为导向的经济学家会认为，根本问题是作为地球气候控制机制的物理和生态系统的稳定性。这意味着气候稳定应该是目标,而不是成本和收益的经济优化。

稳定温室气体排放水平的研究是不充分的。按照目前的排放速度,二氧化碳和其他温室气体将继续在大气中累积。要稳定累积的温室气体水平,将需要大幅度削减到目前的排放水平以下。图1-4显示了IPCC对实现大气中稳定在430—480pm和530—580ppm的二氧化碳水平所需的二氧化碳排放量减少的估计情况。对于较低的稳定水平,在21世纪下半叶,总排放量必须基本上降至零。只有大幅度减少二氧化碳排放量,才可能通过扩大森林和改良农业技术来大幅增加全球对二氧化碳的吸收,从而实现这一目标。

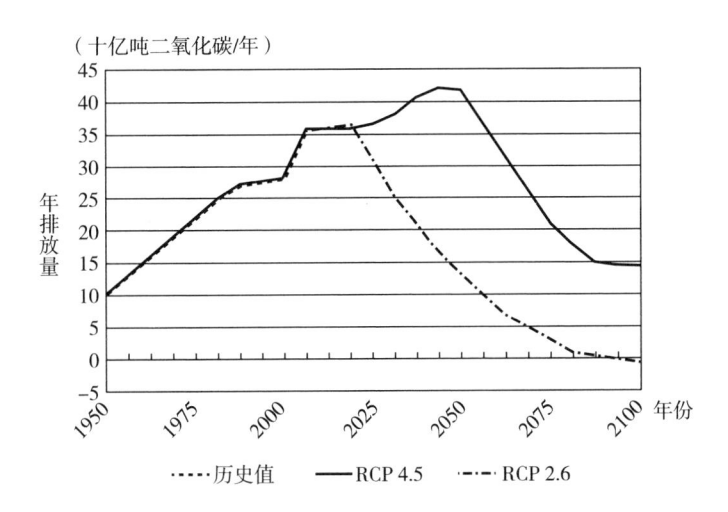

图1-4 碳稳定情景:所需的减排量

注:上方的线代表 IPCC RCP 4.5 情景(二氧化碳累积范围在530—580ppm内适度稳定),下方的线代表 IPCC RCP 2.6 情景(二氧化碳累积范围在430—480ppm内更加稳定)。

资料来源:IPCC, 2014d。

显然,这种下降幅度意味着全球使用能源的方式将发生重大变化。能源效率和可再生能源的使用可能对减少排放产生重大影响。其他政策可以减少其他温室气体的排放,并促进森林和土壤中二氧化碳的吸收。

第二章 全球气候治理现状和实践行动

在全球化背景下，气候变化、生态退化、贫困问题等全球性议题日益突出，全球治理成为重要解决途径，其目的在于通过制定和实施全球或跨国的规范、原则、计划、政策，来实现共同的目标，解决共同的问题（俞可平，2003）。全球变暖给人类赖以生存的自然环境带来了极大的破坏，威胁着人类的生息繁衍，关乎地球上所有国家的命运。因此，共同推进全球气候治理、保护气候成了各国都必须认真面对的"全球性问题"。但是，在当今国际社会大环境下，由于各国在政治、经济、文化与社会等方面的历史、现实条件与发展策略选择差异，致使不同区域对全球气候治理的利益诉求也不尽相同，进而对全球气候治理的重要性和紧迫性的认知也存在很大差异，相应地，实施气候治理的措施也存在差异。《公约》《京都议定书》与《巴黎协定》等是迄今国际社会参与全球气候治理的最重要纲领性文件。本章简要地综述全球气候治理的现状以及一些主要实践行动（Fankhauser, 1995; J. M. Harris, B. Roach and Anne-Marie Codur, 2017; IPCC, 2014a, b, c）。

第一节 全球气候治理现状分析

基于已有的科学认知，气候变化的影响程度直接与大气层中的二氧化碳浓度有关。经过国际社会的共同努力，近几年来全球温室气体排放增长幅度有所下降，但是，总量一直在上升，各国排放效率也在发生变化。

一 大气二氧化碳浓度和地球表面气温持续增加

（一）大气二氧化碳浓度

作为人类共有的大气也是全球个人和企业可以释放污染的公地，而全球污染带来了广泛的负面影响。许多国家和地区制定了一系列环境保护法律，限制本地和区域性空气污染物的释放，如灰尘、二氧化硫等。用经济学理论可以解释为：这些法律在一定程度上将与本地区污染物相关的环境外部性排放内部化。但是，直到最近，各国对二氧化碳等温室气体排放几乎没有很好的控制，未能达到相关协定的预期目标，而且大气中二氧化碳浓度也在稳步上升，目前大气层中二氧化碳浓度已经超过了400ppm（百万分之一）的基准（见图2-1）。

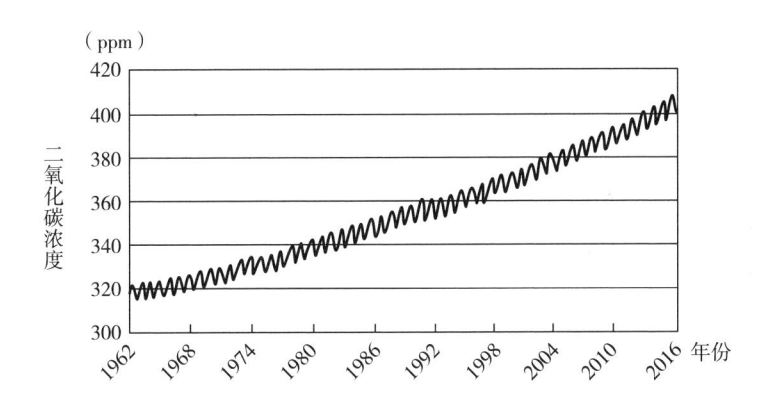

图2-1　1960—2016年大气层中二氧化碳浓度（ppm）

资料来源：美国国家海洋和大气管理局（NOAA），http：//www.esrl.noaa.gov/gmd/ccgg/trends/data.html。

图2-1也显示，尽管季节性因素使二氧化碳浓度每年随着植被和其他生物系统的生长及衰落而上升和下降，但从长期来看，人类活动排放的二氧化碳呈稳定增长的趋势。

气候变化的影响已经开始影响气候模式（见专栏2-1）。这些影响的范围从极地冰川融化到海平面上升，从海洋生态系统崩溃到世界上大部分地区日益严重的水资源压力，不断变化的天气模式和更加频繁的极端气候事件（如台风、洪水、干旱等），带来了更广泛的病原体和疾病传播。据世界卫生组织（WHO）估计，气候变化的直接后果是导致每年有超过 14 万人丧生，主要是在非洲和东南亚。其实，气候变化的实际影响可能会更严重，为了共同利益而减少排放量符合每个人的利益。因此，气候变化可被视为一项公共利益，需要采取全球合作行动来制定适当的政策，这种行动需要所有利益相关者的参与，包括政府和公共机构、公司和个人等。

专栏 2-1　温室效应简介

由于温室的玻璃起到防散热的屏障作用，太阳光穿过玻璃可以加热室内的空气，因此，在寒冷气候下可以生长温带植物。法国科学家让·巴蒂斯特·傅立叶（Jean Baptiste Fourier）于 1824 年首次描述了全球温室效应，其中地球的大气层就像温室玻璃一样。

云、水蒸气和自然界中的温室气体［如二氧化碳、甲烷、一氧化二氮、臭氧］允许太阳辐射穿过，但会阻止红外热扩散。这就产生了自然的温室效应（Greenhouse Effect），使地球适合人类居住生活。没有它，地表平均温度将约为平均 -18℃（0℉），而不是大约 15℃（60℉）。

"瑞典科学家 Svante Arrhenius 于 1896 年提出了增强温室效应或人为温室效应的可能性。Arrhenius 假设，与工业化进程并行的煤炭燃烧量增加将会导致大气中二氧化碳浓度增加，并温暖地球。"（Fankhauser，1995）

自从 Arrhenius 提出这个假说以来，温室气体排放量急剧增加。大气中的二氧化碳浓度比工业化前的水平增加了 40%。除增加诸如煤、石油和天然气等化石燃料的燃烧外，人造化学物质［如氯氟烃（CFC）］以及农业和工业产生的甲烷、一氧化二氮的排放也造成了温室效应。

科学家已经开发出复杂的模型，用于估算当前和未来温室气体

> 排放对全球气候的影响。尽管这些模型仍然存在很大的不确定性，但已经达成了广泛的科学共识，即人为引起的温室效应对全球生态系统构成了重大威胁。政府间气候变化专门委员会（IPCC）在其所有报告中都得出结论：自从1750年第一次工业革命以来，人类活动带来了全球大气中温室气体（GHG）排放量的显著增加。
>
> 根据IPCC报告，人类对气候系统的影响是显而易见的，近来人为排放的温室气体是历史上最高的……气候系统的变暖是毫不含糊的，自20世纪50年代以来，许多可观察到的变化是几十年来前所未有的。千年大气和海洋变暖了，雪和冰的量减少了，海平面上升了。IPCC预测，到2100年，全球平均温度将比工业化前的水平高出1.5—4.8℃（介于2.7—8.6℉）。
>
> 资料来源：Fankhauser, 1995；IPCC, 2014a。

由于二氧化碳和其他温室气体在大气中不断累积，而温室气体在大气中可以持续存在数十年甚至几个世纪，在排放后很长一段时间仍然在影响整个地球的气候。这是一种污染物累积效应，只有大幅度降低温室气体排放水平，才能控制不断增加的大气累积量。制定应对全球气候变化的政策是一个巨大的挑战，涉及许多学科以及经济和社会问题。

（二）地球表面气温

自从19世纪中叶开始有可靠的天气记录以来，地球已经呈现出变暖的趋势（见图2-2）。在过去的100年里，全球平均温度上升了大约1℃（或大约1.8℉）。[1] 有证据表明，目前的升温速度是每十年约0.13℃。美国能源部太平洋西北国家实验室估计，到2020年，温度升高的速率可能每十年为0.25℃。[2] 但并非所有地区都是同等程度

---

[1] NOAA, 2012, "Damian Carrington, 14 of the 15 Hottest Years on Record Have Occurred since 2000, UN Says", *The Guardian*, February 2, 2015.

[2] "Global Warming Set to Speed up to Rates not Seen for 1,000 Years", *The Guardian*, March 9, 2015, https://www.theguardian.com/environment/2015/mar/09/.

变暖，北极洲和南极洲的变暖速度大约是全球的两倍。北极洲融化的冰既是全球变暖的结果，也是进一步变暖的原因，因为大洋比冰吸收的太阳能量要多，这种现象被称为反照率降低（reduced albedo）。①

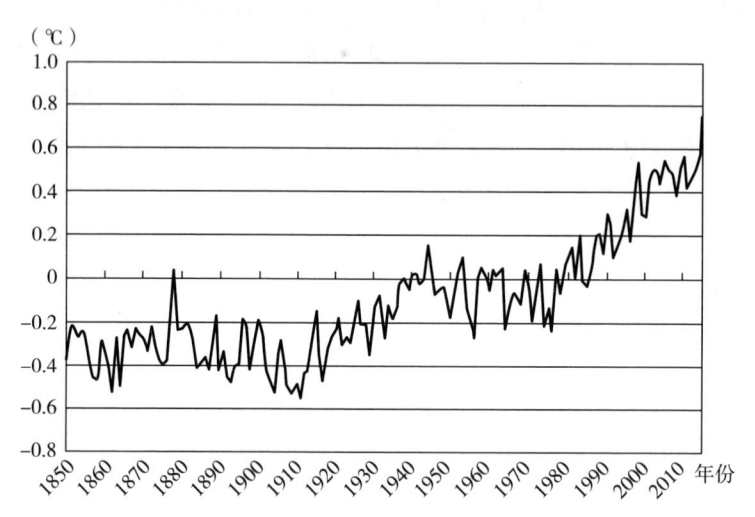

图 2-2 1850—2015 年全球年均气温变化
（相对于 1961—1990 年平均气温）

注：零基线表示 1961—1990 年的全球平均温度。
资料来源：CDIAC，http：//cdiac.ornl.gov/ftp/trends/temp/jonescru/global.txt。

地球表面气温升高对生态系统产生了明显影响。在世界上大多数地区，冰川都在退缩。例如，美国蒙大拿州的冰川国家公园于 1910 年建立时有 150 个冰川。截至 2010 年，仅剩下 25 个冰川。到 2030 年，估计该公园将不再有同名冰川。②

（三）海平面上升

气候变化也导致海平面上升。海平面上升归因于冰川和冰盖的融化以及水在加热时膨胀的事实。2012 年，全球平均海洋温度比 20 世纪的平均温度高约 0.5℃。海洋变暖和冰层融化的结合使海平面每年

---

① IPCC，Working Group Ⅰ：The Physical Science Basis，2007a。
② https：//www.usgs.gov/centers/norock/science/retreat - glaciers - glacier - national - park? qtscience_center_objects = 0。

上升约 2 毫米，2012 年，海平面已经比 1880 年高 9 英寸（23 厘米）（见图 2-3）。

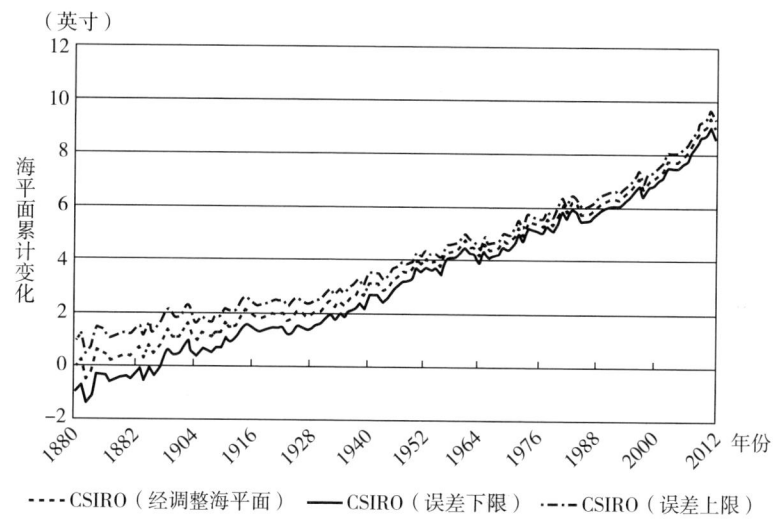

图 2-3 1880—2012 年累积海平面变化

注：中间线表示基于大量数据源的平均估计值，阴影区域表示高、低水平误差范围（越是最近的数据误差越小）。

资料来源：IPCC，2014a。

海平面上升的影响威胁到许多沿海地区，每年各大洲沿海城市都要遭受洪水泛滥的严重破坏，并投入巨额资金应对洪水、台风/飓风等。这些频发的洪水、大风也造成了沿海城市房产价值的损失，并对保险行业有重大影响。科学家对南极西部冰盖的最新研究表明，该地区的面积比墨西哥大，属于易受全球变暖影响的潜在脆弱区，即使全球变暖的幅度较小，也容易导致冰盖崩解融化，并且如果真实发生这种情况，能够使海平面升高 12 英尺或更多。即使这种最悲观的事件没有发生，研究人员发现，到 2100 年，总海平面上升可能会达到 5—6 英尺，并且还会继续增加，到 22 世纪中叶，海平面每十年会上升一英尺以上。[1]

---

[1] DeConto, R. and Pollard, D., "Contribution of Antarctica to Past and Future Sea Level Rise", *Nature*, 2016, 531: 591-597.

(四) 海洋酸化

除海洋温度升高外,大气中二氧化碳的增加还会导致海洋酸化。最近的研究指出:自工业革命以来,人类产生的二氧化碳总量中约有一半已溶解到世界海洋中。这种吸收减缓了全球变暖的速度,但同时也降低了海洋的 pH 值,使其更加酸性。酸性更高的水会腐蚀许多海洋生物赖以生存的矿物质(用来形成海洋生物的保护外壳和骨骼)。①

2012 年《科学》杂志的一份报告发现,海洋在 300 万年来正以最快的速度变成酸性,这对海洋生态系统可能造成严重后果。在海洋变暖和酸化的首批受害者中,珊瑚礁首当其冲,这是因为珊瑚仅能在狭窄的海水温度和酸度范围内形成。由于一个世纪以来最强大的厄尔尼诺(太平洋变暖)气候周期和因气候变化而升高的水温相结合,2015 年的珊瑚礁创纪录地死亡,被称为珊瑚褪色。同时,海洋生态系统的酸化也影响其他贝类产业。②

二 二氧化碳排放总量和结构的变化

(一) 二氧化碳排放总量持续增大

自 1950 年以来,全球因化石燃料燃烧产生的二氧化碳排放量急剧增加(见图 2-4)。2013 年,全球二氧化碳总排放量为 97.76 亿吨碳,其中,燃煤约占全球碳排放量的 42%,而液体燃料(主要是石油)占 33%,天然气燃烧占 19%,水泥生产和瓦斯燃烧占 6%。图 2-4 显示了 1860—2013 年全球碳排放总量及分品种排放量情况。

(二) 经合组织国家与非经合组织国家二氧化碳排放量所占份额变化

图 2-5 显示了 1971—2015 年经合组织国家与非经合组织国家碳排放量情况。自 2007 年以来,经合组织国家的二氧化碳排放份额一直在稳步下降,而发展中国家即非经合组织国家的份额则显著增加,但是,最近几年增长也有所放缓。

---

① NOAA (National Oceanic and Atmospheric Administration), "Ocean Acidification, Today and in the Future", 2010, www.climatewatch.noaa.gov/image/2010/oceanacidification-today-and-in-the-future/.

② Hönisch, Bärbel et al., "The Geological Record of Ocean Acidification", *Science*, 2012, 335 (6072): 1058-1063.

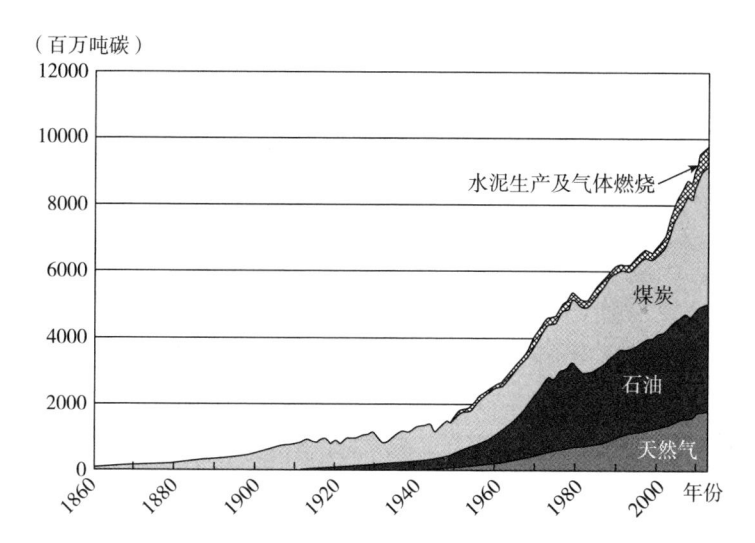

图 2-4　1860—2013 年全球碳排放总量及分品种排放量情况

注：碳排放量与二氧化碳排放量换算：1 吨二氧化碳 = 1 吨碳 × 3.67。

资料来源：Carbon Dioxide Information Analysis Center（CDIAC），2016，http：//cdiac.ornl.gov/。

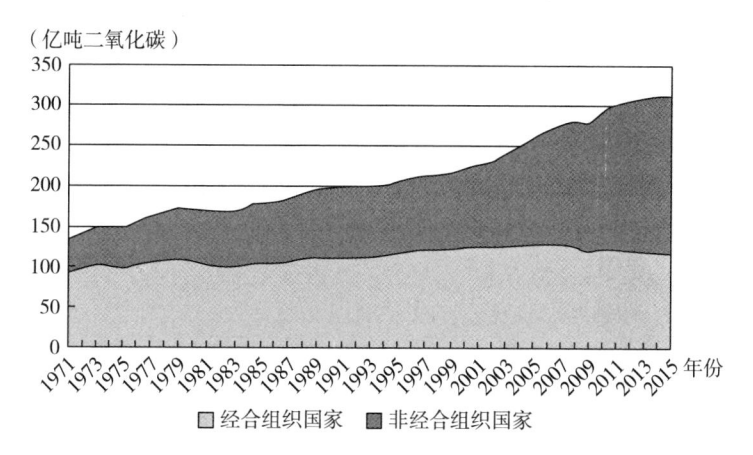

图 2-5　1971—2015 年经合组织国家与非经合组织国家碳排放量情况

注：经合组织国家主要为工业发达国家，而非经合组织为发展中国家。

资料来源：IEA，*CO₂ Emissions from Fuel Combustion*，2017，http：//www.iea.org/。

图 2-5 显示，二氧化碳排放与经济周期密切相关，比如，2008—2009 年国际金融危机导致的经济衰退，图中也清晰地显示出二氧化碳排放量下降。另外，值得注意的是，最近几年二氧化碳排放量

明显趋于稳定,约为 323 亿吨二氧化碳。① 这是由于全球经济增长放缓,其中中国经济增长率下降到 7% 以下;同时,这也反映了对可再生能源(如太阳能和风能)等新能源投资的排放效益。近年来,这些投资主导了额外的能源生产能力,这种趋势开始对减少能源部门的二氧化碳排放量产生了重大影响。在发达国家,能源消费已经从煤炭迅速转换为天然气和可再生能源,从而降低了二氧化碳总排放量。在发展中国家,煤炭仍然是主要用能来源,煤炭生产仍在扩大,但是,可再生能源在新能源生产中所占的份额也越来越大。目前尚不清楚这种二氧化碳排放总量趋于稳定是一种暂时现象,还是预示着总排放趋势的好转。

(三)2015 年二氧化碳排放量最多的国家或地区占全球总排放量的 68%

图 2-6 显示了 2015 年主要排放国家或地区二氧化碳排放占全球总排放份额的分布情况,如中国(28.0%)、美国(15.5%)、欧盟(9.9%)、印度(6.4%)、俄罗斯(4.5%)、日本(3.5%),以及世界其他地区(32.2%)。预计未来二氧化碳排放的大部分增长将来自经济迅速增长的发展中国家,如中国和印度。2006 年,中国二氧化碳排放超过美国,成为世界上最大的碳排放国。2015 年,中国、美国、

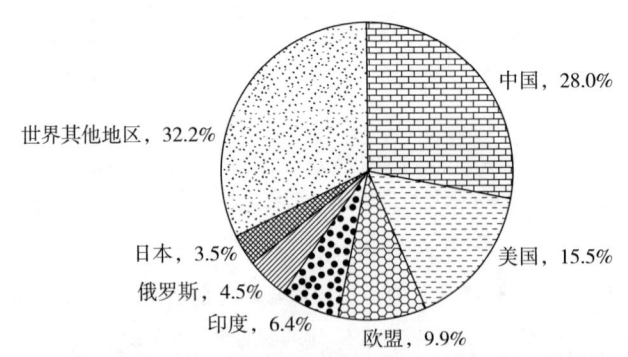

图 2-6 2015 年全球二氧化碳排放量按国家或地区所占份额的分布情况
资料来源:IEA, CO_2 Emissions from Fuel Combustion, 2017, http://www.iea.org/。

---

① 图 2-5 中二氧化碳排放总量数据与图 2-4 有一定的差别,这是由于两者的来源不同所致。

全球的碳排放量分别为 90.4 亿吨二氧化碳、50.0 亿吨二氧化碳、323 亿吨二氧化碳,分别是 1990 年排放量的 4.36 倍、1.04 倍、1.57 倍。

(四)人均二氧化碳排放量发达国家比发展中国家高得多

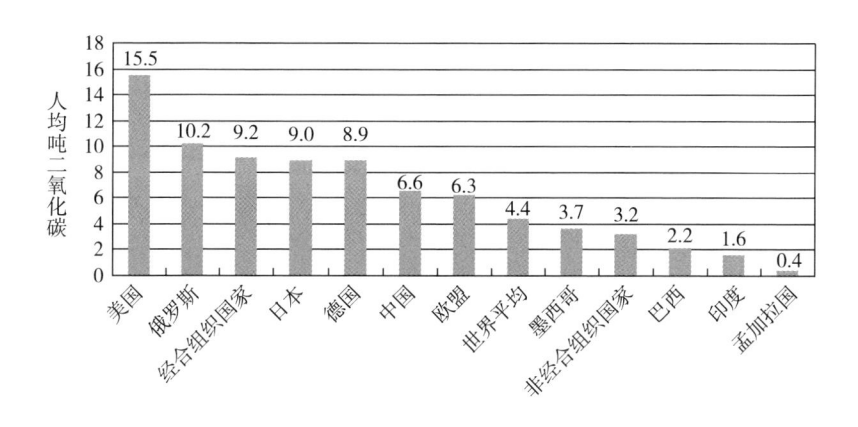

图 2-7 给出了 2015 年人均二氧化碳排放量国家或地区比较情况。可见,发达国家的人均二氧化碳排放量要高得多,其中经合组织国家人均 9.2 吨二氧化碳,非经合组织国家为 3.2 吨二氧化碳,前者是后者的近 3 倍。海湾地区国家的人均排二氧化碳放量尤其高,如卡塔尔(人均 40 吨二氧化碳)、科威特(人均 34 吨二氧化碳)、阿拉伯联合酋长国(人均 22 吨二氧化碳)。美国属于高人均排二氧化碳放量国家行列,人均达到 15.5 吨二氧化碳。其他人均二氧化碳高排放国家还有澳大利亚(人均 15.83 吨)、加拿大(人均 15.32 吨二氧化碳)、韩国(人均 11.58 吨二氧化碳)、俄罗斯(人均 10.2 吨二氧化碳),而其他大多数发达国家的人均二氧化碳排放量位于 4—10 吨(IEA,2017)。大多数发展中国家的人均二氧化碳排放量都很低,通常人均二氧化碳排放量不到 2 吨,但是,中国除外,中国的人均二氧化碳排放量已增至 6.6 吨。

图 2-7 2015 年人均二氧化碳排放量国家或地区比较情况

资料来源:IEA,*CO$_2$ Emissions from Fuel Combustion*,2017,http://www.iea.org/。

三 未来二氧化碳排放的可能路径及结果

对于气候变化的未来预测取决于未来二氧化碳排放的路径。即使所有温室气体的排放今天已经结束，世界仍将继续变暖数十年，海平面上升之类的影响也将持续多个世纪，因为温室气体排放的环境影响不可能立即起作用。IPCC 在其第五次报告中对未来二氧化碳排放有不同的假设，在 21 世纪，全球平均温度上升幅度最有可能介于 1.5℃（3℉）和 4.8℃（8.6℉）之间，除非采取严厉的政策以减少二氧化碳排放，否则全球温度会高于工业化前水平（IPCC，2014b）。图 2-8 显示了 1900—2100 年地球表面平均气温变化趋势。

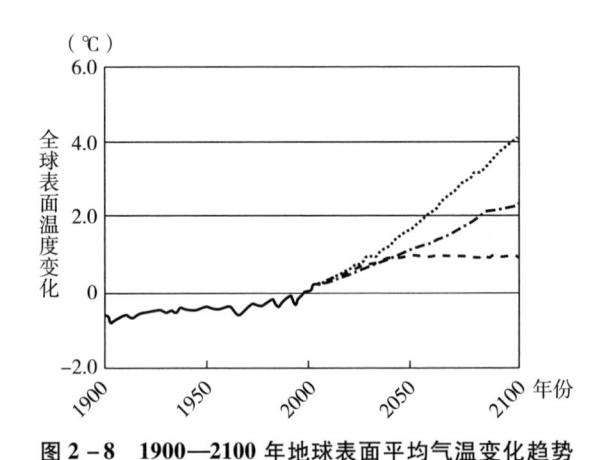

图 2-8　1900—2100 年地球表面平均气温变化趋势

注：图中显示了高、中、低三种排放情景的预测平均值。在所有 IPCC 模型中，地球表面温度升高的可能范围较广，介于 1.5—4.8℃。

资料来源：IPCC，2014c，《决策者摘要》(Summary for Policymakers)。

实际上，全球气候变暖和其他影响的程度取决于最终使大气中的二氧化碳和其他温室气体浓度的稳定水平。工业化前的二氧化碳浓度约为 280ppm。2015 年，大气中的二氧化碳浓度突破了 400ppm 的里程碑。如果还考虑其他温室气体的贡献，那么大气总体效果相当于 430ppm 的二氧化碳当量浓度。① 图 2-9 显示了温室气体稳定水平与

---

① 二氧化碳当量（Carbon Dioxide Equivalent，CO_2e）用作比较不同温室气体排放的量度单位。一种气体的二氧化碳当量是通过把该气体的吨数乘以其温室效应潜力值（GWP）后得出的。这是考虑到不同温室气体对地球温室效应增强的贡献度不同，为了统一度量整体的温室效应增强程度，采用最常见的温室气体二氧化碳当量作为度量温室效应增强程度的基本单位。

最终温度变化之间的关系。图中，每种二氧化碳当量含量水平下的实线表示可能以90%的概率发生的一系列温度变化结果；两端的虚线表示现有主要气候模型的全部预测结果；每条线中间的垂直线表示不同预测的中点。

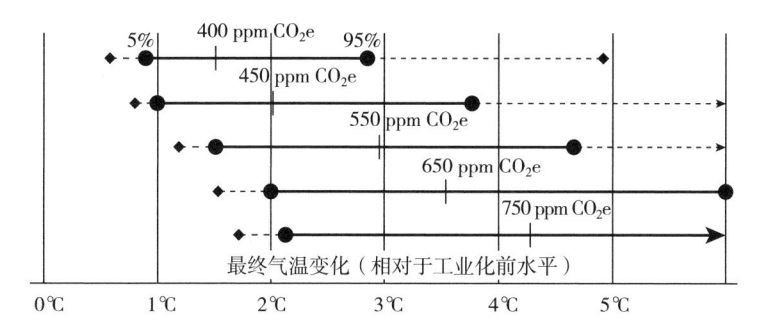

图2-9 温室气体稳定水平与最终温度变化之间的关系

注：ppm即为百万分之一；最终温度变化（相对于工业化前而言）。
资料来源：Stern，2007。

图2-9的预测结果表明，当温室气体浓度稳定在450ppm二氧化碳当量时，将有90%的可能性最终导致温度升高1.0—3.8℃，中位数预期为2℃，并且升高的可能性更大。当前大气中温室气体浓度已超过430ppm二氧化碳当量，如果不从大气中大量吸收二氧化碳，那就不可能实现450ppm的稳定水平，但这意味着将来某个时候的二氧化碳净排放量要低于零，甚至要稳定在550ppm二氧化碳当量的水平上（这意味着全球平均温度升高约3℃），都需要立即采取强有力的政策。因此，这就是当前国际社会对于应对气候变化问题紧迫性的原因所在。

第二节 全球气候治理实践行动评述

气候变化是一个国际环境问题。从经济学理论上讲，气候变化是一个公共利益问题，需要全球合作，才能取得有效成果。自1992年

《公约》首次公布以来，为了达成全球减排协议，进行了广泛的国际气候变化谈判。各国结合自己的发展情况，依据相关协议制定了一些措施，至少都参与到了气候治理的实践中，尽管不一定都达到预期的目标。

一 国际层面——两个重要气候协议的签订

（一）1997年《京都协定书》评述

《京都议定书》是关于全球气候治理的第一个全面的国际协定，于1997年第三届成员国大会通过。尽管《京都议定书》现已到期，但是，对于全球气候治理行动无疑具有重大的历史意义，故有必要对其进行简述。根据《京都议定书》规定，工业发达国家同意在2008—2012年之前将其减排目标与基准排放量（设定为1990年的水平）进行比较。例如，美国同意减少7%，法国同意减少8%，日本同意减少6%。相对于1990年的水平，平均目标是削减约5%。像中国和印度这样的发展中国家不受《京都议定书》规定的排放目标约束，这也成了美国和其他一些国家对此进行抗议的原因所在。在布什总统执政时期，美国拒绝批准《京都议定书》。但是，尽管美国撤出，《京都议定书》仍于2005年年初生效。

评价《京都议定书》的实施结果，可以说是喜忧参半。一些国家，例如加拿大和美国，排放量增加而不是减少；加拿大退出了《京都议定书》，美国从未加入《京都议定书》。一些欧洲国家达到或超过了目标，而另一些国家则没有完成目标。俄罗斯和大多数东欧国家大大超出了其目标，这不是由于这些国家实施了什么特殊的政策，而是由于20世纪90年代初期这些国家处于转型期，经济出现下滑，相应地，碳排放量也显著下降，亦即这些国家20世纪90年代初期的碳排放水平比较低，这就在技术上帮助这些国家实现了《京都议定书》的总体目标。

另外，还需要考虑贸易的影响。根据《京都议定书》的机制，商品生产过程中的碳排放被分配给了进行生产的国家，而不是消费商品的国家。因此，从发展中国家（尤其是中国）进口商品中的碳排放并未包括在进口国的官方碳核算中，考虑到整个国家的碳足迹和贸易在

《京都议定书》框架核算下取得的碳排放进展非常有限，欧洲国家在1990—2008年的减排量仅为1%，而发达国家在同一时期的排放量却增长了7%，如美国同时期增长25%（含贸易）。此外，《京都议定书》对发展中国家的排放量没有任何限制，在《京都议定书》生效期间，全球总体排放量持续增长。尽管《京都议定书》未能减缓全球排放量，但是，它仍然为全球气候治理迈出了重要的第一步，而且从《京都议定书》的失败及其后果中，各国吸取了一些教训，这些教训有助于后来的国际协议达成。

(二) 2015年《巴黎协定》评述

2009年在哥本哈根举行的第十五届成员国大会（COP15）上，未能达成具有约束力的全球减排协议，对于谈判者而言，越来越强烈的想法是：必须改变约束方法。哥本哈根会议各方仅同意，未来几轮谈判的目标是将全球温度保持在比工业化前水平高2℃的门槛以下。争议最大的问题是发展中国家是否应受到强制性减排的约束。尽管一些国家，特别是美国认为，所有参与者都应同意减排，但发展中国家争辩说，强制性减排将限制其经济发展并加剧现有的全球不平等。

在哥本哈根会议失败之后，具有约束力协议的想法被认为是不可行的。谈判者提出了一个取而代之的想法，即各国将提出自己的自愿减排目标——以在自己可以达到的范围内设定最雄心勃勃的目标。这项新的谈判策略为在巴黎举行的第二十一届成员国大会上达成的全球协议奠定了基础。在第二十一届成员国大会召开之前的几个月中，有186个国家或地区提交了其预定国家自主贡献报告，表明它们愿意为减少全球二氧化碳排放做出贡献。

由195个国家代表团谈判达成的《巴黎协定》正式表达了将全球地表温度保持在比工业化前水平高2℃的目标，而更雄心勃勃的目标是将由升温保持在1.5℃。由于目前各个国家承诺的减排总额不足以确保将升温保持在2℃以下的全球目标，所以，《巴黎协定》包括为期5年的周期，供各国审查其目标并提高其目标，以实现更宏伟的目标。谈判过程旨在向每个国家施加压力，要求它们遵守自己的承诺，并随着时间的推移而增加这些承诺。

《巴黎协定》建立了强大的透明度和问责制，其基础是定期盘点，定期报告各国在实现其目标方面取得的进展以及定期由专家团队进行审查。《巴黎协定》已经生效，在谈判结束仅一年后，即到2016年年底，就有占全球排放量60%以上的80多个国家批准了该协定，这是国际协定创纪录的速度。尽管美国特朗普政府随后拒绝了该协议，但该协议仍然是有效的。

《巴黎协定》还向发展中国家提供持续的财政和技术支持，以帮助它们适应气候变化的破坏性后果，并支持从化石燃料向清洁的可再生能源过渡。该协议包括一项损毁条款，保守的数字将接近6000亿美元，约占工业发达国家GDP的1.5%。国际机构（世界银行和维也纳国际应用系统分析研究所）估计表明[①]，每年所需的资金将高达1.7万亿美元甚至2.2万亿美元。[②]

（三）国家自主贡献承诺的评价

一个国际独立组织"气候行动跟踪者"（Climate Action Tracter），对已提交的国家自主贡献进行评估和评级。表2－1列出了主要经济体提交的INDCs减排目标的一些主要特征量。[③] 可见，提交这些IN-DCs的格式是多种多样的。一些国家（如墨西哥和印度尼西亚）提出了两个减排目标，一个是无条件减排目标，另一个是有条件减排目标，该减排目标更具野心并且取决于外部因素。表2－1仅考虑无条件减排目标。需要指出的是，中国和印度的国家自主贡献目标是以碳排放强度［单位国内生产总值（GDP）的排放量］形式给出的。因此，为了评估这些贡献可能代表的排放量，有必要对这些国家未来的

---

① 国际应用系统分析研究所（International Institute for Applied Systems Analysis, IIASA）。

② www.scientificamerican.com/article/poorer－nations－demand－more－aid－to－deal－with－climatechange/；http：//roadtoparis.info/2014/11/06/climate－finance－too－little－too－late/.

③ 预定国家自主贡献（INDCs），是指一些国家或地区提交的文件，描述了为实现《巴黎协定》将升温限制在2℃以下的长期温度目标而打算采取的国家行动。一旦一个国家批准了《巴黎协定》，除非其选择进一步更新，否则其预定国家自主贡献将自动转换为国家自主贡献（NDCs）。

GDP 做出预测。表中的 GDP 预测值参考了经合组织（2014）发布的文献［《经济展望》第 95 期——长期基准预测（2014）］。① 据此，中国 2020 年和 2030 年的 GDP 将分别是 2005 年 GDP 的 3 倍和 5 倍。印度 2020 年和 2030 年的 GDP 将分别是 2005 年 GDP 的 2.6 倍和 4.6 倍。显然，对长期 GDP 估算肯定存在一定程度的不确定性。

表 2-1　　主要经济体提交的 INDCs 减排目标的特征量

经济体	基年	INDCs 目标年	INDCs 目标	2020 年目标（$MtCO_2$）	备注
中国	2005	2030	60—65	40—45	CO2/GDP
美国	2005	2025	26—28	17	—
欧盟	1990	2030	40	20	—
印度	2005	2030	33—35	20—25	GHG/GDP
俄罗斯	1990	2030	25—30	—	—
日本	2005	2030	25.4		
沙特		2030	130 $MtCO_2e$		BAU 2030
加拿大	2005	2030	30	—	
南非	—	2030	398—614 $MtCO_2e$	—	峰值、平稳和下降排放范围
墨西哥	—	2030	22		BAU 2030
印度尼西亚	—	2030	29	26	BAU 2030
巴西	2005	2030	43		
澳大利亚	2005	2030	26—28	13	—

资料来源：UNFCCC, "Synthesis Report on the Aggregate Effect of the Intended Nationally Determined Contributions", 2015, http://unfccc.int/resource/docs/2015/cop21/eng/07.pdf。

根据"气候行动跟踪者"评分体系，美国的承诺被评为"中等"，中国被评为碳强度目标不充分的"中等"，欧盟为"中等"。美

---

① OECD, "Economic Outlook No 95 - long - term Baseline Projections", 2014, https://knoema.com/OECDEOLTBP2014/economic - outlook - no - 95 - long - term - baseline - projections - 2014.

国的这一"中等"范围评级适用于奥巴马政府的承诺,即到2025年将其温室气体排放量比2005年的水平减少26%—28%,并尽最大努力将其排放量减少28%。特朗普政府表示不愿遵守前政府的气候承诺,并已完全退出《巴黎协定》,因此,该评级现在可能已过时。

"气候行动追踪者"评分体系将包括俄罗斯、日本、澳大利亚、新西兰、加拿大、阿根廷、南非、智利和土耳其在内的许多国家的承诺评为"不足"。① 图 2-10 显示了 BAU 情景排放路径②、INDCs 承诺排放路径,以及达到 2℃(3.6℉)或更低目标的排放路径。显然,这些排放路径差异巨大。

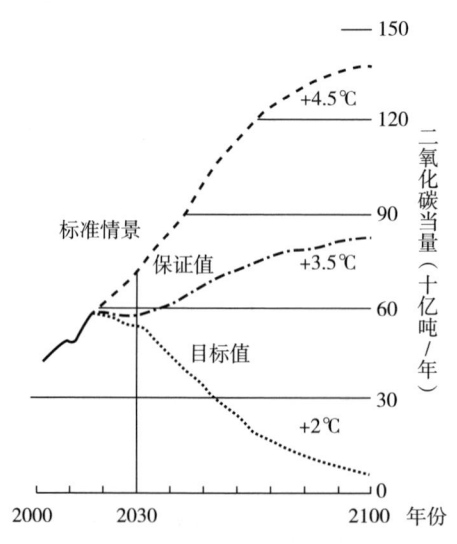

图 2-10 BAU 情景排放路径、INDCs 承诺排放路径和 2℃排放路径差异

资料来源:http://climateactiontracker.org/methodology/85/Comparability-of-effort.html。

当前的大多数承诺都没有延续到 2030 年以后,这就是为什么图 2-10 中 2030 年之后二氧化碳排放量会再次上升的原因。显然,在那一天到来之前,必须加强承诺兑现,以使二氧化碳总排放量保持在升温 2℃目标的轨道上,更不用说 1.5℃。根据"气候行动追踪者"的分析,如果在 2030 年后保持与当前 INDCs 相当的强度政策,到

---

① http://climateactiontracker.org/methodology/85/Comparability-of-effort.html.
② BAU 情景,一般作为情景分析的参考情景,基于当前不做任何改变的发展情景。

2100年，这些承诺将导致变暖中值约2.7℃（4.8℉），优于当前承诺的升温3.5℃（6.3℉），但仍远远高出了《巴黎协定》目标。有关达到升温2℃甚至1.5℃目标重要性的科学基础可参见专栏2-2。

专栏2-2 《巴黎协定》设定气候目标的科学基础

《巴黎协定》设定不超过2℃的温度升高目标，并把不超过1.5℃设为更宏伟的目标。那么设定这些目标的科学根据是什么？2016年的一项研究认为，通过将这些目标与发生各种灾难性和不可逆转损失（如高山冰川的融化或亚马逊森林的消失）的可能性进行比较，《巴黎协定》选择的温度目标在科学上是正确的。笔者对现有研究进行了评估，以确定每种影响预计发生的温度范围，如下图所示。

图中每种影响的条形反映了科学的不确定性，即必须增加多少温度才能使这种影响不可避免。阴影越深，发生撞击的可能性越高。如果全球平均温度仅升高1℃，那么高山冰川消失的可能性很小。但是，根据目前的研究，如果温度升高超过2.5℃，几乎可以肯定高山冰川将消失。

图中竖线代表《巴黎协定》气候目标范围，升温从1.5—2.0℃。将这些目标与各种影响进行比较，我们看到将温度升高限制在1.5℃可以提供一个机会，使世界的珊瑚礁不会消失。但实际上，温度升高在2℃下，珊瑚礁将无法生存。如果能够达到升温2℃的目标，尽管仍然存在很大的不确定性，但避免高山冰川、格陵兰冰盖和南极西部冰盖消失的前景更好。在升温4—6℃时，亚马逊河和北方森林、南极东部冰盖和永久冻土都受到威胁，包括墨西哥湾流在内的海洋中的热盐环流也受到威胁，尽管高纬度使欧洲大部分地区保持相对温带。研究得出结论，实现宏伟目标的《巴黎协定》至关重要：

当升温超过2℃时，北半球将完全消融，这威胁到许多沿海城市和岛屿国家的生存。新型的极端事件以及诸如珊瑚礁之类的主要生态系统被迫灭绝将危及全球粮食供应。但是，如果保持在《巴黎协定》目标范围内，则整个地球系统动力学将保持基本不变。另外，随着全球变暖达到3—5℃，或者进一步发展将带来最大严重的影响；对于超出这一范围的升温，我们所知道的世界必将消失。

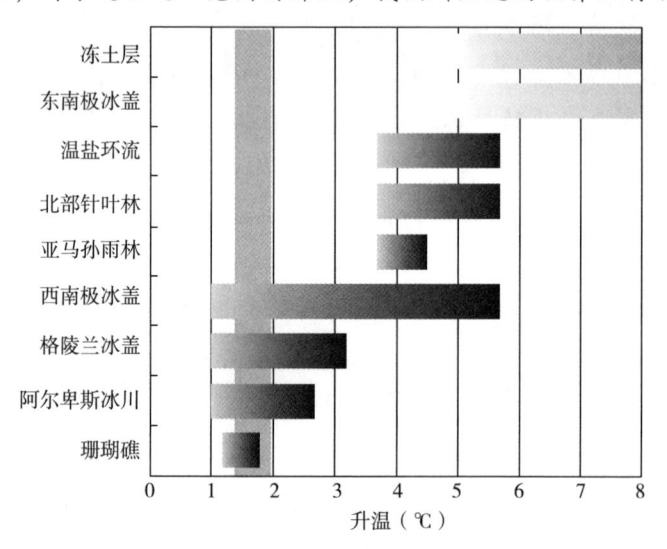

《巴黎协定》气候目标和灾难性的全球影响

注：灰色竖条代表《巴黎协定》设定气候目标范围为1.5—2.0℃。

资料来源：Schellnhuber 等，2016 年。

为了理解达到升温2℃或1.5℃目标所需的条件，需要引入全球碳预算（Global Carbon Budget）概念。全球碳预算试图量化可以增加到大气中的碳累积排放量，而不会超过指定的温度升高目标。为了达到升温2℃的目标，有必要将全球累积碳预算控制在不超过额外2700亿吨碳排放量（以当前水平计算约30年的排放量）。为了达到升温1.5℃的目标，碳预算必须仅为1100亿吨，以目前的速度排放约12年。[①] 显然，目前的《巴黎协定》承诺不足以实现这些目标。

---

① The Global Carbon Project, "*Global Carbon Budget*", http://www.globalcarbon-project.org/.

二 各经济体气候治理的实践活动评述

国际社会在努力构建减排框架和制定适应气候变化制度的同时，尽管国家与国家之间或者一个国家的不同地区之间，对于应采取何种缓解或预防气候变化及其各种影响的政策（如果有的话）存在很大分歧，但近年来，我们目睹了一系列国际和国内气候变化政策工具逐步付诸实施，包括排放权交易计划（碳排放交易系统）、排放税（碳税）、绩效标准和技术促进计划、基于生态系统服务等。

（一）碳排放交易系统

欧盟建立了碳排放交易系统（European Union Emission Trading Scheme，EUETS），并于2005年生效（见专栏2-3），这是为了帮助欧盟履行《京都议定书》规定的义务。美国的几个地区也建立了碳交易市场（Emission Trading Scheme）。区域温室气体倡议（RGGI）是一项基于总量控制与交易计划，用于美国东北部9个州的发电厂排放（见专栏2-4）。许可证大多以拍卖方式交易（有些以固定价格出售），其收益用于投资清洁能源和提高能源效率。许可证拍卖价格为每吨二氧化碳2—5美元。2013年，加利福尼亚州发起了一项具有法律约束力的总量控制与交易计划。"该计划规定了温室气体排放限制，到2015年，每年将减少2%，2015—2020年，每年减少3%。"①

专栏2-3　欧盟碳排放交易系统简介

2005年，欧盟（EU）启动了排放权交易系统（EUETS），该计划涵盖11000多个设施，这些设施排放的碳几乎占欧盟的一半。2012年，该系统进行了扩展，以涵盖航空部门，包括来自欧盟以外的航班。根据EUETS，每个国家都会制订国家分配计划，以确定

---

① http://www.c2es.org/us-states-regions/key-legislation/california-cap-trade.

可用的许可证总数。许可证既可以拍卖,也可以根据历史排放免费分配给一些公司。任何不需要的许可证都可以在公开市场上出售。

由于许可证分配过多,EUETS 的初始阶段(2005—2007 年)产生的结果令人失望,导致许可证价格从每吨 30 多欧元下降到 2007 年年底的不到 1 欧元。

在第二阶段(2008—2012 年),最初分配的许可证减少了,导致几年内价格相对稳定,为 15—20 欧元/吨。但是,到 2012 年年中,由于市场再次出现大量许可证,所以,许可证价格跌至 5—10 欧元/吨。尽管价格波动较大,但根据欧盟的说法,EUETS 导致排放大国的排放量在 2005—2010 年减少了 8%。此外,EUETS 的成本也低于预期,约为欧盟国内生产总值(GDP)的 0.5%。

欧盟已进入 EUETS 的第三阶段,涵盖 2013—2020 年。此阶段将需要拍卖更多的许可证,包括更多的温室气体,并设定欧盟的总体排放量上限,而不是让各个国家确定自己的上限。到第三阶段结束时,该计划的目标是将欧盟的总体排放量与 1990 年的水平相比,减少 21%,并进一步实现到 2030 年减少 43% 的目标。

资料来源:EUETS, http://ec.europa.eu/clima/policies/ets/index_en.htm; Grubb et al., 2009。

专栏 2-4 北美碳交易市场简介

(1)区域温室气体协议(Regional Greenhouse Gas Initiative, RGGI)是由美国康涅狄格州、特拉华州和缅因州等 7 个州于 2005 年 12 月发起签订的,成为美国第一个以市场为基础的温室气体排放交易系统。RGGI 是一个以州为基础的区域性应对气候变化合作协议。该协议将电力行业作为控制排放部门,目标排放源为该区域

2005年后所有装机容量大于或等于25兆瓦且化石燃料占50%以上的发电企业。RGGI协议规定了签约各州温室气体排放上限，即到2018年温室气体排放量比2009年减少10%。为了让各州有足够的适应时间，RGGI提供了一个缓冲期，要求2014年前各州的排放上限固定不变，但从2015年开始至2018年将每年减少2.5%，最终达到减排目标。RGGI的协议目的：第一，以最经济的方式维持并减少RGGI成员州内二氧化碳的排放量；第二，强制性纳入规制对象的是以化石燃料为动力且发电量在25兆瓦以上的发电企业，各州至少要将25%的碳配额拍卖收益用于战略性能源项目；第三，为美国其他地区和其他国家带来示范的模板效应。RGGI通过法律规范和具体规则的相互补充，实现区域合作性减排机制的协调一致性和灵活可操作性。RGGI在具体规则上赋予各州自主裁量权，以制定符合各州具体实际的政策和规则。

RGGI由最初的7个州增加到如今的10个州（康涅狄格州、特拉华州、缅因州、马里兰州、马萨诸塞州、新罕布什尔州、新泽西州、纽约州、罗得岛州和佛蒙特州）。2017年12月19日，RGGI发布更新版《2017年示范准则》，涵盖了主要系统要素的规范和要求，这些要求将在2020—2030年为该系统下的碳市场建设提供指导。关键要素包括：进一步降低排放总量控制水平，到2030年，比2020年排放水平下降30%（相当于比2009年的总量控制水平降低65%以上）；建立新的排放控制储备（ECR），这是一种自动调节机制，在碳市场履约成本低于预期时下调总量控制水平，以防止碳价过度下跌。

（2）西部气候协议（Western Climate Initiative, WCI）是由美国加利福尼亚州等西部7个州和加拿大中西部4个省于2007年2月签订成立的。WCI建立了包括多个行业的综合性碳市场，计划到2015年进入全面运行并覆盖成员州（省）90%的温室气体排放，以实现2020年比2005年排放总量降低15%。在这一计划中，WCI与RGGI互补，目前，电力行业和工业部门是美国现有区域排放交易系统涵盖的重点行业和领域，行业部门和交易气体覆盖面不断扩大。这是因为：电力行业是碳排放的主要来源；电力行业有较低成本的减排空间；电力行业已经存在较规范、完善的监管，数据基础较好；电力行业不参与国际竞争，国内竞争也不激烈，对整体经济的影响尚在可控范围之内。RGGI以一个单一行业为切入点，而WCI扩大了碳排放交易系统的行业覆盖范围，基本上扩大至所有经济部门，交易气体也从单纯的二氧化碳扩大至六种温室气体，甚至更多。

（3）芝加哥气候交易所（Chicago Climate Exchange，CCX）2000年开始创建，并于2003年正式以会员制运营，包括美国电力公司、杜邦公司、福特公司等在内的13家公司是其创始会员，目前会员达450多家，涉及航空、电力、环境、汽车、交通等数十个不同行业，其中包括5家中国会员公司。加入CCX的会员必须自愿作出具有法律约束力的减排承诺。CCX会员减排分为两个承诺期。第一个承诺期（2003—2006年），要求实现所有会员在基准线排放水平（1998—2001年平均排放量）上每年减排1%的目标，到2006年，比基准线降低4%。实际上，第一个承诺期CCX所有会员大约总共减排了5340万吨二氧化碳。第二个承诺期（2007—2010年），要求所有会员排放量比基准线排放水平（新会员为2000年的排放量）降低6%以上。CCX交易的商品称为碳金融工具合约（Carbon Financial Instrument，CFI），每一单位CFI代表100吨二氧化碳。CCX根据成员的排放基准线和减排时间表签发减排配额，如果会员减排量超出了自身的减排配额，则可以将超出部分在CCX交易或储存；如果没达到自身承诺的减排配额，则需要在市场上购买CFI。同时，CCX也接受其他项目的减排量进行碳中和交易，是美国唯一认可CDM项目的交易体系。当然，由于CFI的价格远远低于欧洲碳市场价格，实际上，很难发生跨区域的交易。

资料来源：陈小川、谭焕新：《学习时报》2014年7月21日；中国碳排放交易网，http://www.TANPAIFANG.com/tanguwen/。

(二) 碳税

截至2012年年底，国际上已有近20个国家（或地区）开征了碳税。最成功的国家（或地区）当属加拿大魁北克省、艾伯塔省和不列颠哥伦比亚省的碳税（见专栏2-5），其他还包括印度征收的全国性煤炭税（约1美元/吨，2010年颁布）、南非根据新车的碳排放量征收的新车辆税（2010年颁布）、哥斯达黎加的燃油税（1997年制定）。最早征收碳税的是以丹麦和荷兰为代表的北欧国家，它们推行碳税早、力度大、实施得力，所以，到20世纪末，这些国家基本上都构建起较为完备的碳税制度。

专栏2-5 加拿大不列颠哥伦比亚省的碳税简介

2008年，位于太平洋海岸的加拿大不列颠哥伦比亚省对每吨二氧化碳征收10美元的碳税。此税率随后每年递增5美元，直到2012年达到30美元。这意味着在加油站每加仑汽油额外增加了26美分碳税，而其他碳基能源的价格也上涨了。

碳税是税收中性的，这意味着该省已经削减了收入和公司税，以抵消对碳征税后的收入。目前，不列颠哥伦比亚省的个人所得税税率是加拿大最低的，也是工业发达国家中公司税率最低的地区之一。

在实施碳税的头6年中，不列颠哥伦比亚省的燃料消耗量下降了5%—15%，而加拿大其他地区则上升了约3%。在此期间，不列颠哥伦比亚省的人均GDP继续增长，增速略高于加拿大其他地区。通过降低收入和公司税，这项政策鼓励了就业和投资，同时不鼓励碳污染。

经合组织和世界银行已将不列颠哥伦比亚省的经验作为成功的榜样来推广。最近的一项研究发现，这项税收对经济的影响可以忽略不计，并且克服了最初的反对而获得了公众的普遍支持。截至2016年，加拿大政府计划将该税扩大到整个加拿大。

资料来源：（1）The World Bank,"*Development in a Changing Climate, British Columbia's Carbon Tax Shift: An Environmental and Economic Success*", Sept. 10, 2014;（2）http://www.nationalobserver.com/2016/10/03/news/breaking-feds-announce-pancanadian-carbon-price-plan-2018。

（三）城市网络组织

重视都市圈在气候治理中的显著作用，成立城市网络组织。如占全球 GDP 25% 的 40 个大城市网络即 C40 大城市网络致力于测量和减少城市排放，2014 年启动了另一个城市网络，即由 500 多个城市组成的全球联盟。到 2050 年，预计世界人口的 65%—75% 将生活在城市中，每年大约有 4000 万人口移居城市。到 2050 年，城市人口将从现在的约 35 亿人增加到 65 亿人。据估计，城市占全球二氧化碳排放量的 75%，其中交通运输业和建筑物排放是最大的贡献者。①

（四）重视生态系统服务对气候治理的作用

尽管气候政策的重点是减少碳基燃料的排放，但是，生态系统（如森林、土壤、湿地等）的作用也是至关重要的。目前，约 11% 的温室气体排放来自森林和土地用途的变化，特别是热带森林的流失。国际气候变化谈判提出了采用减少森林砍伐和退化造成的碳排放（Reduction of Emissions from Deforestation and Degradation, REDD）项目计划。《哥本哈根协议》（2009 年）承认有必要采取行动，减少毁林和森林退化造成的碳排放，并建立了一种称为"REDD +"的机制。该计划强调为发展中国家提供资金，以采取减缓行动，包括为"REDD +"适应技术开发和转让以及能力建设提供大量资金。

除了减少碳排放，森林和土壤还有巨大的吸收与储存碳的潜力。地球土壤储存了 25000 亿吨碳，比大气层（8400 亿吨）和植物（5600 亿吨）的总和还要多。但据估计，20 世纪，土壤中的自然碳已

---

① http://www.c40.org/; https://www.compactofmayors.org/.

枯竭50%—70%。在全球范围内，这些贫瘠的土壤每年可以通过再生农业（包括混养、覆盖作物、农林业、养分循环利用、作物轮作、适当的牧场管理以及有机土壤改良剂，例如堆肥和生物炭）再吸收800亿—1000亿吨碳。未被利用的巨大的碳储存潜力可能会成为未来气候政策的重点——这是保持全球温度变化不超过2℃所必需的"目标"路径的关键因素（IPCC，2014b；Harrison et al.，2014；Stern，2007）。

（五）技术进步提高气候治理能力

应对气候变化挑战既需要改变行为，也需要技术进步。诸如碳税、总量限额和交易计划以及税费补贴之类的经济政策工具都是利用激励措施来刺激行为的改变。例如，提高汽油价格的碳税将激励人们减少驾驶或购买更具燃油效率的汽车。但是，我们也可以从技术角度而不是从行为角度来应对气候变化。经济政策可以为技术变革创造强大动力。由于碳税导致汽油价格上涨，对高效率、低排放汽车的市场需求将促使汽车企业将更多的投资用于混合动力和电动汽车的开发生产。麦肯锡公司（McKinsey Company）进行了一项著名的研究工作（McKinsey Company，2009，2013），即研究了在全球范围内可能对温室气体减排或减排产生影响的不同技术选择，分析结果如图2-11所示。图中各种选择按成本顺序排列，从最低成本到最高成本。经济上的逻辑是：有必要先采取以最低单位成本达到减排的行动，然后再采取成本更高的行动。

对图2-11的含义解释如下：纵轴Y表示每种减排方案的成本范围，单位为欧元，即每年减少每吨二氧化碳成本［对于减少其他温室气体（如甲烷），用二氧化碳当量表示］。条形图代表每种方案可以避免的二氧化碳排放量。建筑物隔热、提高效率和废弃物利用等政策的成本在负数范围内，这意味着无论这些政策对二氧化碳排放的影响如何，它们实际上都会节省资金。因此，即使我们不在乎气候变化和环境，也仅出于长远的财务考虑，将建筑物隔热、提高效率并回收废弃物利用还是合理的。

如果执行横轴左侧的所有行动，则X轴给出了相对于BAU方案而言，累计减少排放的二氧化碳当量。因此，如果我们实施所有负成本方案，包括提高空调、照明系统和热水的效率，那么每年可减少的总排放量约为 120 亿吨二氧化碳当量，同时还能节省成本。

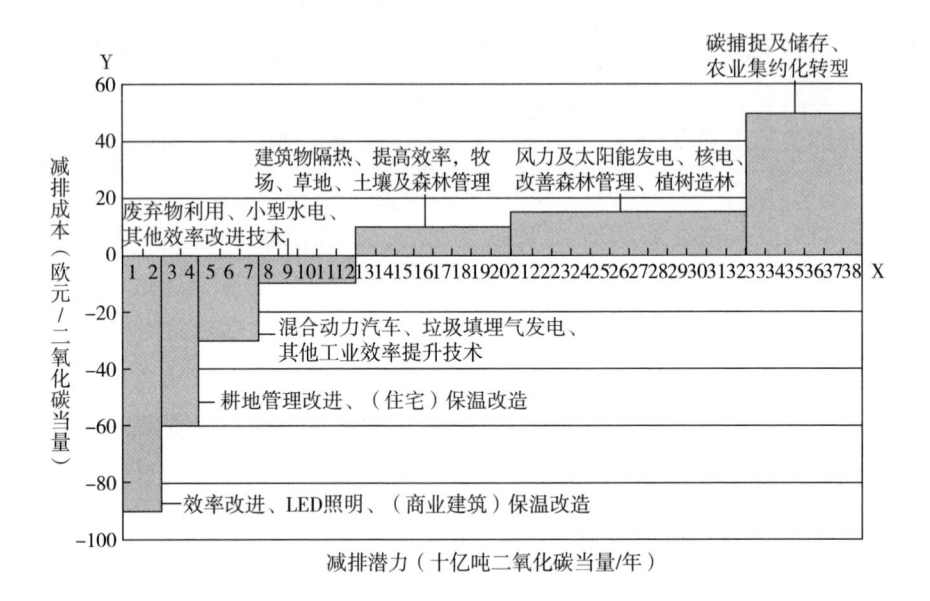

图 2-11　2030 年全球温室气体减排成本曲线

注：成本以欧元估算，但分析涵盖了全球范围内减排的可能性。
资料来源：基于麦肯锡公司（2009，2013）加以修整。

X 轴右侧的行动需要付出一定量的成本。换句话说，对于所有这些行动方案，减少二氧化碳排放就需要花费成本。图 2-12 显示了所有以每吨不到 60 欧元的成本减少二氧化碳排放的行动，包括扩大风力和太阳能发电、核电、改善森林管理和植树造林以及实施碳捕集及储存（CCS）计划等。

如果执行所有这些措施，则每年减少的排放总量达到 380 亿吨二氧化碳当量。当前，全球总排放量，包括所有温室气体和土地利用变化产生的排放量，每年约为 500 亿吨二氧化碳当量，预计到 2030 年将增加到约 700 亿吨二氧化碳当量。因此，如果从现在开始实施这些行动措施，我们到 2030 年将不是每年排放 700 亿吨二氧化碳当量，而是仅排放 320 亿吨二氧化碳当量，比当前水平还降低 180 亿吨二氧化碳当量。并且可以以更低的成本减少排放，尤其是通过推广使用风能和太阳能。

考虑到某些方案选择实际上可以节省成本，实施图2-12中所有方案的总成本估计不到2030年全球GDP的1%。研究还指出，如果将实施行动延迟10年，则升温保持在2℃的目标将非常困难。研究提出了为实现图2-12中所示的减少碳排放的政策建议：

（1）为建筑物和车辆的用能效率建立严格的技术标准。

（2）建立稳定的长效激励机制，鼓励电力企业、工业企业投资和部署高效率技术。

（3）通过经济激励措施和其他政策，为新兴技术和可再生能源技术提供政府支持。

（4）确保对森林和农业的有效管理，特别是在发展中国家。

第三章 绿色经济转型的经济学机制阐释

发展问题、环境问题和贫困问题都是国际社会面临的挑战,在2015年联合国通过的17项可持续发展目标中[①],其中13项与环境和气候的可持续直接或间接相关。而气候变化是关键因素,涉及能源、粮食、人口安全问题,故早在20世纪70年代就已成为全球性议题。随着全球气候变化引起的极端气候事件加剧(如2004年的印度洋海啸、2005年美国的卡特里娜飓风事件、北极冰融化加速等),以及全球化浪潮,各国无不加紧重视环境问题,并加速应对气候变化步伐。加强国际合作应对气候变化已达成共识,并签署了多种国际合作协议。另外,2008年国际金融危机导致的全球经济衰退,促使解决能源转型、环境问题的低碳绿色经济转型似乎成为各国谋求重振经济、抑制金融危机的重要突破口。这也就再次说明环境问题、气候问题的解决离不开全球经济的发展,而当前严峻的生态环境问题和资源可持续利用问题无不提醒国际社会,必须改变过去的经济发展模式。本章首先对于涉及绿色经济转型的几个概念进行简要辨识;用新制度经济学理论简述绿色经济转型机制,并对环境外部性理论进行概述。

第一节 绿色经济转型相关概念辨识

当前绿色经济(Green Economy)、绿色经济转型(Transition to

[①] 可持续发展目标的17项目标和169项具体目标的详细内容参考本书附录一:联合国可持续发展目标简要说明。

Green Economy or Green Economy Transformation)、低碳发展（Low Carbon Development）等这类相近词汇经常见诸气候变化、环境资源及经济学类相关的学术刊物、政府文件、研究报告及媒体报道中。但迄今国内外的学术界对这几个名词没有给出严格的规范定义，并且经常混用在一起，因此，下面对这些概念做一简要的辨识和综述。

一 绿色经济概念的起源

环境经济学成为一个学术研究的新领域，其起源始于 20 世纪 60 年代，当时该术语开始出现在书名和学术出版物上（Pearce，2002）。但人们对经济发展与环境之间联系的了解和关注最早可追溯到 18 世纪和 19 世纪的经济学开创者，他们清楚地认识到环境资源是财富的重要来源，并且是对经济增长的潜在限制。如托马斯·马尔萨斯（Thomas Malthus）的自然资源限制论，认为人口增长和农业收益下降是造成人类社会普遍贫困的原因。资源悲观论者最具代表性的成果是：20 世纪 70 年代，罗马俱乐部发表《增长的极限》（Meadows et al.，1972），成为当时的轰动新闻。同时受美国经济学家肯尼思·鲍尔丁（Kenneth Boulding）的"宇宙飞船地球"概念的启发，生态经济学家利用科学法则，在跨学科领域继续探索自然界线，将自然界线强加于经济过程中。人类的才智似乎突破了自然环境的限制，但是，随着经济和人口的增长，仍然带来了环境资源的过度开发，尤其是在发展中国家，地下水的过度开采、森林砍伐、过度捕捞、栖息地丧失等现象普遍存在（Kasztelan，2017）。不过，在分析原因和寻找对策时，很大程度上都归咎于政策管理不善和市场失灵的结果，而不是由于资源本身的短缺。随着全球环境持续恶化、发展问题更趋严重，联合国于 1992 年在巴西召开了首次最高级别的环境和发展大会，并通过了《地球宪章》和《21 世纪行动议程》等国际公约。绿色经济概念的首次正式提出是 1989 年英国环境经济学家皮尔斯（Pearce）等在英国环境部发表的《绿色经济蓝图》报告中（Pearce et al.，1989），他建议政府以绿色经济作为国家发展策略，通过低排放和低能耗的发展模式来达到增长，以兼顾环境和经济利益，实现可持续发展。绿色经济和传统经济同样都是建立在市场的基础之上，但是，绿色经济将自然生态和环境视为资本，对传统经济模式进行修正，借此创造新的市场需求和经济价值（UN，2012a）。

二 绿色经济

几十年来，人们普遍认为，只有在全球范围内进行整体经济调整，才能避免环境退化和气候变化的危险后果（Stern，2006）。而绿色经济的概念和论述代表着向更环保、更高效利用和节省资源技术的根本转变，以减缓排放、减轻气候变化的影响，并解决资源枯竭和严重的环境退化问题（Bowen and Fankhauser，2011）；绿色经济的实施也可确保可持续发展目标和气候变化2015年后发展议程目标的潜力（Georgeson et al.，2017）。尽管绿色经济形成于20世纪90年代，但真正引起国际社会关注和重视还是在2008年国际金融危机之后。

2008年国际金融危机发生以后，全球经济复苏成为当务之急，许多国家政府和机构都在考虑推动"绿色经济"作为发展的关键框架。2008年10月，联合国环境规划署（United Nations Environment Program，UNEP）在全球环境部长会议上提出了发展"绿色经济倡议"（Green Economy Initiative）；2011年发表了《迈向绿色经济：通往可持续发展和消除贫困的途径》（Towards a Green Economy: Pathways to Sustainable and Poverty Eradication）的报告，正式给出了绿色经济的定义：绿色经济可提升人类福祉和社会公平，并降低环境风险和生态破坏，以及具有社会包容性的经济体系（联合国环境规划署，2011）。2012年，联合国在巴西里约热内卢召开了第三届联合国可持续续发展大会（United Nations Conference on Sustainable Development，UNCSD）（以下简称里约+20峰会）[①]，绿色经济成为本届大会的两大主题之一。

不过，对于绿色经济也存在一些批评，反对者质疑过度强调绿色经济发展策略，可能导致自然生态和环境的金融化与资本化，进而扩大全球贫富差距和资源分配的不公平，这是因为发展中国家缺乏发展

[①] 本届会议与1992年在里约热内卢召开的联合国环境和发展大会正好时隔20年，因此又被称为"里约+20峰会"（Rio+20峰议）。这届里约+20峰议的主题有两个：一是在可持续发展和消除贫困的背景下发展绿色经济；二是关于可持续政治治理和制度框架。

绿色经济的条件、资源和能力，一旦绿色经济成为全球经济发展主流，势必对发展中国家的经济利益造成某种程度的危害（Khor，2011）。然而，随着环境和气候保护意识的增强，越来越多的国家将发展绿色经济作为中长期发展策略，希望通过绿色经济取代过去高排放和高耗能的发展模式，创造经济增长新动能。另外，许多智库的专家学者提出了实施绿色经济转型的度量指标，并规划设计各种政策方案和路径，为政府发展绿色经济提供参考，这些都有利于传统经济发展模式的改变，实现国家经济的绿色经济转型。需要指出的是，绿色经济是实施绿色经济转型的目标，后者强调的是，转型过程是绿色的，无论是经济转型还是社会转型，都是可持续的转型。

三　绿色增长

绿色增长（Green Growth）首次出现于2005年在韩国首尔举行的联合国亚洲和太平洋经济社会委员会（UN Economic and Social Commission for Asia and the Pacific，UNESCAP）第五次环境和发展部长会议，当时来自亚太地区多个国家、地区和非官方机构代表，达成通过绿色增长实现可持续发展的共识，并通过《首尔绿色增长倡议网络》（Seoul Initiative Network on Green Growth），以协助各国和地区促进绿色增长（UN，2012b）。2009年，经合组织国家部长理事会共同签署《绿色增长宣言》（Declaration on Green Growth），并授权经合组织拟定绿色增长策略，针对环境、经济、社会、技术和发展提出完整架构，作为各国促进绿色增长的参考。2010年，经合组织发表《绿色增长策略中期报告》，提出了促进绿色增长的策略，包括消除绿色增长障碍、促进发展转变、支持过渡转型、加强国际合作，以及定期评估进展（OECD，2010a）。经合组织对"绿色增长"所下的定义是："一种能够促进经济增长，并同时确保自然资源可持续提供人类福祉所需的发展模式。"绿色增长强调环境对经济增长的可持续性，通过改善经济的生态效率、提升环境和经济的协同作用，来实现环境和经济效益。

因此，绿色经济和绿色增长这两个概念的含义相似，都涉及经济增长、环境保护、低碳发展、能源效率、生态可持续、人类福祉、气候韧性、社会包容和公平等,也经常不加区别地使用。但是,从其原始定义来看,这两者还是有区别的,绿色经济强调在环境资源可持续利用的前提下实现经济发展,绿色增长则更重视经济发展对环境造成的影响。亦即前者更注重"生产端",后者则更关注"产出结果"。国际商会(International Chamber of Commerce,ICC)从发展模式上对两者进行区分,认为绿色经济是由上而下的低碳发展模式,由政府通过政策整合环境和经济效益,创造新的市场需求和经济价值;而绿色增长是一种由下而上的发展模式,经由企业自主实行的低碳策略,建立从商品和服务的生产与供给的低碳经济体系,来达到经济增长的目的(ICC,2011)。

四 低碳经济

由于低碳经济(Low Carbon Economy)直接与碳排放相关,因而,低碳经济这个名词起初在气候变化研究领域使用更加频繁。英国是国际公认最早提出低碳经济概念的国家,2003 年,英国贸工部发布了《未来能源:创建一个低碳经济》(Our Energy Future:Creating a Low Carbon Economy)白皮书(以下简称《能源白皮书》),提出英国将以发展低碳经济作为经济社会转型的策略,最终成为低碳国家。低碳经济是以低排放、低能耗、低污染为特征的发展模式,涉及可再生能源发展、能源技术创新,以及能源效率的提高,因此,将对经济活动和社会行为带来根本性改变。可见,低碳经济是指一个经济系统只排放少量的温室气体,或是几乎不排放温室气体。如果全球所有经济体都可以达到最低碳排放甚至零碳排放,那么将可以把大气中温室气体的浓度稳定在防止气候系统受到危险的人为干扰的水平,避免气候变化持续恶化。发展低碳经济的目的在于减少温室气体排放,降低气候变化的威胁,使经济可持续发展,并兼顾公平和包容等社会价值。

绿色经济、低碳经济、低碳绿色经济等名词在媒体报道、官方报告中等经常不加区别地被混用,但是,从环境经济专业术语内涵而言,区别也是明显的。绿色经济强调在发展经济时对环境保护和资源高效利用的重要性,低碳经济则侧重温室气体的低排放和能源高效率使用,两者都主张通过产业结构的转型升级、可再生能源的开发利用,以及最大限度地减少温室气体排放,达到环境保护和经济发展的目标。因而,可以简单地理解为:低碳经济是实施绿色经济转型的一种路径和策略。

五 低碳发展与低碳转型

低碳发展(Low Carbon Development)概念最初出自《联合国气候变化框架公约》(United Nations Framework Convention on Climate Change,UNFCCC)(简称《公约》)的内容,顾名思义,低碳发展就是指低碳排放的发展策略,通过低排放、低能耗、低污染的发展模式,追求经济增长,同时致力于减缓全球变暖,降低气候变化对自然生态系统和人类生存发展的威胁。低碳发展这一概念的提出是与国际气候变化谈判进程密切相关的。为了加速达成《京都议定书》到期后全球温室气体减量配额的协议,欧盟在2008年《公约》第十四届成员国大会中建议,发展中国家采取低碳发展策略,减少温室气体排放(《京都议定书》中没有规定发展中国家承担强制减排的责任),并且应该以推动低碳发展、提升气候适应能力的成效,作为决定向发展中国家提供必要援助(包括资金和技术援助)的依据。在2009年《公约》第十五届成员大国会(《哥本哈根会议》)和2010年第十六届成员国大会上"低碳发展"再度被提及,认为低碳发展是实现可持续发展的必要途径,也是发展中国家追求经济增长的重要策略,能够在不影响国家经济和社会发展的情况下,减少温室气体排放,解决全球气候变化问题(OECD,2010b)。可见,低碳发展概念主要是针对发展中国家的未来发展策略而提出的。

低碳转型(Low Carbon Transition)是低碳发展的另一种表述,两者都主张在环境可持续的前提之下发展经济,避免对生态环境造成破坏。但是,从概念外延来看,低碳转型比低碳发展更广,低碳发展强调减少温室气体排放对增强气候韧性的重要性,重视能源和产业结构的调整;低碳转型则将重点关注低碳经济体系构建、社会层面的结构性改变。推动低碳转型必须降低"三高"(高排放、高能耗、高污染)产业的比重,提高"三低"(低排放、低能耗、低污染)产业的比重,通过有效的政策工具和市场工具,鼓励企业发展符合低碳标准且具有高附加价值的高技术产业和新兴服务业。

第二节　绿色经济转型的新制度经济学阐释

绿色经济将人与自然的关系引入环境经济学的研究范畴，拓展了传统经济学的研究边界。绿色经济的产生源自经济增长与环境、资源和生态之间的矛盾，根本原因在于当前生产力与生产关系不相适应，这就要求进行变革与创新。当前，经济增长与环境、资源和生态之间面临着以下矛盾：一是经济增长导致环境被破坏，即为追求经济发展，随着大规模的经济活动过程，相应地排放出废水、废气、固体废弃物等，从而使人类赖以生存的水资源被污染，空气质量下降，土壤失去生产能力；二是经济增长导致资源过度消耗，现有条件下任何经济增长的实现都得以牺牲一定的能源资源为代价；三是经济增长使生态系统退化，即极端天气频率增大，全球变暖加剧，生物多样性形势严峻等。

绿色经济发展不仅要求进行技术研发和创新，而且也对制度创新、制度的合理化提出了较高的要求。根据国际上一些国家的经验，发展绿色经济需要进行有成效的制度创新，这些制度创新为绿色经济发展打下了良好的制度基础。而新制度经济学的核心理论是产权理论和交易成本理论，这些理论对制度创新实践有着重要的理论指导价值。因此，可以从新制度经济学角度来分析发展绿色经济以及为发展绿色经济进行制度创新的合理性。[①]

一　新制度经济学概述

所谓新制度经济学（New Institutional Economics），是指用主流经济学方法分析制度的经济学。它的思想源头可以追溯到20世纪30年代，其标志性著作是1937年美国经济学家罗纳德·科斯出版的《企

---

① 朱兆一：《以色列绿色经济研究》，世界图书出版公司北京分公司2016年版，第221页。

业的性质》。经过几十年的发展，新制度经济学已经成为主流经济学派之一，其中包括交易费用经济学、产权经济学、委托—代理理论、公共选择理论等几个支流。[1] 20世纪90年代，科斯和另一位新制度经济学代表人物道格拉斯·诺斯的著作传入中国后，引起了我国经济学界的广泛关注。[2]

新制度经济学正在对越来越多的经济事务的具体制度安排提出更多的指导，也为通过改变制度安排来提高经济效益提供了理论依据，21世纪，新制度经济学必定会更加快速地发展。这是2001年诺贝尔经济学奖获得者斯蒂格利茨对于新制度经济学在现代经济发展中重要意义的评述。[3] 以科斯、诺斯为代表的新制度经济学派大师纷纷获得诺贝尔经济学奖，这也反映出世界经济学界对该学说的肯定和重视。随着新制度经济学的兴起，世界经历了东西方制度的长期论战以及"冷战"之后的新旧制度更替，这使新制度经济学显得比其他任何经济学派都有用武之地。进入21世纪后，以互联网等信息技术为核心的数字经济的崛起，改变了全球的商业环境，也在重塑人与人、社团与社团之间的社交方式。传统的新古典经济学是以工业生产作为主要理论来源和理论基础，而新兴的互联网经济以大数据、云计算作为主要载体，两者的根本不同让新古典经济学的研究体系已经部分失效。反观新制度经济学，在解释网络经济、社交工具时，它更能体现自己的价值。比如，在经典经济学的解释当中有理性人的定义，但是，在网络时代，粉丝经济、体验经济不足以用理性人进行解释，而新制度经济学对人的假设进行纠正，弥补了传统经济学的缺陷，提出了解决办法。随着生态问题的日益突出，人与生态的关系产生了新的社会特点，这是被一般经济学所忽视的地方，而新制度经济学研究的人、社会和生态之间的行为关系等内容补充了传统经济学的研究盲区。

新制度经济学的基本观点是在资源稀缺的假设前提下，制度安排

---

[1] 卢现祥：《西方新制度经济学》，中国发展出版社1996年版。
[2] 徐大伟：《新制度经济学》，清华大学出版社2015年版。
[3] 卢现祥：《西方新制度经济学》，中国发展出版社1996年版。

在于控制人与人之间对资源稀缺问题的相互作用，即为人们提供一套参与经济活动的"博弈规则"。关于制度，目前尚无统一的概念。新制度经济学家舒尔茨将制度定义为"一种行为规则，这些规则涉及社会、政治及经济行为"。[①] 诺斯认为，"制度是社会博弈的规则，是人们创造的、用以限制人们相互交流行为的框架"。[②] 在总结不同学者对制度的描述和定义的基础上，我们可以将制度理解为一种行为规则。这一规则可能涉及人类的经济、政治和社会生活，是对人类行为所做出的法律的、行政的或者习惯性的安排。新制度经济学继承了新古典经济理论中稀缺性假设和市场、供求、生产要素、边际主义等概念，但在理论假设上与新古典经济学有差异。新制度经济学的主要理论假设有有限理性假设、外部性假设和交易成本假设。

二　绿色经济转型与新制度经济学

绿色经济发展要求减少政府对经济的干预，让市场在资源配置中发挥基础性作用。减少政府对经济的过度干预就是减少非市场因素对经济活动的干预，从而降低交易成本。政府对经济的过度干预，增加了经济活动中的非市场因素的作用，创造了相当大的"寻租"空间，直接导致市场交易成本的增加。此外，政府对经济发展的过度干预使经济发展必需资源的配置权掌握在政府手中，在这种情况下，政府作为中央计划者可能的不作为或者乱作为将会破坏整个资源配置体系，从而阻碍经济发展。因此，减少政府对经济过度干预的制度创新可以减少交易的不确定性，降低交易成本，从而为绿色经济发展创造更加宽松、自由和市场化的外部环境。

绿色经济发展要求产权明晰，建立健全的市场激励机制。通过国有企业混合所有制改革等措施，有利于明晰产权，改变原有的社会所有制导致的产权不明晰、经济活动主体缺乏进取精神、企业之间缺乏竞争、劳动者不上进的状态。社会所有制改革能使经济活动主体知道通过努力得到回报，从而强化了市场激励体制，使经济活动主体为谋

---

① [美]科斯：《财产权利与制度变迁》，上海三联书店1994年版。
② [美]诺斯：《制度、制度变迁与经济绩效》，上海三联书店1994年版。

求自身福利的最大化而不断地积极进取,从而促进绿色经济发展。

绿色经济发展要求能较好地处理外部性问题,新制度经济学尤其关注传统经济学中外部性所带来的市场失灵问题。在绿色经济发展过程中,科技创新往往有着较强的正外部性,但是,由于科技创新的风险大,而且需要大量的资金投入,因此,很多企业在无法将这种正外部性内部化的情况下而不选择投入大量的人力和物力进行科技创新。这时,政府通过政府财政资助以及引入风险投资基金等政策来鼓励科技创新,从而使科技创新者能够最大限度地享受科技创新所带来的利益。同样,在环境污染等负外部性的问题上,污染企业有足够的动机去排污而不为污染带来的负外部性付费。新制度经济学提出,通过产权明晰来确定谁该为负外部性付费,从而为解决相关问题奠定了基础;通过向排污企业征收污染税,或者通过将排污权引入市场进行交易,用交易所得来补偿被污染者或者治理污染。新制度经济学的这些理论为解决外部性问题,修复市场失灵,提供了有益的启示,也为解决绿色经济发展过程中可能遇到的理论难题提供了帮助。

绿色经济发展中可能会遇到政府过度干预、产权不明晰导致的市场竞争和激励不足等外部性问题,新制度经济学对这些问题都进行了阐述,并提供了可参考的解决方案。从新制度经济学的角度,我们可以明显地看出,绿色经济发展必须以合理和科学的制度安排为前提,而产权和交易成本制度创新既契合新制度经济学的理论,又能推动绿色经济发展。

三 制度对绿色经济增长的影响机制

传统经济学主要研究价值的创造、转化与实现的规律,突出人与人之间的关系、生产力与生产关系之间的关系,关心的核心问题是如何通过生产力与生产关系的相互协调来实现经济与社会的可持续发展。制度的变革和创新是生产力与生产关系之间变革和创新的本质。制度设定了经济发展的基础与准则,对经济的正常运转起着约束、保障和激励的作用。当现有制度的作用不断弱化,甚至使生产力与生产关系越来越无法相互适应时,这样的制度是不完整的、有缺陷的,需要改变。经济学家布坎南曾经指出:"没有适当的法律和制度,市场规则便没有根基，市场效率便会变得混乱不堪。"①

从制度的角度来看，正是市场制度的不完善导致了这些现象的出现。市场制度的不完善主要体现在以下四个方面：一是产权制度的缺位。环境、资源和生态主要表现为公共属性，具有非常显著的外部性，由于对其的所有权不清晰，当其利益被侵害时，没有相应的市场手段与机制进行有效的约束。二是交易的违约成本较低。产权的不清晰使环境、资源和生态的破坏者只需要付出较小的代价就能获得较高的收益，交易的违约成本较低。三是可持续发展文化的缺失。在经济较为落后的时期，先污染、后治理基本成为全球经济发展的主流，人们根本没有可持续发展的观念与意识，只有当环境、资源和生态出现问题时，人们才会协调当代与后代的资源配置问题，才会考虑经济的可持续发展问题。四是市场监督机制的缺失。环境、资源和生态的公共品的属性，使市场对其弱于监管，或者监管范围、领域和尺度难以明确，从而产生了制度漏洞。

制度在环境、资源和生态治理中的不完善，要求人们对制度进行变革与创新，由此催生了绿色经济。新制度经济学将制度纳入经济理论体系，认为制度是经济发展的内生因素。新制度经济学指出，制度的有效变迁将导致资源配置优化、技术进步、人力资本等的改变，从而促进经济发展。制度在环境、资源和生态治理中的有效变革，要求产权制度、监督制度等的完善，使绿色经济逐步萌芽。制度推动绿色技术等的进步与突破，为绿色生产力的产生提供了条件。制度改变了经济在环境、资源和生态治理中的资源配置，从而出现了新的绿色生产关系。制度产生了绿色生产主体、绿色消费行为、绿色资本和绿色创新人才，为绿色经济增长提供了动力。制度依据绿色经济的本质特征，改变了传统的生产力与生产关系，使绿色经济形成了特有的运行机制与生产消费方式。

四 绿色经济增长的制度内生化

新制度经济学认为，制度是经济增长的内生因素，制度的变革与

---

① ［美］A. 布坎南：《自由、市场和国家》，上海三联书店1989年版。

创新能够推动技术进步，进而提高有效促进经济增长的全要素生产率。诺贝尔经济学奖得主道格拉斯·诺斯和经济学家罗伯特·托马斯在《西方世界成长的经济理论》中指出，技术创新、资本积累、规模经济不是经济增长的根本动因，这些都是制度变革的结果，制度才是经济增长的内生因素。① 由于技术进步来自制度的有效变革与创新，技术内生于制度要素，即制度的变革与创新已经包含技术进步，因此，制度要素通过技术进步路径，拓展了市场的产出边界，提高了劳动和资本的生产效率，进而影响了绿色经济增长。

（一）创新

绿色经济是以绿色创新为基础的。许多绿色技术都是科技创新的直接成果。比如，在以色列引以为豪的农业领域，20世纪60年代的滴灌技术就是最典型的创新成果。没有这种革命性的灌溉技术创新，以色列就无法大规模地改造荒漠。同样，在解决饮用水问题上，以色列对海水淡化技术的不断创新，大幅降低了海水淡化的成本，从而使淡化海水的大规模应用成为可能。在制度层面，必须进行治理制度的有效创新，以适应绿色经济发展。减少政府对经济的过度干预、降低社会所有制的过高比重、明晰产权、在市场失灵的领域果断地伸出"有形之手"加以扶持，这些制度的改革和创新消除了原有经济体系的痼疾，激发了绿色经济的活力。

（二）产权制度

产权制度是指在经济发展过程中对各要素的产权规则和产权关系的制度安排。由于环境、资源、生态等自然要素的公共品属性非常明显，在这些自然要素的产权制度明晰以前，当它们被污染或破坏时，没有明确的产权主体感到自己的利益受到了侵害，没有明确的产权主体对这些自然要素进行维权，也没有明确的产权主体对这些自然要素进行市场定价，要求破坏者付费。此时，破坏者可以肆无忌惮地进行环境污染和资源消耗，他们只需要以较低的成本，便可以获得较高的

---

① ［美］道格拉斯·诺斯、罗伯特·托马斯：《西方世界的兴起》，华夏出版社2015年版。

收益。整个市场缺乏对破坏环境、资源、生态等行为的约束和相应保护的激励，从而导致绿色经济无从谈起。产权制度的建立为绿色经济发展奠定了基础。一方面，产权的明确使市场经济主体对其资源进行确权，当他们的利益受到侵害时，经济主体会要求破坏者付出相应的市场代价。另一方面，产权的明确有利于市场对环境、资源、生态等自然要素进行定价，从而可以使自然要素的拥有者向自然要素的保护者付费，对自然要素的破坏者收费。这些自然要素的拥有者和保护者成了绿色经济的早期经济主体。此外，产权制度的确立降低了自然要素的交易成本，市场可以更有效率地对环境、资源、生态等自然要素进行配置，推动绿色经济市场机制的逐步形成。学者在对中国西部地区绿色经济发展进行研究时认为，中国应当借鉴经合组织国家的经验，制定绿色经济发展的制度安排和路线图，建立生态产权或自然资源产权交易市场化的激励机制。

（三）企业主体

企业主体对绿色经济的影响主要表现在技术进步、市场主体确立、市场化交易机制形成、交易费用降低等方面。长期以来，企业是技术创新的重要载体已经成为人们的共识，在绿色经济领域也不例外。制度的变革与创新推动技术进步，而技术进步则最终落实在企业主体上。企业在生产经营过程中，为减少环境污染与资源消耗的约束，会进一步提高劳动生产率。这说明企业本身具有发展绿色技术的内在动力。在市场逐渐对环境、资源、生态等自然要素进行定价时，为了以最小的代价获取更高的收益，企业重视发展绿色技术，降低经营成本。同时，为应对市场、公众等对环境保护、资源节约等的监督，企业主体也有提高绿色经济发展水平的外在需求。

确立绿色经济的市场主体，有利于企业对绿色经济发展中的责任与义务进行确权。企业作为参与经济活动的独立法人，能够理性地认识到自己应该做什么，不应该做什么。在绿色经济框架体系中，企业会选择有利于自身发展的绿色生产与消费，避免环境污染与破坏，从而实现绿色经济增长。企业主体还有利于绿色经济市场交易机制的形成，如产权制度、环境、资源、生态等自然要素的定价等，推动企业交易费用的降低，从而实现绿色经济的资源优化配置。有学者在进行中国资源型企业绿色行为调查研究时发现，企业的绿色经济发展与企业的技术水平、市场环境、战略定位等高度相关，企业作为市场主体对推动绿色经济发展有重要作用。①

第三节 环境外部性理论方法简述

一 外部性理论概述

一般认为，"外部性"概念最早是由英国经济学家马歇尔（Alfred Marshall）提出，他于1890年发表的巨著《经济学原理》建立了当今主流经济学——新古典经济学，在该书中，他首次提出了"外部经济"概念。马歇尔认为，除土地、劳动和资本这三种生产要素之外，还有第四种生产要素，即"工业组织"。为了说明第四种生产要素的变化如何能导致产量的增加，马歇尔使用了"内部经济"和"外部经济"这两个概念。到了20世纪，众多经济学家从不同角度对生态环境、资源等公共物品的外部性问题进行了深入探讨。一方面，公共物品具有"不可分割性"，即任何个人都不可能排他性地消费公共产品；另一方面，公共物品的另一个主要特征是非竞争性，即对再多一个人提供这种物品的边际社会成本等于零。由于大部分环境和自然资源具有公共物品的性质，上述理论即成为许多环境经济学家研究环境外部性产生的根源，这其中包括两个方面：一是"搭便车"问题，即免费享受公共物品而不付费，致使供给方在市场条件下无从获得其优化配置生产的收益；二是偏好显示的不真实，即消费者不愿意真实地表达自己对公共物品的主观需求状态，致使公共物品生产者的需求曲线无法确定。②

---

① 谢雄标、吴越、冯忠垒、郝祖涛：《中国资源型企业绿色行为调查研究》，《中国人口·资源与环境》2015年第6期。

② Freeman, A. M., "The Measurement of Environmental and Resource Values: Theory and Methods", Washington, DC: *Resources for the Future*, 2003.

马歇尔的学生庇古（Arthur Pigou）在其著作《福利经济学》一书中对外部性问题做了进一步分析，并对"外部经济"（正外部性，positive externality）和"外部不经济"（负外部性，negative externality）做出了区分。庇古的创新之处在于提出了"社会净边际产品"和"私人净边际产品"这两个重要的概念。根据庇古的定义，社会净边际产品是"任何用途或地方的资源边际增量带来的有形物品或客观服务的净产品总和，而不管这种产品的每一部分被谁获得"。私人净边际产品则是"任何用途或地方的资源边际增量带来的有形物品或客观服务的净产品总和中的这样一部分，该部分首先——出售以前——由资源的投资人所获得。这有时等于、有时大于、有时小于社会净边际产品"。[①] 针对因私人净边际产品与社会净边际产品的背离造成的福利损失，庇古分析了商品生产过程中社会成本和私人成本问题，两种成本的差距构成了外部性，从而提出了征收"庇古税"作为纠正生产负外部性的方法。庇古认为，商品生产过程中社会成本和私人成本的差距构成了外部性，环境的外部性问题不能通过市场来解决，而必须依靠政府的介入，依靠征收一个附加税或者发放补贴，来实现一个附加的影响私人决策的变量，从而使私人决策的均衡点向社会决策的均衡点靠近。

庇古的伟大之处在于对亚当·斯密的"看不见的手"提出了批评。然而，几十年之后，一位来自美国的经济学家科斯（Ronald H. Coase）又对庇古的理论提出了挑战。科斯于1960年发表了其经典论文《社会成本问题》（*The Problem of Social Cost*），提出了交易费用（transaction costs）概念，阐明了财产权（property rights）对于市场交易的重要性。在《社会成本问题》一文中，科斯对庇古的研究方法提出了批评，科斯指出，外部性其实是一个相互的问题，而庇古并没有认识到这一点。实际上，在交易费用为零的情况下，庇古的政策建议根本没有必要，因为在这种情况下，通过双方的协商即可产生最优的结果。这一重要的观点被乔治·施蒂格勒（George Stigler）于1966年

---

① ［英］庇古：《福利经济学》，商务印书馆2006年版。

命名为"科斯定理"。科斯认为,市场失灵是产生环境外部性的内在原因,市场失灵源于市场本身的不完善,只有通过市场的发展深化,才能解决。科斯认为,如果产权得到明确界定,而且界定产权而发生的协商或谈判等活动交易成本为零或很小,那么在具有外部性效应的市场上,无论所涉及资产产权属于哪一方,交易双方总能通过协商谈判达到资源配置的有效状态。科斯理论为排污权交易代替政府收费奠定了理论基础。

二 庇古征税手段

经济学中的所谓边际成本为零,实质是这种成本没有被认识、测度和实现,生态环境的恶化意味着公益的下降和公害的增加,环境的保护是增加公益,减少公害。但是,由于环境是纯公共物品,由私人生产这一公共物品是不可能的,而环境污染所造成的危害对排污者征税,用税收来弥补私人成本和社会成本之间的差距,使两者相等。庇古对外部性的干预即对正外部性行为给予补贴,而对负外部性行为予以征税,而征税额或补贴额正好等于边际私人净产品价值与边际社会净产品价值之间的差额。最优庇古税就是使排污量等于最优污染水平时的排污收费。

三 基于科斯定理的交易体系

科斯不赞成庇古通过政府额外增加课税来对外部性进行干预,而认为应明确:是生产企业有污染的权利,还是被污染的企业或个人有免受污染的权利。只要明确好这些权利,市场机制自然会帮助社会资源实现最佳配置,这个观点实际上是肯定市场制度本身就能解决好环境污染问题。在科斯看来,重要的是明确产权,而不管权利属于谁,只要产权关系明确地予以界定,私人成本和社会成本就不可能发生背离,而且一定会相等。虽然权利界定影响到财富的分配,但是,如果交易费用足够小,就可以通过市场交易活动和权利的买卖,来实现资源的配置。

四 两种手段的综合比较

庇古认为,在市场失灵的情况下,政府干预能很好地解决外部性问题,即政府征税或补贴,政府为主体,但政府干预同样需要巨大的成本，要求对政府干预持谨慎的态度，庇古的外部性研究是在新古典经济学的基础上进行的，基本前提是完全自由竞争，为了正确地弥补边际社会净产品和边际私人净产品的背离，政府必须知道两者的差额，政府必须能获得充分的企业生产信息和社会影响信息，从而实现对污染企业的征税或补贴比任何其他方法更有利于实现社会福利最大化。但是，由于信息不对称，政府难以对边际社会净产品价值、边际私人净产品价值以及两者之间的差额的价值量进行准确的判断，尤其是在排污企业众多的情况下，这个信息获取的难度更大，因此，税收或补贴政策的制定和执行成本非常高。

科斯的研究对象是市场经济发达的西方国家，只有在交易费用极低的情况下，科斯的外部性治理方案才能顺利实现，而市场的运作和财产权的结构与人们拥有及获得信息的结构密切相关，许多经济学家认为，环境资源的市场是不存在的，原因之一是交易成本太高，难以实现私有财产权的建立，所以不可能存在市场。同样，对生物多样性等没有明确财产权界定的生态资源，市场也不存在，即使存在也难以正常运作。因此，当前商品和服务的市场价格没有反映其环境资源的稀缺性，即没有反映其"影子价格"时，许多环境资源的市场价格实际上是零，尽管其供给有限，"影子价格"为正。

第四章　全球气候治理的政策体系分析

气候变化的全球性和复杂性决定了全球气候治理的必要性与重要性。全球气候治理是指通过制定具有约束力的国际规则或协议来建立新型约束机制，通过各行为主体之间的联合与合作，共同应对气候变化问题。全球应对气候变化的政策体系大致可分为适应措施和减缓或预防措施两大类，前者旨在处理气候变化的后果，或者减少气候变化的损失；后者旨在降低气候变化的影响幅度或时机。

适应措施包括：①建造堤防和海堤，以防止海平面上升和洪水、飓风等极端天气事件；②改变农业种植方式，以适应不断变化的天气条件；③建立可以调动所需的人力、物力和财力，以应对与气候有关的灾难机构。

减缓或预防措施包括：①改变用能种类，利用低碳能源来减少温室气体的排放（例如，从煤炭发电转换为风能发电）；②提高能源效率，减少温室气体排放；③增强天然碳汇，碳汇是可以储存碳的区域，如土壤和森林等。

第一节　适应措施评述

经济分析方法几乎可以为任何特定的预防或适应措施提供政策指导。如成本效益分析可以为预评估实施应对政策提供基础。但是，经济学家对气候变化成本效益分析的合理假设和方法持有不同的观点。不过，经济学家都认为，成本效益分析不能适用于任何政策措施的评估。该方法的使用避免了许多与成本效益分析相关的复杂问题，为决策目标提供基础。对社会给定的目标,成本效益分析是使用经济技术来确定实现该目标的最有效方法之一。

一般而言,经济学家通常偏爱通过市场机制实现目标的方法。以市场为导向的方法被认为是有效的,这些方法没有尝试直接控制市场参与者,而是改变了激励机制,以便个人和企业改变其行为以考虑外部成本和收益。基于市场的政策工具包括污染税(pollution taxes)和可转让或可交易的许可证(transferable or tradable permits)。这两个都是减少温室气体的潜在有用工具。其他相关经济政策包括采取激励措施,鼓励采用可再生能源和节能技术。

检索现有文献,减缓措施的文献要多于适应措施,但是,随着气候变化问题的复杂化和减缓政策效果评估的不确定性等问题出现,适应措施的重要性日益明显,并且减缓策略需要以适应策略作为补充。气候变化已经发生,即使在不久的将来实施了重大的减缓政策,变暖和海平面上升也将持续到未来,甚至持续数百年。在世界范围内,采取适应措施的紧迫性和能力各不相同。

由于地理位置和气候条件不同,对自然资源的高度依赖以及适应气候变化的能力有限,气候变化的不利影响在发展中国家最为明显。世界上最贫穷的群体,最需要采取适应措施,但他们却最缺乏必要的资源,因此也是适应能力最脆弱的群体。值得指出的是,联合国政府间气候变化专门委员会已确定了主要部门的气候变化适应需求以及一些最关键领域包括水、农业和人类健康等适应策略(见表4-1)。

表4-1　　　　　　　　按部门的气候变化适应需求

部门	适应策略
水	扩大储水和海水淡化 改善流域和水库管理 提高用水和灌溉效率以及水的再利用 城乡防洪管理

续表

部门	适应策略
农业	调整播种日期和作物位置 开发适应干旱和高温的农作物品种 改善土地管理以应对洪水或干旱 重视土著或传统知识和做法
基础设施	迁移弱势社区 建立和加强海堤及其他障碍 创建和恢复湿地以进行防洪 加固沙丘
人类健康	高温的健康计划 增加对与热有关的疾病跟踪与预警系统 解决对安全饮用水供应的威胁 扩大基本公共卫生服务
交通业	搬迁或调整运输基础设施 应对气候变化的新设计标准
能源行业	加强输配电基础设施 解决不断增加的冷却需求 提高效率,增加可再生能源的使用
生态系统	减少其他生态系统压力和人类使用压力 增进科学认识,加强监测 减少森林砍伐,增加再造林 加强红树林、珊瑚礁和海草的保护

资料来源：IPCC,2007；IPCC,2014c。

预计气候变化将使某些地区的降水增加,主要是阿拉斯加、加拿大和俄罗斯等高纬度地区,而在中美洲、北非和南欧等地区则将减少降水。融雪和冰川减少的径流可能威胁印度和南美部分地区超过10亿人口的供水。在这些地区,提供安全的饮用水可能需要建造新的水坝来蓄水,提高用水效率,并采取其他适应策略。

降水和温度模式的变化对农业具有重大影响。随着适度的变暖,预计在一些较冷的地区,包括北美部分地区,农作物的单产将增加,但总体而言,对农业的影响预计将是负面的,而且随着变暖的加剧,这种影响将越来越大。在美国,气候变化促进并加剧了西部各州(尤其是加利福尼亚州)的干旱事件,导致该州已迫使农民种植耗水量较低的农作物,用石榴等其他树木的农作物代替橘子树林和鳄梨树或仙人掌状的火龙果。在某些地区可能需要放弃农业,而在另一些地区则需要扩大农业。①

气候变化对人类健康的影响已经发生。据世界卫生组织估计,每年有超过14万人因气候变化而丧命,这主要是在非洲和东南亚;世界卫生组织还估计,到2030年之后,由于营养不良、疟疾、腹泻和高温胁迫,气候变化每年将导致25万人意外死亡。到2030年,每年对健康的直接损害成本为20亿—40亿美元。世界卫生组织的政策建议包括通过加强教育、疾病监测、疫苗接种和备灾来加强公共卫生系统。②

对于适应措施成本估算,有各种估算方法。在过去的近20年中,许多学者试图估算各种需求下的适应成本。表4-2总结了这些研究成果③,比较这些研究成果可知,平均每年都需要至少数百亿美元适应成本,而且变化幅度较大,这是由于每种估算方法的假设都有差别,所以,我们不能直接基于这些估算成本来比较适应措施的优劣。

表4-2也表明,不同的估算在方法上紧密相关。前四种估算都是基于世界银行(2006)提出的方法,该方法侧重于"防护气候变化"的发展资金流的成本。后三种倾向于采用基于部门方法来估算适应成本。这些估计都是面向全球范围的国际研究,没有一个是通过汇总国家或地区估算来计算的,并且它们的许多假设都必然基于有限的证据。对于一些估计,相关报告中没有明确提出关键假设的理由。

---

① Cline, 2007, *U. S. Global Change Research Program*, 2009, *Agriculture Chapter*, Kahsay and Hansen, 2016.

② World Health Organization, Climate Change and Health, http://www.who.int/mediacentre/factsheets/fs266/en/, 2009.

③ Lipinski, B. and McGray, H., *Summary of Studies Estimating the Cost of Climate Change Adaptation in the Developing World*, World Resource Institute, 2010, https://www.wri.org/.

表 4-2　　国际上主要适应成本估算方法和结果比较

研究者	适应成本（亿美元/年）	研究时期	研究范围	关键方法和假设
世界银行（2006）①	90亿—410亿美元	2015年	该研究估计了气候防护的外商直接投资（FDI）、国内总投资（GDI）和官方发展援助（ODA）流动资金的潜在成本	——假设40%的ODA、10%的FDI和2%—10%的GDI是"气候敏感的"或易受气候变化影响的。对于ODA，这是基于世界银行以前的研究，但是，对于FDI和GDI，没有给出选择这些百分比的依据 ——假设"防护气候变化"的ODA、FDI和GDI的成本将占财务风险的10%—20%，但没有给出选择这些百分比的依据
《斯特恩报告》（2006）②	40亿—370亿美元	2015年	这是世界银行（2006）的更新版本，对围绕气候敏感性和气候保护成本的一些假设做了修改	——假设20%的ODA、10%的FDI和2%—10%的GDI对气候敏感，但没有给出世界银行从40%ODA转移的依据（2006） ——假设用于气候保护的ODA、FDI和GDI的费用将占财务风险的5%—20%，而不是世界银行使用的10%—20%，但没有给出改变这个范围的依据
Oxfam（2007）③	500亿美元	2015年	该估计数基于世界银行（2006）得出，但是，增加了发展中国家"国家适应行动计划"（NAPAs）和民间社会项目产生的额外费用	——以世界银行（90亿—410亿美元）的估计为起点，并增加以下全球成本估算：①扩大以社区为基础的项目；②满足"紧迫和即时"的国家适应需求，基于13个发展中国家的NAPAs中概述的项目 ——500亿美元是"建立穷国应对气候变化能力"的最低金额

---

① World Bank, *Investment Framework for Clean Energy and Development*, World Bank, Washington, DC, 2006.

② Stern, N., "The Economics of Climate Change", *The Stern Review*, Cambridge University Press, Cambridge, 2006.

③ Oxfam, "Adapting to Climate Change: What's Needed in Poor Countries, And Who Should Pay", Oxfam Briefing Paper 104, http://www.oxfam.org/.

续表

研究者	适应成本（亿美元/年）	研究时期	研究范围	关键方法和假设
联合国开发计划署（UNDP, 2007）[①]	470亿—1090亿美元	2015年	该估算基于世界银行（2006），对有关气候敏感性和气候保护成本的假设做了修改。它还包括对减贫或社会保护战略和更强的灾难响应成本的估计	——假设17%—33%的ODA、10%的FDI和2%—10%的GDI对气候敏感 ——遵循《斯特恩报告》（2006）的假设，设防护气候变化的ODA、FDI和GDI成本占财务风险的5%—20% ——防护气候资金流动的成本估计为50亿—670亿美元/年。设定了"每年至少440亿美元"（占工业发达国家2005年GDP的0.1%）的目标，以确保气候资金的流动性 ——"每年至少400亿美元"（占发展中国家2005年GDP的0.5%）用于加强社会保护计划的目标，以及20亿美元用于应对气候灾害的目标，实现这两项目标每年需420亿美元 ——没有给出这些目标占GDP比重的解释
UNFCCC（2007）[②]	280亿—670亿美元	2030年	该估计数汇总了农业、水、人类健康、海岸和基础设施部门研究的费用	——不同的部门研究采用不同的方法 ——与世界银行的研究相比，这些研究及其估计更多地基于实际项目和适应活动 ——将《斯特恩报告》（2006）的5%—20%估算用于防护气候基础设施

[①] UNDP, "Fighting Climate Change: Human Solidarity in a Divided World", *Human Development Report 2007/2008*, http://hdr.undp.org/en/.

[②] UNFCCC, *Investment and Financial Flows to Address Climate Change*, 2007, http://unfccc.int/files/.

续表

研究者	适应成本（亿美元/年）	研究时期	研究范围	关键方法和假设
Project Catalyst (2009)[①]	260亿—770亿美元	2030年	该估计数包括知识收集、规划、开发和灾难管理的成本	——包括投资于技术和知识收集、建设能力和规划、为防护气候发展筹集资金以及改善灾害管理或保险的成本 ——成本估算基于各种来源，包括UNFCCC (2007)、NAPAs、英国环境署、气候适应性试点计划和慕尼黑气候保险倡议 (2007)
世界银行 (2009)[②]	750亿—1000亿美元	2050年	该估计数来自以下各项基于部门的研究：基础设施、沿海地区、供水和洪水管理、农业、渔业、人类健康以及林业或生态系统服务	——方法类似于UNFCCC (2007)，每个研究都是基于部门成本的估算 ——基于两种气候模型：①具有相对湿润的气候预测，②具有相对干湿的气候预测。湿润情景估计的成本，高出约100亿美元 ——支持"硬"适应（如工程项目）的努力，而不是"软"适应（如政策变化和社会资本动员）的努力 ——适应成本估算定义：为假定无气候变化基线发展轨迹与假定有气候变化基线发展轨迹之差 ——预计东亚或太平洋和拉丁美洲地区的适应成本最高

资料来源：Lipinski, B. and McGray, H., *Summary of Studies Estimating the Cost of Climate Change Adaptation in the Developing World*, World Resource Institute, 2010, https://www.wri.org/。

根据联合国环境规划署（UNEP）估计，到 2030 年，发展中国家的适应成本可能会上升到每年 1400 亿—3000 亿美元；到 2050 年，每

[①] Project Catalyst, "*Adaptation to Climate Change: Potential Costs and Choices for a Global Agreement*", 2009.

[②] World Bank, "*The Costs to Developing Countries of Adapting to Climate Change: New Methods and Estimates; The Global Report of the Economics to Adaptation to Climate Change Study*", 2009, http://siteresources.worldbank.org/INTCC/Resources/EACCReport0928Final.pdf.

年会上升到 2800 亿—5000 亿美元。这些数字大大超过了工业发达国家在 2015 年《巴黎协定》中作出的每年 1000 亿美元的承诺。联合国环境规划署警告说，将存在巨大的资金缺口，"除非在确保新的、额外和创新的适应性融资方面取得重大进展，否则在未来几十年内可能会大大增加"。适应成本已经比当前国际适应公共资金高出 2—3 倍。①

第二节　减缓或预防措施及政策工具选择

大气中温室气体的排放属于典型的环境负外部性例子，这种负外部性在全球范围内造成巨大的成本。从经济学理论来看，目前，煤炭、石油和天然气等碳基燃料的市场只考虑了私人成本和收益，这导致了不符合社会最优性的市场均衡。从社会角度来看，化石燃料的市场价格太低，消耗的数量太大。当前，国际上用于减缓措施的主要政策工具有碳税和碳交易计划等。

一　碳税

用于外部成本内生化的标准经济补救措施是对污染物征收单位税。在这种情况下，需要对碳基化石燃料征收碳税，碳税应与其生产和使用相关的碳量成比例。此类税收将提高碳基能源的价格，因此刺激消费者节约使用能源（这将减轻他们的税收负担），并将其需求转移到产生较低碳排放量的替代能源。

从经济学角度看，此类税收的水平应基于碳的社会成本，即碳排放对社会的财务影响估计。美国环境保护署根据不同的假设估计碳的社会成本在 11—212 美元，中位数范围在 50—54 美元。如前所述，得出不同估算值的主要原因是关于折现率和风险或不确定性的假设。这里说的碳税以每吨二氧化碳美元计。需要说明的是，碳税可以表示

---

① UNEP, *The Adaptation Gap Report*, Nairobi, Kenya：UNEP, 2016, http：//drustage. unep. org/adaptationgapreport/2016.

为每单位碳税或每单位二氧化碳税。但是，两者可以进行简单的换算，例如，每吨碳 100 美元税，根据以下公式，相当于每吨二氧化碳征收 27.27 美元税。

$$\$\,100\ tax/tC = 100 \times 12/44\ tax/tCO_2 = \$\,27.27\ tax/tCO_2$$

由于每种能源燃料的含热值有差异，即含碳量是不同的。众所周知，煤炭是碳密集度最高的化石燃料，而天然气的碳排放量最低。通过计算碳税相对于每种燃料源的标准商业单位的影响，可以得到以下碳税对各种燃料价格的影响差异。例如，每吨二氧化碳汽油征收 50 美元的碳税会使 1 加仑汽油价格提高约 44 美分（2016 年汽油价格为每加仑 2.20 美元），即提高 20%。每吨二氧化碳征收 100 美元的税收相当于每加仑汽油价格上涨 88 美分。碳税对煤炭价格的影响甚至更大，每吨二氧化碳征收 50 美元的碳税将使煤炭价格上涨 262%，每吨二氧化碳征收 100 美元的碳税将使煤炭价格上涨 5 倍。对于天然气，尽管其碳含量低于汽油，但其低廉的价格（2016 年）意味着对价格影响的百分比与汽油大致相同（Harris et al., 2017）。

这些税收对价格的影响会极大地影响人们的驾驶或家庭取暖习惯，还是会影响行业的燃料使用？这取决于对这些燃料的需求弹性。需求弹性定义为：

需求弹性 = 需求数量变化百分比/价格变化百分比

需求弹性通常为负值，这是因为若价格的百分比变化为正数，即提高价格，必然会导致需求数量的下降，也就是说，数量变化的百分比是负数。

经济学家测算了不同化石燃料，尤其是汽油的需求弹性。研究表明，在短期内（大约一年或更短的时间内），汽油需求弹性估计值范围为 -0.3—-0.25。这意味着，汽油价格上涨 10%，预计短期内将使汽油需求减少约 -0.3%—-2.5%。[①]

从长期来看（5 年左右），由于人们有更多时间购买不同的车辆

[①] Jonathan E. Hughes, Christopher R. Knittel and Daniel Sperling, "Evidence of a Shift in the Short-Run Price Elasticity of Gasoline Demand", *Energy Journal*, 2008, 29 (1): 113-134.

并调整他们的驾驶习惯,所以,他们对汽油价格上涨的反应更快。根据51项估计,对汽车燃料的平均长期需求弹性为-0.64。上述估算表明,每吨二氧化碳征收50美元的碳税将使汽油价格上涨约20%,即每加仑增加44美分(基于2016年的汽油价格)。那么-0.64的长期需求弹性表明,人们有时间完全适应这种价格变化后,对汽油的需求应下降约13%。

图4-1显示了2012年工业发达国家汽油价格与人均消费量的比较情况。由于不同国家或地区生产每加仑汽油的成本几乎没有差异,因此不同国家或地区每加仑汽油价格的变化几乎完全是税收差异的直接函数。需要指出的是,这种关系类似于需求曲线:较高的价格与较低的消费有关,而较低的价格则与较高的消费有关。但是,图4-1显示的关系与需求曲线并不完全相同。因为图4-1考察的是来自不同国家的数据,而构建需求曲线所需的"其他条件相等"的假设显然是不成立的。

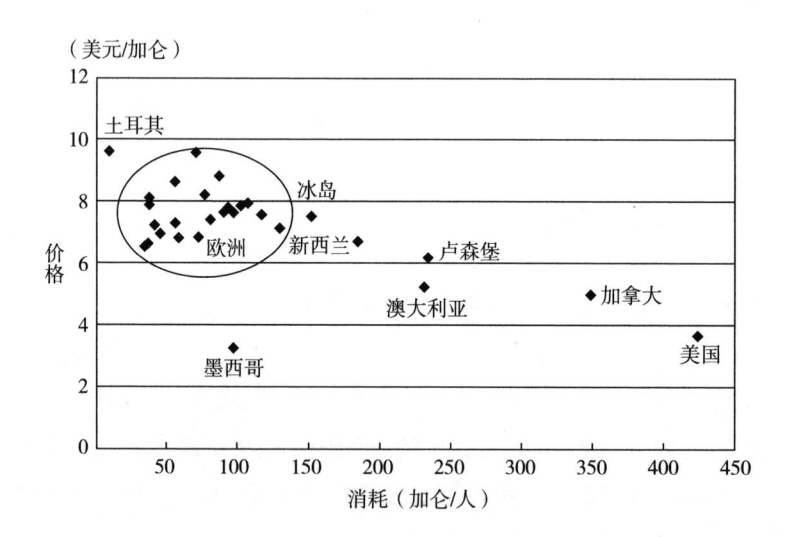

图4-1 2012年工业发达国家汽油价格与人均消费量的比较

注:图中椭圆区域表示西欧国家或地区典型的价格或消费范围。

资料来源:Harris等,2017年。

分析需求差异的原因，可能部分取决于收入水平差异，而不是价格差异。同样，美国人开车的原因可能更多的是出行距离（特别是在美国西部）比许多欧洲国家都远，而供选择的公共交通却不多。但似乎确实存在明确的价格与消费关系。图4-1显示的数据表明，要大幅度影响燃料使用，将需要相当大的价格上涨（每加仑汽油价格上涨0.50—1.00美元或更多）。

大幅度提高汽油税或广泛征收碳税在政治上是否可行？特别是在美国，汽油和其他燃料的高税收将面临很多反对群体。如图4-1所示，迄今为止，美国的人均汽油消费量全球最高，但汽油价格是全球最低的（中东产油区除外）。征收碳税一般应关注以下三个方面（Harris et al., 2017）。

（1）税收返利是指将税收从碳税和其他环境税中转移到降低其他税率上。现实中对高能源税的反对来自人们的观念，即人们已经缴纳了收入、财产和社会保障税，这将是一项额外的税。但是，如果将碳税与收入或社会保障税大幅削减相匹配，那么碳税在政治上可能会被接受。

（2）增加对诸如污染之类的"坏"经济征税，同时减少对我们希望鼓励的事物（如劳动和资本投资）征税的想法，完全符合经济效率原则。与其说是净增加税收，不如说是税收中立下的税收转移：公民向政府支付的税收总额基本上没有变化。一些税收收入还可用于减轻低收入人群的负担，以抵消较高的能源成本负担。

（3）如果确实发生了这种与收入无关的税收转移，那么运营效率更高的个人或企业实际上将在整体上节省开支。较高的能源成本也将为节能技术创新创造强大动力，并刺激新市场。如果逐步征收较高的碳税（以及较低的所得税和资本税），碳排放交易系统经济适应将更加容易。

二 可交易的许可证制度

碳税的替代方法是可交易的碳许可证制度，也称为总量管制与交易。其基本原理是：在碳排放交易系统内，根据国家、管辖区或行业排放量规定一组实体某个时期内的排放上限或"总量"。在排放上限的约束下，参与实体可通过购买或出售排放配额满足来其排放需求，使其在履约期末持有足够配额来抵消排放。如果某企业持有的排放配额超过其排放需求，剩余配额可通过交易机制进行出售。相反，如果该企业持有的排放配额不能满足其排放需求，超排部分的排放配额应向参与碳排放交易系统的其他企业购买，或在政府组织的拍卖上竞投获得。

因此，限制排放权可对企业投资减排措施产生经济激励。受多种因素影响，某些企业能够立即实现减排，并通过降低生产成本或出售剩余配额获利；另一些企业则购买配额来满足自己的排放需要或留待日后使用。因此，碳交易既可将排放总量限制在规定范围内，又为企业采用最符合成本效益的方法实现减排提供了灵活性。作为市场工具，碳排放交易系统对经济活动的外部环境成本负责，是实施"污染者付费原则"的典型范例。国家许可证制度可以按以下五种方式工作（Harris et al.，2017）：

（1）将为每个排放企业分配特定的许可碳排放水平。签发的碳许可证总数将等于预期的国家目标。例如，如果特定国家或地区目前的碳排放量为4000万吨，而政策目标是将碳排放量减少10%（400万吨），则只能颁发排放量3600万吨的许可证。随着时间的推移，目标可能会增加，结果是将来的许可证发放量会减少。

（2）许可证分配给各个碳排放源。在交易方案中包括所有碳源（如所有机动车）通常是不切实际的。对生产过程中尽可能远的上游实施许可证是最有效的，以简化程序管理并覆盖最多的排放（这里所说的"上游"表示生产过程的早期阶段）。许可证可以分配给最大的碳排放者，如电力企业和制造企业，甚至可以分配给碳燃料进入生产过程的供应商的上游，即石油生产商和进口商、煤矿和天然气钻探商。

（3）这些许可证最初可以根据过去的排放量免费分配，也可以拍卖给最高出价的人。无论如何分配许可证，碳排放交易系统的有效性都应该相同。但是，成本和收益的分配存在显著差异：免费发放许可证实质上等于给污染者的暴利，而拍卖许可证却给企业带来了实际成本,并产生了公共收入。

(4) 企业之间可以自由交易许可证。排放量超过其持有的许可证数量的企业必须购买更多的许可证,否则将面临罚款。同时,能够以低成本将排放量减少到配额以下的企业将寻求出售其许可证以获得利润。许可证价格将通过市场供求确定。环境团体或其他组织也有可能购买并赎回,从而减少总排放量。

(5) 在国际体系中,其他国家和企业也可以因资助减少碳排放活动而获得信贷。例如,一家德国公司可以因在中国安装高效可再生发电设备而取代污染严重的燃煤电厂而获得信贷。

可交易许可证制度鼓励实施成本最低的碳减排方案,因为理性的企业将实施那些比市场许可证价格更便宜的减排行动。可交易许可证制度已成功地以低成本减少了硫和氮氧化物的排放。根据国际计划中许可证的分配,这也可能意味着,发展中国家可以通过选择非碳排放的能源发展路径,将许可证转变为新的出口商品。然后,它们将能够向难以满足减排要求的工业发达国家出售许可证。农民和林农也可以通过使用将碳存储在土壤中或保护森林的方法获得碳信用。

在政府确定可用许可证数量的同时,许可证价格由市场决定。在这种情况下,供应曲线固定或垂直于分配的许可证数量如图4-2所示。许可证供应量设为Q_0。许可证的需求曲线表示企业愿意支付的费用。它们最大愿意支付许可证的价格等于它们通过碳排放可以获得的潜在利润。

另一个重点是,每个企业都可以选择以经济有效的方式减少其碳排放。企业有减少碳排放的多种选择。图4-3显示了一个示例,其中一个企业具有三种减排策略:一是替换旧的制造设备;二是提高能源利用效率;三是扩大森林面积以增加生物的碳储量。在每种情况下,图4-3均显示出通过该策略减少碳排放的边际碳减排成本。随着减少更多的碳单位,这些边际碳减排成本通常会增加,但是,对于某些选择而言,这些边际碳减排成本可能更高,并且增长速度更快。

在此示例中,可以使用现有的碳排放技术替换旧的制造设备,但往往会产生较高的边际碳减排成本,如图4-3中的(a)所示。通过提高能源利用效率来减少排放量,可以降低边际碳减排成本,如图 4-3 中的(b)所示。图 4-3 中的(c)表明,通过扩大森林面积来进行的碳储存具有最低的边际碳减排成本。许可证价格 P^* 将决定每种策略的相对实施水平。只要该选择的成本低于购买许可证的成本,企业就会发现,采用特定策略减少排放是有利可图的。

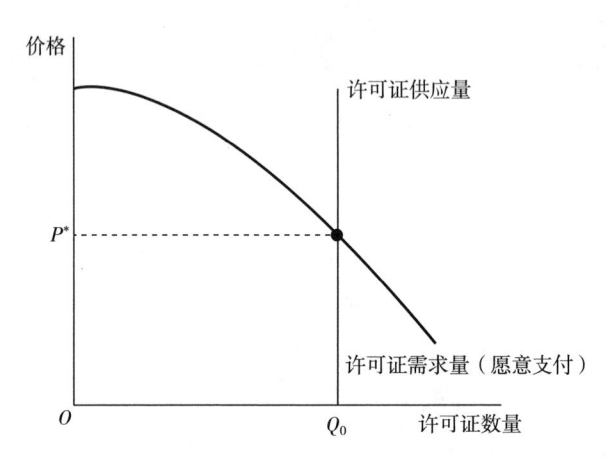

图 4-2 碳许可证价格的确定(WTP,Willingness to Pay,愿意支付)

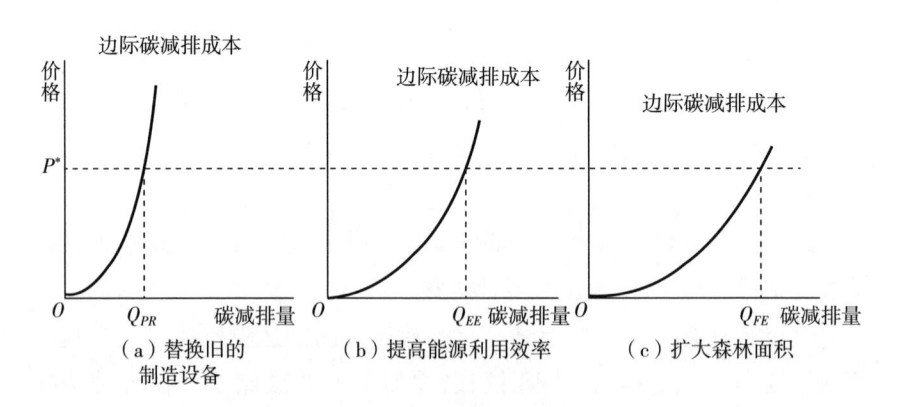

图 4-3 许可证制度下的减碳选择

注:图中显示的边际碳减排成本是假设的。

资料来源:Harris 等,2017 年。

以上分析表明,扩大森林面积将被用于最大份额的减少量

(Q_{FE})，但是，在市场均衡时，替换旧的制造设备和提高能源利用效率也将贡献份额（Q_{PR}和Q_{EE}）。因此，参加这种交易计划的企业（如果计划是国际性的，则是国家）可以自己决定要实施的每种控制策略中的多少，并且自然会倾向于采用成本最低的方法。这可能会涉及不同方法的组合。在一项国际计划中，假设一个国家进行了广泛的植树造林。这样，它可能会有多余的许可证，可以将其出售给几乎没有低成本减排选择的国家。最终结果将是在全球范围内实施成本最低的减排技术。

这种许可证制度结合了经济效率和保证结果的优点：将总排放量降低到所需水平。这个工具的主要问题是许可证的初始数量如何达成，并确定许可证是自由分配还是拍卖。另外，可能还会存在如何测量排放量问题，例如，是否只计算商业碳排放或包括由土地利用变化（如与农业和林业相关的变化）导致的排放变化。包括农业和林业碳排放在内的优势在于，可以将该计划扩大到包括更多的减排战略，可能以较低的成本进行，但是，要获得准确的碳储存和土地利用变化释放的碳排放量可能更加困难。

碳排放交易系统通常涉及国家经济领域的主要行业部门，尤其是能源行业和工业。应将其视为应对气候变化政策组合内的首要政策工具之一，并与其他相关政策和措施形成互补。碳排放交易可产生的主要效益可概括为以下五个方面。[①]

（1）碳排放交易的环境效益：通过设定绝对总量并控制实际排放量，可有效实现减排领域的环境目标。就此而言，碳排放交易系统提供了其他政策工具所不具备的优点。以碳税为例，监管机构可通过征税保持价格稳定，但无法保证系统内的总排放量水平。补贴、标准以及监管法规等工具主要针对排放强度，效果存在不确定性。相比之下，碳排放交易系统则控制总排放量，可保证实现减排目标。

（2）碳排放交易的成本效益：碳排放交易系统可以最低的经济成

---

① BMUB, *Carbon Emissions Trading*, Berlin, 2016, http://www.bmub.bund.de/en/topics/climate-energy/emissions-trading/.

本实现既定减排目标。该系统主要通过对企业灵活地安排其减排时间和地点，来实现成本效益。各企业可选择经济效益最高的减排措施。在低成本减排方案不足的情况下，也可选择在市场上购买配额。购买配额意味着一家企业正在资助另一家减排成本更低的企业实施减排。

（3）碳排放交易提供了经济灵活性：碳排放交易系统根据当前经济状况调整碳价。如果经济增长、排放量上升，配额价格将提高。经济增速放缓期间，配额价格则随产量和消费量减少而下降。可将碳排放交易系统视为经济风向标：经济发展强劲且能够投资低碳减排领域的时期，该系统可为开展减排工作提供更多激励。经济增速放缓时期，该系统设定的排放价格则相应下降。

（4）实行碳排放交易系统，可进一步加快开发、普及和应用低碳技术：通过设定长期碳排放总量，碳排放交易系统提供了长期价格信号，同时为私人投资开发和应用低排放或零排放技术提供了激励，从而降低了未来减排领域的宏观经济成本。此外，强劲的价格信号也有助于在市场参与者中间普及低排放或零排放技术。

（5）碳排放交易系统为不同地区减排体系链接和减排合作提供了可能性：通过碳排放交易系统的链接，从而形成更广大的市场，有助于增加符合成本效益的减排选择，提高市场的流动性。

第三节　碳税和总量管制与交易的比较

关于应采用哪种经济方法减少碳排放量，学术界一直存在不同观点，不能肯定哪个政策工具更佳。但目前的比较研究大多数都是基于理论分析的，很少有可比较的实施结果进行分析。碳税和总量管制与交易方式既有一些相似之处，但也有重要的区别。

从理论上讲，污染税和总量管制与交易都可以以最低的总体成本实现给定水平的污染减少。两种方法都将导致最终消费者获得相同水平的价格上涨，并且都为技术创新提供了强劲的动力。假设所有许可证都被拍卖，这两种方法都可以筹集相同数额的政府收入，并且可以在生产过程的上游实施,并占总排放量的相同比例。然而,这两项政策也有一些重要区别。

一 碳税的优点

第一,通常,碳税被认为比限额交易法更易于理解和透明。总量管制与交易系统可能很复杂,并且需要新的管理机构来运作。

第二,随着技术变革,降低了碳减排成本,碳税将进一步减少碳排放。在限额与交易系统中,技术变革反而会降低许可证价格,可能导致某些企业实际上排放更多的碳。

第三,碳税可能会更快实施。鉴于需要尽快解决气候变化问题,花数年时间制定总量管制与交易系统的细节和实施方案可能是不可取的。

第四,碳税最主要的优势是它提供了更高的价格可预测性。如果企业和家庭知道未来将对化石燃料和其他温室气体排放产品征收什么税,他们可以进行相应的投资。例如,企业是否对节能的供热和制冷系统进行投资取决于其对未来燃料价格的期望。在总量管制与交易系统中,许可证价格可能相差很大,导致价格波动,从而使交易变得困难。相比之下,碳税提供了一定程度的价格稳定性,尤其是如果碳税水平在未来几年内发布的话。

二 总量管制与交易系统的优点

第一,尽管总量管制与交易系统最终会给消费者和企业带来相同水平的价格上涨,但它避免了"税"的负面效应。因此,限额交易制度产生的政治反对意见通常少于碳税。

第二,一些企业赞成限额交易,因为它们相信可以成功游说政府以获得免费许可证,而不必在拍卖中购买。在总量管制与交易系统的早期阶段,免费分发许可证可以使其在政治上更受企业欢迎。

第三,总量管制与交易系统的最大优势在于,可以确定排放量,因为政府确定了可获得的许可证数量。由于政策目标最终是减少碳排放,因此,限额交易法直接地做到了这一点,而碳税则通过价格上涨间接做到了这一点。使用限额交易的方法,我们可以简单地通过设置许可证数量来实现特定的排放路径。在碳税体系中,要实现特定的排放目标可能需要对税率进行大量调整,这在政治上可能非常困难。

碳税或总量管制与交易系统的工具选择主要取决于决策者是否更关注价格不确定性或排放不确定性。如果认为价格确定性很重要，因为它可以进行更好的长期规划，那么碳税是可取的。如果认为相关的政策目标是确定地减少特定数量的碳排放，则最好采用总量管制与交易系统的方式，尽管这可能会导致价格波动。

另一个实际的区别似乎是碳税收入能经常退还给纳税人或用于政府一般支出，而限额交易拍卖收入则经常用于支持可再生能源、能源效率和森林保护等"绿色"投资。①

第四节 全球气候融资评述

一 气候资金简述

自国际社会针对气候变化展开谈判以来，气候资金就因其在气候治理进程中的重要性而备受关注。在2009年哥本哈根气候大会上，工业发达国家承诺：到2020年，每年将为发展中国家提供1000亿美元的气候资金，以帮助发展中国家更好地应对气候变化。目前的气候资金发展出许多类别，如适应基金（Adaptation Fund）、最不发达国家基金（Least Developed Country Fund）、绿色气候基金（Green Climate Fund, GCF）等。项目数量不少，但截至2016年10月底，《公约》框架下的官方财务机制——绿色气候基金，内部资金仅到位16.5亿美元，各国投入金额合计也只有59亿美元，与每年千亿美元的承诺相距甚远。在2017年第二十三届成员国大会上，法国政府承诺：将自2018年起弥补由于美国对政府间气候变化专门委员会（IPCC）停止资助所导致的资金缺口；德国和意大利承诺：为发展中国家适应气候变化提供资金，使全球2017年用于气候适应的适应基金总金额达到9330万美元，超过了该年8000亿美元的融资目标。有数据显示，

---

① Carl, Jeremy and David Fedor, "Tracking Global Carbon Revenues: A Survey of Carbon Taxes versus Cap – and – trade in the Real World", *Energy Policy*, 2016, 96: 50 – 77.

自 2010 年以来，适应基金已经在全球 73 个国家共投入 4.62 亿美元，以用于发展中国家的气候适应和恢复工作。[①]

作为气候资金的补充，联合国于 2001 年设立适应基金，旨在帮助极易受到气候变化不利影响的发展中国家开展具体的气候适应项目。适应基金的资金主要来自清洁发展机制（CDM）2% 的收入。根据 CDM 的要求，发展中国家的减排项目经核证后可获得核证减排量（CERs），工业发达国家可以通过交易和出售核证减排量来抵消其在《京都议定书》规定中的部分减排目标。适应基金由适应基金理事会（AFB）监督管理，并由世界银行担任受托人。第二十三届成员国大会期间，适应基金董事会表示，2016 年，该基金收到了 8140 万美元的资助。

除《公约》框架下的气候行动外，国际双边、多边平台对全球气候治理也起到了重要作用。2017 年 7 月，二十国集团（G20）领导人峰会期间，美国之外的 19 个成员国展现出应对气候变化的政治共识，并共同提出了《促进增长的气候和能源行动计划》。该计划从落实短期和中长期气候目标、兑现 1000 亿美元气候融资承诺，以及在推动气候融资和淘汰化石燃料补贴等方面列出了促进各国清洁能源转型的具体措施，包括国家自主贡献、长期温室气体低排放发展战略、提高能效、气候融资、淘汰化石燃料补贴等议题。在兑现 1000 亿美元气候资金承诺方面，19 个成员国重申工业发达国家向发展中国家提供每年 1000 亿美元气候资金承诺，增强资金来源的透明度，并认识到绿色气候基金、全球环境基金等多边气候融资机构对全球气候治理的重要性。

按照目前工业发达国家所提供的资金路线图，气候资金中用于减缓的部分和用于适应的部分极度不平衡。预计到 2020 年，只有 20% 的资金用于适应气候变化方面的相关工作。《适应资金差距报告（2016）》表明，预计到 2030 年，发展中国家气候变化适应成本为

---

① Green Climate Fund，https：//unfccc.int/process/bodies/funds - and - financial - entities/green - climate - fund.

1400亿—3000亿美元；到2050年，相关成本将增至2800亿—5000亿美元，远远超过此前的预期。

二 当前气候融资进展

国际气候政策中心（CPI）发布的《2017年全球气候融资概览》[①]给出了全球气候融资最新情况，并首次进行了气候融资的5年趋势分析。该概览指出，2015年，全球低碳和气候适应行动的投资达到了4370亿美元的历史最高纪录，2016年下降至3830亿美元，两年的平均投资为4100亿美元。该概览的主要结论包括以下七个方面。[②]

（1）2015年，气候融资总量创纪录的主要原因是私人可再生能源投资（尤其是在中国）增加，以及美国和日本的屋顶太阳能发电投资增加。

（2）2016年，气候融资总量下降的主要原因是技术成本下降和一些国家的装机容量增长放缓。2015—2016年，技术成本平均下降10%，主要来自太阳能技术成本的下降。与此同时，中国新增装机容量增长放缓，预计对风电项目的收入支持将逐步减少，并更加重视现有电量的电网整合。

（3）根据国际能源署（IEA）的情景分析，太阳能屋顶光伏和陆上风电装机容量的年度增加及投资有望实现升温在2℃目标中的份额，对这些技术的投资超过了对化石燃料发电的投资。但是，还需要在各个经济部门进行更广泛的投资。到2050年，能源部门（包括电力、交通和建筑的能源使用）每年的投资需求总额将超过1万亿美元。农业、林业、水和废弃物需要更多的投资来实现低碳转型。同时，为了尽量减少气候影响的成本，适应投资需求也很紧迫。

（4）在公共投资来源中，发展金融机构（DFI）继续筹集、管理和分配最大份额的公共投资。与2013—2014年相比，国家发展金融机构在2015—2016年承诺的气候融资减少了13%，部分原因是一些

[①] Climate Policy Initiative (CPI), *Global Landscape of Climate Finance 2017*, https://climatepolicyinitiative.org/publication/.

[②] 中国科学院兰州文献情报中心：《CPI：2015—2016年全球年均气候融资达4100亿美元》，《气候变化科学专辑》2017年第23期。

新兴市场出现了经济波动。多边和双边发展金融机构在扩大气候融资方面继续取得显著进展。2016年,绿色气候基金等新兴机构,以及亚洲基础设施投资银行(Asian Infrastructure Investment Bank)和新兴发展银行(New Development Bank)等以市场为主导的新兴机构也提供了25亿美元的流动资金。

(5)尽管国家发展金融机构融资流量下降导致适应融资占公共融资流量的比重从18%下降到16%,但多边发展金融机构在2015—2016年提供的平均适应融资比2014年提高29%。

(6)虽然目前的融资流量仍然远远低于所需要的估计数字,但有几个持续的积极趋势可能有助于扩大未来的气候融资:①提交的国家自主贡献有详细阐述的计划,以明确潜在的投资机会;②绿化现有的公共资金流动;③全行业对气候相关的财务风险披露和报告使用的讨论;④更多地使用新型和创新的混合融资工具。

(7)维持进展也存在一些风险。尤其是美国宣布退出《巴黎协定》,以及巴西、俄罗斯等主要新兴市场持续的经济动荡对扩大气候融资带来了挑战。

第五节 其他辅助政策工具

政治等因素可能会阻碍采用全面的碳税或可交易许可证制度。但是,其他辅助政策工具都有可能降低碳排放量,如补贴、标准、研发和技术转让(Subsidies,Standards,R&D and Technology Transfer)等。即使实施了广泛的碳税或总量管制与交易制度,仍可能需要采取补充政策来充分减少碳排放量,以将气温变暖保持在可接受的水平内。通常,这些政策工具本身并不充分,但是,它们可能是综合方法的重要组成部分。在某种程度上说,这些政策工具已经在各个国家实施。具体来说,这些政策工具包括以下四个方面。

(1)将补贴从碳基燃料转移到非碳基燃料。目前,许多国家为化石燃料提供直接或间接补贴。取消这些补贴将改变竞争平衡,有利于替代燃料来源。如果将这些补贴支出重新分配给可再生能源,则可能会促进可再生能源投资的繁荣。

(2)使用机械和电器的效率标准以及燃油经济性标准或对低碳燃料的要求。通过使用要求更高的能源效率或更低的碳使用量标准,可以改变技术和实践以支持低碳路径。

(3)研发支出促进了替代技术的商业化。政府研发计划和企业研发替代能源的优惠税收待遇都可以加速商业化。非碳技术"支持"的存在大大降低了碳税等措施的经济成本,而且如果要使技术支持与化石燃料充分竞争,则无须征收碳税。

(4)向发展中国家的技术转让。预计全球碳排放量增长的大部分将来自发展中国家。现在,许多能源开发项目由世界银行和区域开发银行等机构资助。在一定程度上说,这些资金可以用于非碳能源系统和替代能源的发展,发展中国家从化石燃料密集型发展道路上转型,同时可获得可观的当地环境效益,并在经济上是可行的,即达到环境与经济收益的"双赢"结果。

第五章　主要国家气候治理与绿色经济转型政策分析

应对气候变化已成为 21 世纪全球决策者面临的重大挑战。科学和经济证据表明，通过尽快采取有力措施，实现以下目标已成当务之急："将大气中温室气体的浓度稳定在防止气候系统受到危险的人为干扰的水平上。"（IPCC，2013）气候变化是不容争辩的事实。在此背景下，相关各方达成共识，将全球气温上升控制在 2℃ 以内作为有效应对气候变化影响的最终努力目标。

全球范围内，联合国成员国通过长期谈判促成通过了《公约》和《京都议定书》。《公约》提供了关于气候变化全球行动的基本框架，《京都议定书》则规定了工业发达国家 2008—2012 年的约束性温室气体（GHG）减排目标。部分成员国同意在《京都议定书》基础上进一步作出承诺，将其减排目标延伸至《京都议定书》第二承诺期，即 2020 年。已于 2016 年年底生效的《巴黎协定》为全球 2020 年后应对气候变化的行动指明了方向。按照《巴黎协定》，所有国家都将为应对气候变化做出贡献，而各自贡献的目标则由各个国家根据自身情况自主提出。在国家层面，可采用一系列政策工具来应对减排挑战：市场工具（如碳排放交易系统、碳税、环境税等）、监管工具（如直接行政管制、效率及技术标准）以及信息政策工具（如认证标签，通过活动、教育和培训提高环保意识等）。

2008 年国际金融危机后，"绿色经济"这一概念从环境经济学的专业领域进入主流公共政策之中，以及一些国际高端会议的公报中（如二十国集团会议）。这是对现行经济增长方式、资源利用等的反思，需要一种全新的经济发展模式，以便应对越来越严重的环境问题

（包括气候变化），物质财富的增长并不一定要以环境风险、生态稀缺和社会分化的日益加剧为代价。实施绿色经济转型已经成为国际社会的共识，是全球气候治理的重要途径。本章对主要国家和地区近几年来颁布的重点气候治理和绿色经济转型政策进行简述。

第一节 欧盟绿色经济政策与《地平线计划2020》评述

一 欧盟的绿色经济政策

欧盟国家很早就有环保意识，比其他国家更关注气候变化问题，在国际气候合作中扮演领导者角色，欧盟国家积极推动全球气候治理的各项工作，严格限制温室气体排放。另外，欧盟国家的传统能源有限，石油和天然气多数依赖进口，能源安全脆弱度高，影响其经济和社会的稳定发展，因此，相当重视可再生能源的开发和利用，以降低对传统能源的依赖。

2008年，欧盟为了因应国际金融危机的冲击，公布《欧洲经济振兴计划》（European Economic Recovery Plan），由成员国和欧盟分别出资1700亿欧元和300亿欧元投入经济振兴工作，其中15%用在有助于发展绿色经济的各项计划，包括提升建筑物能源效率、推动绿色车辆、鼓励绿色消费、降低绿色产品增值税等，希望通过绿色新政刺激经济复苏。同年，欧盟制订《战略能源技术计划》（Strategic Energy Technology Plan，SETP），以实现"加速知识发展，以及技术水平的提升和转移""维持欧盟在低碳科技产业的领先地位""鼓励能源技术创新的科学研究，以达成2020年的气候和能源目标""贡献全球经济的低碳发展，在2050年之前促成全球低碳转型"5项目标。

2009年，欧盟通过《气候及能源方案》，这项法案为欧盟推动大规模温室气体减排提供了法律依据，并明确了再生能源发展目标，希望以1990年为基准，在2020年之前将温室气体排放量减少20%，再生能源消耗量占总能源消耗量的比重提高到20%，能源效率提升

20%。通过法令规范气候和能源目标,为欧盟发展绿色经济提供了有利的环境条件。

2010年,欧盟公布《欧洲策略2020》(Europe 2020),作为21世纪欧洲经济社会发展的愿景,内容重申了《气候及能源方案》提出的"20—20—20"气候和能源目标,并发布《能源战略2020》(2020 Energy Strategy),希望建设能源高效率的欧洲,建立泛欧洲单一能源市场,提高能源的安全性和可靠性,确保能源技术创新的领先地位,强化能源市场的外部空间,一旦这些目标顺利达成,将扩大欧洲绿色经济的规模。

二 碳排放交易系统

欧盟作为一个经济体,在国际气候谈判中代表了成员国的统一立场,但是,在实施具体政策措施时,各成员国还是有一定的差别。一直以来,欧盟是倡导全球气候治理的积极推动者,在国际气候变化谈判中发挥着重要作用,如《巴黎协定》最终能够成功,离不开欧盟和东道主法国的努力和协调。从1994年签署《公约》到历届成员国大会,欧盟一直都是气候谈判的领导者,在各国对气候变化谈判不主动和不明朗的大环境下,欧盟制定积极明确的减排目标,并采取行之有效的减排措施,如加快煤炭淘汰、支持低碳交通等。

按照《京都议定书》的要求,欧盟同意到2012年实现温室气体排放量比20世纪90年代的水平减少8%的目标。2008年,在《京都议定书》第一承诺期目标的基础上,欧盟进一步确定:到2020年,实现温室气体排放量比20世纪90年代的水平减少20%的目标。德国计划同期实现减排40%。《巴黎协定》并没有为各国贡献提出统一的目标基准年,各国提出的目标在形式上也多种多样,如总量控制或强度减排目标、基于BAU情景的减排目标、减排政策和措施,如可再生能源发展等。

此外,欧盟还制定了到2050年实现减排80%—95%的线路图。截至2030年中期,减排的目标被确定为在1990年基础上减排40%。作为欧洲最大的经济体和排放国,德国的长期减排目标与欧盟相匹配,德国在达成欧盟层面目标的过程中作用尤其重要。欧盟将碳排放交易这一市场工具作为其首要减排政策手段，该市场工具规定欧盟企业可以在欧盟碳排放交易系统（EUETS）内进行配额交易。

欧盟碳排放交易系统于2005年启动，涵盖包括能源和工业在内的主要经济行业。此后，其他国家和地区，如新西兰、韩国、瑞士、东京、中国、美国加利福尼亚州及东北部诸州、加拿大魁北克省纷纷建立了（或正在建立）各自的碳排放交易系统。尽管这些系统的具体设计不尽相同，但均遵守总量交易原则。

近几年来，受自身经济不景气的影响，欧盟在减排政策上日渐保守，国际社会对全球气候治理的消极态度也打击了欧盟在国际减排问题上的信心。另外，欧盟的减排政策也对部分成员国工业发展产生了影响。欧盟的一些成员国开始对高耗能部门实施低税率政策来减轻本国工业产品的国际竞争压力。瑞典制造业将二氧化碳税率降低到标准税率的35%，对于某些能源密集型工业的税率，欧盟已经降低到接近于零。因而，目前欧盟碳排放交易系统的政策效果不尽如人意。

三　欧盟的《气候和能源框架2030》

2014年欧盟理事会颁布了《气候和能源框架2030》（2030 Climate and Energy Framework），该框架将决定未来15年欧洲能源政策的方向，旨在促进欧盟低碳经济发展，提高能源系统的竞争力，增强能源供应安全性，减少能源进口依赖，创造新的就业机会。该框架的制定参考了《气候和能源框架2020》和《能源路线图2050》等相关文件，体现了欧盟2050年温室气体排放目标。[①]

《气候和能源框架2030》首先分析碳排放交易系统效果不佳的成因。碳排放交易系统引入了交易许可制度来限制温室气体排放，其初衷是鼓励行业减少能源使用并投资于可再生能源，从而以一种节约成本的方式来减少排放。但当前的碳排放交易系统背离了初衷，反而变成了另一种税收。任何政策都应该为所有欧洲产业创造动力。《气候和能源框架2030》引导行业实施"可持续脱碳行为"，主要内容包括

---

① The 2030 Climate and Energy Framework，https://www.consilium.europa.eu/en/policies/climate-change/.

以下五个方面。

（1）2030 年前，欧盟温室气体排放量与 1990 年相比将减少 40%。若达到此目标，欧盟碳排放交易系统中各部门碳排放量与 2005 年相比需要减少 43%，而不属于碳排放交易系统中的部门碳排放量与 2005 年相比需要减少 30%，该目标将分解给各成员国共同承担。

（2）2030 年前，欧盟能源消费中可再生能源所占比重将提高到 27% 以上。各成员国可根据自身能源系统的情况与条件灵活调整。

（3）继续提高能源效率。在《能源效率指导》的基础上，继续提高能源效率目标。

（4）改革欧盟碳排放交易系统。为了使其更加有效地促进低碳产业投资，欧盟委员会建议于 2021 年建立新的市场稳定储备金，以针对欧盟排放配额剩余的问题，提高系统的灵活性，应对配额审计时产生的供应调整。

（5）建立竞争力更强、价格更低、供应更安全的能源系统。欧盟委员会制定了一系列评估指标，为政策与法案的制定提供了更加坚实的基础。

四 欧盟《地平线计划 2020》

（一）《地平线计划 2020》背景

2014 年，欧盟提出《地平线计划 2020》（Horizon 2020）。[①] 这个计划提出的背景是，为了促进欧洲的研究和发展，欧盟委员会于 1984 年开始实施研发框架计划（FP）。研发框架计划是欧盟最主要的科研资助计划，也是迄今为止世界上最大的公共财政科研资助计划，从第一框架计划至 2013 年结束的第七框架计划，历时 30 年。通过 30 年的经验积累，欧盟委员会发现，原有的规则和模式已经无法适应当前社会复杂的变化和需求。尤其是在第七个框架计划执行期间（2007—2013 年），全球经历了 2008 年国际金融危机，凸显了框架计划的执行力度不够，最终目标完成得不够理想等问题。因此，欧盟委员会在

---

① Horizon 2020, The EU Framework Programme for Research and Innovation, https://ec.europa.eu/programmes/horizon2020/en.

继承框架计划优势基础之上作出重大变革，解决之前的弊病，适应未来社会的发展。2010年，欧盟在《里斯本战略》落幕的同时，启动了新的十年经济发展规划——《地平线计划2020》。《地平线计划2020》重新设计了整体研发框架，简化了管理流程等，于2014年正式启动，为期7年（2014—2020年）。《地平线计划2020》的提出标志着欧盟在研究创新计划上进入了新纪元。[①]

(二)《地平线计划2020》主要内容

《地平线计划2020》是欧盟为实施创新政策的资金工具，总预算高达770亿欧元，被视为推动经济增长和创造就业机会的手段，是欧盟对未来的投资。智慧型增长、可持续增长、包容性增长以及创造就业机会是欧盟发展蓝图的核心。《地平线计划2020》的目标是确保欧洲产生世界顶级的科学，消除科学创新的障碍，在创新技术转化为生产力的过程中，融合公众平台和私营企业协同工作。《地平线计划2020》要求欧盟所有的研发与创新计划都聚焦于三个共同的战略优先领域，其中每个优先领域都分别部署多项行动计划。这三个战略优先领域为卓越科研、产业领导力和社会挑战，其中，与气候治理和绿色经济转型有关的资助领域有以下三个。

(1) 能源转型。资助经费59.31亿欧元，支持现有能源系统过渡到可靠、可持续发展、有竞争力能源系统所进行的研究和创新。向有竞争力能源系统的过渡，需要克服许多挑战，如日益稀缺的资源与日益增长的能源需求和气候变化的挑战。

(2) 交通工业转型。资助经费63.39亿欧元，旨在增强欧洲交通行业的竞争力，实现资源节约型，气候与环境友好，对所有公民、经济和社会安全及无缝衔接的欧洲交通系统。

(3) 气候治理。资助经费30.81亿欧元，包括气候行动、环境、资源效率和原材料，这个领域创新活动的目标是将全球变暖控制在平

[①] 目前，欧盟委员会又发布了《地平线欧洲》（Horizon Europe）（第九框架计划）提案，该计划是欧盟接替《地平线计划2020》，是2021—2027年预算期的新一轮研发与创新框架计划。

均低于2℃，避免超出生态系统、社会适应气候变化和环境变化的承受范围，确保环境的完整性、韧性和可持续性。具体研究和创新活动包括：①治理和适应气候变化；②保护环境，可持续管理自然资源、水资源、生物多样性和生态系统；③非能源和非农业原料的可持续供给；④生态创新导向的绿色经济和社会转型；⑤全面和持续的全球环境观测与信息系统；⑥文化遗产。

需要强调的是，该计划对于经济转型和气候治理的直接资助经费达到153.51亿欧元，占总经费的19.93%，可见欧盟对绿色经济转型和环境问题的重视。资源貌似丰富且廉价的时代即将结束，经济转型以应对气候变化的适应能力和应对资源匮乏的调节能力，同时依赖于高水平的生态创新和高水平的社会、经济组织。生态创新的全球市场预计将达到每年约1万亿欧元，估计到2030年将增加两倍，生态创新为增强欧洲经济竞争力和增加就业机会提供了重大机遇。考虑到当前全球气候和环境变化的规模及复杂程度，考虑到原材料供应链的国际化趋势，该领域的研发活动必须在欧盟及更高层面上进行。为了减少使用资源，降低资源使用对环境产生的影响，提高竞争力，需要从以社会和技术决定的经济模式转变到以自然和人类福祉协调可持续发展决定的经济模式。

第二节　德国绿色经济发展政策和《气候行动规划2050》简述

一　德国绿色经济发展政策简述

德国一直以来都非常重视环境保护问题。1996年颁布了《循环经济与废弃物管理法》（Closed Substance Cycle and Waste Management Act），使德国成为最早实行垃圾分类的国家。德国也很关注全球变暖和气候变化，相较其他国家，德国的温室气体排放管制更为严格，可再生能源的开发和利用也很积极。其实，德国并不具备发展可再生能源的自然条件，但却是可再生能源利用最成功的国家之一。为了推动可再生能源发展，德国在1991年制定了《可再生能源电力供给公共网络法》(Electricity Feed In Act)，要求公用电力公司以固定价格收购可再生能源电力，这项立法赋予可再生能源业者加入联合供电网络的权利，确保可再生能源发电得以稳定成长，为可再生能源发展奠定了坚固的法律基础。

2000年，德国通过了《可再生能源法》(Renewable Energy Sources Act)，目的是促进可再生能源发展，提高可再生能源发电占比；减少对石油、天然气和煤炭等传统能源的依赖，提高能源自主能力；减少温室气体排放，落实生态环境和气候保护。之后，德国分别在2004年、2008年、2010年和2014年通过了《〈可再生能源法〉修正案》，调整可再生能源发展目标。根据最新规定，可再生能源发电量占总电力供应量的比重，必须在2020年达到30%，2050年达到50%。

自《可再生能源法》实施以来，德国的可再生能源产业迅速成长，可再生能源发电量占总电力供应量的比重迅速提高。不过，因为固定价格收购制度（Feed–in Tariff, FIT）被欧盟执委会认定为违反禁止国家补助特定产业的规定，因此，在2014年进行修正，目的是让可再生能源回归市场机制，减少补贴经费的负担，并根据市场需求，设定可再生能源年增容量目标值，以进行总量调控。

在政府有目的的扶植下，德国的绿色产业迅速发展。德国经济部2012年的报告指出，包括环境友善能源的制造与获取、能源效能、物质效能、可持续性移动、废弃物管理与循环、可持续性水资源管理在内的绿色产业的产值，在2011年高达3000亿欧元，约占当年国内生产总值的11%，就业人口有140万；预计到2025年，绿色产业的产值为6740亿欧元，将达到国内生产总值的15%，就业人口达到420万。

此外，为了因应国际金融危机的冲击，德国于2008年宣布投入250亿欧元用来刺激绿色消费，重点放在建设绿色交通网络、推广绿色车辆上。2016年，德国为了加大绿色车辆发展的力度，宣布投入10亿欧元补贴消费者购买电动车或油电混合车（政府和业者各出资一半），同时编列1亿欧元预算，用于采购电动车供公务使用。这项计划预计可补贴 40 万辆电动车和油电混合车,这有利于德国的绿色车辆发展,并减少交通部门的温室气体排放。

二 德国的《气候行动规划 2050》

德国政府于 2016 年通过了《气候行动规划 2050》(Climate Action Plan 2050),根据德国环保部网站的材料[①],下面简述《气候行动规划 2050》的目标和战略措施等。

(一)《气候行动规划 2050》的目标和指导原则

早在 2010 年德国政府就决定,在 2050 年以前,将温室气体排放量降低 80%—95%(与 1990 年相比)。《气候行动规划 2050》重申了到 2050 年温室气体排放量比 1990 年下降 80%—95% 的目标,并就气候行动制定了政策性目标和规划。德国政府将在该目标框架下为承担《巴黎协定》的义务做出应有的贡献,政策的制定也考虑到了《巴黎协定》中确定的、在 21 世纪后半期实现全球气候中性的目标。

德国制定这一气候保护规划的目的是,根据《巴黎协定》的框架机制,为与完成国内气候保护目标有关的所有行动领域指明具体的方向。这些领域包括能源工业、建筑业和交通运输业、工业以及农业和基地行业(如土地利用和林业)。该规划的核心内容包括以下五个方面。

(1)远期目标:以在 21 世纪中叶使德国基本实现气候中性为指导原则;

(2)为所有行动领域提供 2050 年以前的指导方针和转型路径;

(3)为各个行动领域设定里程碑和指标,以此作为行动框架;

(4)为各个行动领域提供战略措施;

(5)确立一个持续调整的机制,以实现《巴黎协定》中关于加强自愿努力的规定。

《气候行动规划 2050》以 2050 年的气候保护目标为出发点,针对所有行动领域设定了指导原则、里程碑和措施。确定《气候行动规划 2050》中各行动领域的依据是国际通行的用于温室气体报告的

---

① BMUB, 2016, https://www.bmu.de/en/publication/climate-action-plan-2050.

"源原则"。例如,根据这一原则,使用家电而生成的排放归于能源工业,因为电能同时也是排放之"源"。《气候行动规划2050》中确定的行动领域为能源工业、建筑业、交通运输业、工业、农业和其他行业(如土地利用和林业)。此外,还有一些跨领域的目标和措施。

指导原则为每个行动领域勾勒出2050年的前景,而里程碑和措施则以2030年为导向(见表5-1)。制定指导原则和设定里程碑的基础是对现有气候保护方案的评估,同时包括对各行动领域内进行必要的转型分析。按照2030年应当达到的阶段性目标,德国的温室气体排放总量至少应比1990年降低55%(作为初始值的排放总量为12.48亿吨二氧化碳当量)。德国政府首次在《气候行动规划2050》中就分支行动领域的目标取得了一致意见。这些目标为各行动领域到2030年在减排中的比重设定了框架,并将对这些目标进行全面的成效评估。在与相关各方讨论之后,这一评估将为在2018年调整分支行动领域的目标提供依据。

表5-1 《气候行动规划2050》目标行动领域2030年排放量

行动领域	1990年 ($MtCO_2e$)	2014年 ($MtCO_2e$)	2030年 ($MtCO_2e$)	2030年(与1990年相比减少比重)
能源工业	466	358	175—183	62%—61%
建筑业	209	119	70—72	67%—66%
交通运输业	163	160	95—98	42%—40%
工业	283	181	140—143	51%—49%
农业	88	72	58—61	34%—31%
小计	1209	890	538—557	56%—54%
其他行业	39	12	5	87%
总和	1248	902	543—562	56%—55%

资料来源:"Climate Action Plan 2050", http://www.bmub.bund.de/english。

(二)在国际气候保护中的作用

作为主要工业发达国家和欧盟中经济实力最强的成员国,德国负有特殊的责任。《气候行动规划2050》的制定就是以在21世纪中期基本达到气候中和为指导原则。德国的人均温室气体排放量高于欧盟平均水平，也明显高于世界平均水平。同样，应当注意的是，构成《巴黎协定》基本框架的国家自主贡献的总额尚不足以将全球气候升温控制在2℃以内。因此，每个成员国都有超额完成以往提出的自主贡献的义务。已经于2016年生效的《巴黎协定》是第一个要求全球所有国家共同承担责任的气候保护协定。通过这项具有法律约束力的协定，国际社会以国际法的形式明确表达了这样一个共识：与工业化前相比，全球气候升温必须明显控制在2℃以下，并应尽力控制在1.5℃以下。

《巴黎协定》的所有成员国均对坚决实施气候保护措施负有明确的义务。对欧盟和德国而言，这意味着：必须在2020年以前重新公布或更新气候保护目标。从2025年开始，针对2030年以后制定的目标应比迄今制定的目标要求更高。

欧盟的环境和能源政策对德国气候保护政策有直接影响。欧盟的温室气体排放基本由欧盟碳排放交易系统和欧盟责任分担决定（ESD）平均处理。在能源工业和（部分）工业领域，德国高效的碳排放交易系统是欧盟在气候保护方面的一个关键工具。因此，德国主张在欧盟层面加强该系统。

德国政府主要依靠技术中立原则和开放创新来达到既定的目标。德国政府相信，围绕最佳创意和技术进行开放的竞争可以促进德国的气候中和进程。《气候行动规划2050》是实现国民经济现代化的战略，为所有行动领域提供到2050年的指导，同时也为即将进行的投资（特别是2030年前的投资）提供指导——该规划可以通过清晰的政策框架来避免不当投资和结构断裂。《气候行动规划2050》促进了一个根本性的转变：可再生能源和能效今后将成为标准的投资对象，由此为德国经济提供了必要的条件，使之在一个不断去碳化的世界继续保持竞争力。

（三）《气候行动规划2050》的战略措施

德国《气候行动规划2050》就气候行动制定了政策性目标和规划，提出了能源工业、建筑业、交通运输业、工业、农业以及其他行业（如林业和土地利用）等领域的总体目标和举措，具体的战略措施包括以下七个方面。

（1）能源工业。能源工业成立了一个专门委员会——经济增长、结构转型和地区发展委员会。该委员会隶属于联邦经济事务和能源部（Federal Ministry for Economic Affairs and Energy），与其他部委、联邦州、乡镇、工会、相关企业的代表、行业和地方参与者合作。面对必要的转型进程，需要为相关行业和地区提供可以实现的前景，以此为基础，制定必要的具体实施步骤，并在资金上创造条件。前期工作应赶在本届议会任期中开始，以便委员会在 2018 年年初开始工作，并尽可能在 2018 年年底提交结果。委员会应为支持结构转型设计一套混合性的政策工具，将经济发展、结构转型、社会可承载性和气候保护结合在一起。其中包括在需要完成结构转型的领域和地区进行必要的投资及相关资金的筹措。

（2）建筑业。构建接近建筑物气候中性的路线图，其核心措施是继续逐步改进为新建住宅和对现有住宅进行大规模改造而制定的节能标准，同时将支持资金集中用于可再生能源供热系统。

（3）交通运输业。为交通运输领域制定的气候保护规划提出了在 2030 年以前减少温室气体排放量的策略，同时也考虑了欧盟层面的相关建议。规划内容既涉及乘用车以及轻型和重型商用车的排放，也涉及"零排放"的能源供应及所需的基础设施，还包括不同领域之间的配合（通过电动汽车）。

（4）工业。通过与工业合作，德国政府将启动一项旨在降低工业过程中温室气体排放的研究和发展计划，促进向气候中和过渡，二氧化碳的工业化循环利用（碳捕集和利用）也是选项之一。

（5）农业。德国政府将与各联邦州共同努力，促进肥料管理法的全面实施和贯彻执行，特别是《肥料管理条例》（Fertilisers Ordinance）和计划要求企业在使用肥料过程中运用优良实践的规定，目的是在 2028—2032 年达到德国可持续发展战略中提出的每公顷 70 千克施氮量的目标值。

（6）其他行业（如林业和土地利用）。在土地利用和林业领域，保持和增强森林的碳汇能力处于突出的位置。措施之一是努力增加德国的森林覆盖面积。另外，德国政府还主张增加"森林经营"和"改善农业结构和海岸防护"（属于联邦和各州的共同任务）这两个资金支持领域中的气候保护成分。

（7）税收规制。还有一个需要检验的领域是如何进一步发展德国的税收制度，使其对2050年气候保护目标的实现起到推动作用。德国政府将以更多的经济手段来鼓励排放者降低环境压力，采用可持续的生产和消费方式。这方面的研究对象是考虑某些税种的激励效果是否会对气候产生负面作用。

（四）实施与动态调整

《气候行动规划2050》勾勒出了德国未来技术、经济、社会和文化逐步转型的进程。这是一个需要持续进行调整的过程，既需要科学界的支持，也需要社会在整个过程中的积极参与，群策群力。因而，这个规划不仅仅是应对气候变化的一个计划，而且是涉及整个经济和社会未来发展的转型问题，也是一个综合战略措施。

《气候行动规划2050》还将根据《巴黎协定》不断做出调整。由于《巴黎协定》要求各国不断强化其自愿努力，因此，这个规划也需要经常检查其中设定的阶段性目标和里程碑、转型路径和相关措施是否仍然符合《巴黎协定》的目标要求。如有必要，则需要根据技术、社会、政治、社会各阶层的承受力、经济发展和变化以及经济领域发生的重大事件进行调整。

在规划实施过程中，德国政府将与联邦议会共同商议，通过含有详细措施的实施计划将本规划具体化。第一个实施计划预计于2018年通过，之后需要对其减排作用进行量化评估；社会中各种气候保护力量形成的同盟将参与制订实施计划；各方将对计划中的措施可能引起的经济、社会和生态影响进行评估，并从政策角度作出研判。

第三节　法国和英国绿色经济发展政策简述

一　法国的绿色经济可持续发展政策简述

2010年，为了刺激经济复苏，并响应国际社会对减缓全球暖化的努力，法国跨部门可持续发展委员会根据联合国提出的绿色新政的原则，通过《国家可持续发展战略：迈向绿色且公平的经济》(National Sustainable Development Strategy: Towards a Green and Fair Economy)，这份报告是法国发展绿色经济的重要蓝图，许多有关的法规制度和政策规划都是根据这份报告设计的。

根据《国家可持续发展战略：迈向绿色且公平的经济》，为了发展绿色经济，建设低碳和公平的社会，政府应致力推动以下九项工作：①可持续消费和生产；②知识经济；③政府治理；④气候变化和能源；⑤可持续交通和移动；⑥生物多样化与自然资源的维护和可持续管理；⑦公共卫生、灾害预防和管理；⑧人口结构、移民和社会包容性；⑨可持续发展和对抗全球贫穷的国际挑战。

2015年，法国通过《迈向绿色成长的能源转型法》(Energy Transition for Green Growth Law)，内容涵盖能源转型目标；提高建筑能效；发展清洁运输；促进可再生能源发展；加强核能安全。希望通过各项计划的执行，达到维护生态环境，对抗气候变化，强化能源自主，创造经济动能的目的，亦即在兼顾环境和经济利益的前提之下，实现法国的可持续发展。

在能源转型目标方面，设定在2030年之前减少温室气体排放40%（以1990年为基准），2050年减少75%；最终能源消费量，2012—2050年减少50%；最终化石能源消费量，2012—2030年减少30%；可再生能源占最终能源消费比重，在2030年之前提高至32%，占发电量的比重提高至40%；核能发电所占比重，在2025年之前减少至50%。

在提高建筑效能方面，重点放在加速建筑物的节能改善上，预计到2050年完成建筑部门减少能源消费量一半以上。

在发展清洁运输方面，希望在2030年之前达到15%的交通运输完全使用可再生能源的目标。

在促进可再生能源发展方面，积极发展多种类型的可再生能源，鼓励可再生能源、能源储存和智慧电网有关技术的研究。

在加强核能安全方面，除了提高透明度和公开信息，还要对核电厂进行拆解和核废料储存，建立高效率且严格的环保条件。

二 英国低碳绿色经济转型政策简述

英国是全球最早提出低碳经济概念的国家。2003年，英国公布了《能源白皮书》（Energy White Paper），宣示将以发展低碳经济作为经济社会转型的策略。2008年通过了《气候变化法案》（Climate Change Act），要求政府将温室气体排放量较1990年减少34%，并于2050年达到减排80%的目标，这项法案使英国成为全球第一个以立法规范温室气体减量目标的国家。

为了落实减量目标，英国于2009年公布了《低碳转型计划》（Low Carbon Transition Plan），这是当今各国最大的低碳工程之一，范围涵盖能源、商业、住宅、运输、农业等经济和社会层面，每年编列4.05亿英镑（约32亿元人民币）投入绿色产业和相关技术的研发，政府同时推出可再生能源策略、低碳产业策略、低碳交通改革策略等配套方案，希望将英国转变成为低碳国家。

根据《低碳转型计划》，首先，英国将积极发展可再生能源，希望在2020年之前使40%的电力供应来自可再生能源。其次，政府针对住宅的碳排放作出管制，规定2016年之后所有新建筑物都必须使用可再生能源，旧建筑物也要逐步改善能源效率。最后，地方政府和企业配合参与碳排放的减量工作，比如推广电动车辆、管制高排放车辆进入市区、减少生产过程的碳排放等。

另外，英国在低碳能源、碳认证、环境顾问、低碳科技（软件和通讯科技）、低碳金融商品、低碳建筑、低碳农畜牧业领域都具备很强的竞争力，不仅技术领先世界其他各国，而且绿色产值占国内生产总值的比重也高居全球之冠。英国绿色产业的市场并不只局限于当地，同时输出到世界各地，对扩展国际贸易和赚取外汇做出了很大的贡献。低碳转型不仅有助于英国的经济成长，而且创造不少就业机会。目前英国绿色产业的就业人口将近 90 万，但在低碳转型所带动的投资效益之下，预计 2020 年之前将新增 120 万个就业岗位。在产值方面，英国的绿色产业规模达 1070 亿英镑（占国内生产总值的 7%），输出国外的低碳商品和技术将近 44 亿英镑，未来产业规模还会持续成长，产值也会不断提高。

第四节　北美洲三国《温室气体长期低排放战略》简述

2016 年 11 月 19 日，《公约》第二十二届成员国大会在摩洛哥马拉喀什落幕，会议通过了《马拉喀什行动宣言》（Marrakech Action Proclamation），《马拉喀什行动宣言》的发布标志着全球进入落实气候变化行动的新时代。在马拉喀什气候大会上，美国、墨西哥、德国和加拿大是第一批向《公约》提交气候变化低排放发展战略的国家。① 尽管美国提交了这份应对气候变化发展战略，但是，由于特朗普政府于 2017 年退出了《巴黎协定》，所以，这份战略的实施存在很大的变数，更多的是代表美国上一届政府应对气候变化的态度。

一　加拿大《低排放发展战略》

加拿大政府在第二十二届成员国大会上提交了《加拿大 21 世纪中期温室气体低排放发展战略》（Canada's Mid-Century Long-Term Low Greenhouse Gas Development Strategy）（以下简称《低排放发展战略》），检查了温室气体减排途径与 2050 年温室气体排放量比 2005 年下降 80% 的目标是否一致，确定了电力工业、终端能耗、林业、农业、废弃物、清洁技术等方面的关键目标和框架。这些框架构成了加

---

① 中国科学院兰州文献情报中心：《美墨德加四国气候变化长期战略解读》，《气候变化科学专辑》2016 年第 23 期。

拿大长期减缓气候变化战略的基础。①

（1）电力工业。发电工业脱碳是当前的趋势，加拿大已有80%的电力来自排放较低的清洁能源。通过增加政府行动，这一趋势有望持续下去。电气化政策将促使电量需求大增，电力出口量也应通过低碳政策来实现。加拿大和北美洲的未来电力将通过省际与洲际合作得以发展。

（2）终端能耗。能源效率和需求方管理是实现温室气体深度减排的关键。能效提高是电气化技术和消费者节能的关键推动者。重工业、海洋运输、重型货运和航空等行业可以向使用低碳燃料迈进，如第二代生物燃料或氢等。此外，在合成碳氢化合物或能源存储方面，还需要新兴技术。

（3）林业。与森林相关的气候变化减缓涉及减少或避免排放，提高碳封存能力。通过改变森林管理方式、加大长生命周期木材产品的使用、加大来自废气木材的生物能源使用和造林等政策或措施，可以大幅度减少温室气体排放或清除大气中的温室气体。

（4）农业。从长期来看，技术创新和可持续土地管理实践将确保农业土壤仍然是一个净碳汇。促进现有和新兴技术的使用可以提高效率，并减少来自农作物和畜牧业的温室气体排放。

（5）废弃物。废弃物预防和转移等有效的管理战略可以显著减少与废弃物直接或间接相关的温室气体排放。新政策可以鼓励行为方式的转变（转变浪费消费的模式），以及从消费者到生产者的产品终端管理责任的转移。未来，填埋气捕获和燃烧技术的发展可进一步减少填埋场的温室气体排放。

（6）清洁技术。公用事业、设备供应商和政策制定者应该共同努力，确定减少重要清洁技术使用成本和使用障碍的战略。结合市场拉动机制（如碳定价），对清洁技术的研究、开发和示范（Research,

---

① Canada's Mid - Century Long - Term Low Greenhouse Gas Development Strategy, http：//unfccc. int/files/focus/longterm_ strategies/application/pdf/can_ low ghg_ strategy_ red. pdf.

Development and Demonstration，RD&D）及创新进行进一步投资。为长期投资提供明确的和可预测的信号，以及公开气候相关的信息能更好地向低碳未来过渡。

二 美国绿色政策简述和"脱碳战略"

自 20 世纪 90 年代初签署《公约》至今，美国的气候变化政策随着不同党派执政而变化。总体上看，美国政府不愿制定大幅度的长期减排目标。相对而言，在民主党执政时期，美国的气候变化政策表现得较为积极。例如，2013 年 6 月，奥巴马政府发布《总统气候行动计划》，被认为是迄今为止最为全面的联邦气候变化应对计划。美国政府期望通过启动该气候行动和整合行政资源，修复国家气候战略，提升政治影响，同时，此举有助于扭转美国在国际气候谈判中的被动地位，并重新确立其领导地位。[①] 而共和党的气候变化政策较为消极，其执政期间曾于 2001 年、2017 年两度宣布退出具有国际法律效力的温室气体减排协定，共和党气候变化政策的消极性主要表现为：在共和党执政时期，美国国会刻意规避有关气候变化的相关议题，大幅削减有关气候变化研究预算，并采取政治手段，压制主流气候科学的发展。

（一）绿色低碳政策

在绿色低碳发展方面，2009 年，美国政府宣布启动高达 7870 亿美元的《复苏与再投资计划》（Recovery and Reinvestment Plan），其中有 505.5 亿美元（约占总额的 6.4%）用在环境保护和可再生能源发展上，希望通过绿色新政，降低温室气体排放，推动低碳技术创新，加速可再生能源的开发和利用，并带动经济成长，创造工作机会，降低对石油、天然气和煤炭等传统能源的依赖。

具体行动包括：①发展可再生能源发电、建设智慧电网；②改善建筑物耗能，提高建筑物能源效率；③投资可再生能源的技术创新，以及碳捕捉和封存技术（Carbon Capture and Storage，CCS）；④发展绿

[①] 刘骊光、白云真：《解读美国〈总统气候行动计划〉的动因》，《气候变化研究进展》2014 年第 4 期。

色车辆，降低交通运输部门温室气体排放；⑤建立低碳商品和服务的市场标准；⑥鼓励绿色消费，推广环境友善商品和服务；⑦加强绿色经济人才的培育。

2009 年，美国还通过了《清洁能源与安全法案》（American Clean Energy and Security Act），并修订《联邦能源政策法案》（Energy Policy Act）和《清洁空气法》（Clean Air Act），希望通过总量控制与交易及能源效率改善的实施，以 2005 年为基准，在 2020 年之前达到减排 17% 的目标。此外，美国也在国际场合呼吁各国发展绿色经济。2011 年亚太经济合作组织（Asia – Pacific Economic Cooperation, APEC）领导人非正式会议，美国以主办国身份将"促进绿色成长"列入优先议题之一，呼吁与会各国领袖在带领国家追求经济成长之际，将环境保护纳入议题，作为策略规划和目标的一部分，并针对气候变化采取共同且立即的行动。

（二）美国"深度脱碳战略"

美国政府在 2016 年的第二十二届成员国大会上提交了《美国 21 世纪中期深度脱碳战略》（United States Mid – Century Strategy for Deep Decarbonization），承诺到 2020 年二氧化碳排放量比 2005 年减少 17%；到 2050 年二氧化碳排放量比 2005 年减少 80%。该战略详细提出了美国实现 2050 年减排目标的路径和措施，并提出实现整个经济系统的温室气体净排放减少需要在以下三个主要领域采取行动。[1]

（1）转向低碳能源系统。行动包括：①对清洁能源创新进行双倍投资，为 21 世纪中期能源使用制订新的解决方案。②完善国家与地方政策和行业排放法规，以继续推动清洁技术部署，并随着时间的推移，逐步转向经济系统的碳定价。③实施互补政策，以克服具有成本效益的能源效率和清洁能源技术部署的障碍。④现代化电力监管结构及市场，以鼓励灵活、可靠、具有成本效益的清洁发电。⑤扩大目标支持，包括经济和劳动力发展，以确保美国民众从低碳能源转型中受益。

---

[1] US Mid – Century Strategy for Deep Decarbonization, http：//unfccc.int/files/focus/long-term_strategies/.

（2）增强森林和土壤的碳封存及二氧化碳去除技术。行动包括：①以碳预算协议及相关政策框架为支撑，实行持久的私人土地碳激励措施，以增强森林碳活动和土壤碳封存。②在联邦土地上快速扩大森林恢复面积。③通过相关研究和政策，减少土地利用竞争和土地利用变化，以提高土地生产力，并促进智能型城市发展。④支持数据收集和研究，以供未来政策参考，包括绘制减缓"热点区"地图、量化土壤碳潜力、提高美国温室气体清单能力。⑤支持二氧化碳去除技术的开发和部署，包括生物能源和碳捕获与封存的示范和早期商业部署。

（3）减少非二氧化碳温室气体排放。行动包括：①支持研究、开发和示范（RD&D），以测量和监控甲烷的来源。②加强监管，以减少来自废弃物、石油和天然气的甲烷排放。③加大研究、开发和示范，技术援助和激励措施，以通过精准农业、缓释肥料或其他替代方案，减少氮肥使用。④加大研究、开发和示范，技术援助和激励措施，以减少与畜牧相关的甲烷排放，以及通过厌氧分解池等提高甲烷捕获策略，并通过饮食添加剂等创新甲烷的使用。⑤实施逐步减少使用氢氟烃（HFC）的政策，妥善处理会产生氢氟烃的电器，并支持氢氟烃替代品的研究、开发和示范。

三　墨西哥《气候变化战略2050》

墨西哥在第二届成员国大会上提交了《墨西哥21世纪中期气候变化战略》（Mexican Climate Change Mid – Century Strategy）（以下简称《气候变化战略2050》），承诺到2030年温室气体排放量减少22%。这是第一个发布2020年后国家气候行动计划的发展中国家。该战略提出了未来10年、20年和40年社会、人口、生态系统、能源、排放、生产系统、私营部门和流动性方面的愿景，并提出了气候变化减缓和适应战略，确定了长期气候政策的关键及综合交叉问题。该战略的主要内容包括以下三个方面。①

（一）综合各领域政策

综合各领域政策需要在以下领域采取行动：①设计基于市场的经

---

① Mexican Climate Change Mid – Century Strategy, http://unfccc.int/files/focus/longterm_strategies/.

济和财政手段;②为气候技术的研究、创新、发展和采用提供平台;③促进气候文化的发展;④实施测量、报告和验证(MRV)及监测和评价(M&E)机制;⑤加强战略合作和国际领导力。

(二)气候变化减缓战略

气候变化减缓战略需要在以下五个重要领域采取行动:①加速清洁能源转型;②能源效率和可持续消费;③包含废弃物管理和低碳建筑等的可持续城市;④可持续农业和林业,以增加和保护自然碳汇;⑤减少短寿命气候污染物(SLCPs)。

(三)气候变化适应战略

气候变化适应战略需要在以下三个重要领域采取行动:①降低社会脆弱性,增加对气候变化影响的适应;②提高基础设施和生产系统的适应力;③自然资源的保护和可持续利用,以维持生态系统服务和自然管理。

为帮助墨西哥实现其减排目标,世界资源研究所(WRI)发布《实现墨西哥气候目标:八大行动计划》(Achieving Mexico's Climate Goals: An Eight Point Action Plan)[①],提出了墨西哥需要采取的八大行动:①在工业活动中,提高燃油效率和转换到清洁燃料。②减少非二氧化碳温室气体排放。③引进碳定价,逐步取消化石燃料补贴。④提高电网的容量和效率。⑤促进减缓和适应之间的协同效应。⑥过渡到清洁、精心设计的运输选项。⑦提高商业和住宅建筑能源效率。⑧制定一个实现温室气体零排放的全面、长期的战略。

第五节 气候中性和碳中和倡议

一 联合国《即时承诺气候中性》倡议

气候中性(climate neutrality)和碳中和(carbon neutrality)的定义与零二氧化碳排放量(net-zero CO_2 emissions)一致,含义都是:

---

① Achieving Mexico's Climate Goals: An Eight Point Action Plan, http://www.wri.org/.

在一定时期内通过人为二氧化碳移除，抵消人为二氧化碳排放，使全球人为二氧化碳达到零排放。即达到人类活动对气候系统没有影响的状态。

英国在2010年发布的《关于碳中和承诺的规范》（Publicly Available Specification，PAS 2060）中提出了碳中和概念。[①] 为了避免气候变化的最坏影响，科学告诉我们，必须将全球气温上升限制在1.5℃，或比工业化前水平高出2℃以内，这也是《巴黎协定》的核心目标。要实现这一目标，仅仅依靠政府的行动是不够的。因此，联合国气候变化组织（UNFCCC）于2015年发起了"即时承诺气候中性"（Climate Neutral Now Pledge）倡议，旨在鼓励社会上每个人都采取行动，帮助在21世纪中叶实现《巴黎协定》倡导的气候中性。[②] 参与的签约者可以在联合国气候变化组织《即时承诺气候中性》网站上展示自己的标志，使用《即时承诺气候中性》的标志（见图5-1），可能受邀参加联合国气候变化组织的活动，增加对气候行动所做贡献的辨识度。

图 5-1 《即时承诺气候中性》的标志

资料来源：https://unfccc.int/Climate-Action/Climate-Neutral-Now。

[①] PAS60, Specification for the Demonstration of Carbon Neutrality, http://www.bsigroup.com/standards.

[②] https://unfccc.int/climate-action/climate-neutral-now/.

在技术层面,《即时承诺气候中性》倡议也提供了相关模板,邀请组织、政府和个人通过以下三个步骤估算自己的碳足迹,努力实现全球气候中性。

1. 量化和报告温室气体排放量,即碳足迹

(1) 量化温室气体排放量。签约者自我选择量化标准(需要在报告中声明),同时联合国气候变化组织网站上给出了在线气候足迹计算器、航空旅行碳排放计算器、酒店碳足迹工具、EDGE 绿色建筑、食品碳足迹估算工具;

(2) 选定承诺中的温室气体种类;

(3) 设定承诺的时间段(如 1 年或 5 年);

(4) 报告所估算的温室气体排放量。

2. 通过自己的行动尽可能地减少温室气体排放

(1) 设计并报告所实施的减少温室气体排放的活动,包括相关的实践、制定的商业政策、减排目标等;

(2) 确定出虽然已经付出全力进行减排但仍然不能避免的剩余温室气体排放量。

3. 抵消所有剩余排放量

抵消所有不能避免的温室气体排放量,包括联合国核证的减排量(CERs)。

(1) 其中至少 20% 的抵消量推荐采用联合国核证的减排量,可以在联合国气候变化组织碳抵消平台上选择相应的项目,付款购买联合国核证的减排量;

(2) 报告抵消的排放量及联合国核证的减排量,并提供取消或停用这些联合国核证的减排量的证据。

近十几年来,澳大利亚、法国、英国、哥斯达黎加、中国等在气候中性、碳中和方面开展了很多实际行动,也发布了许多规范与指南。世界上第一个《关于碳中和承诺的规范》(PAS 2060)是英国标准学会(BSI)于 2010 年发布的,英国是世界上最早开始碳中和实践的国家,也制定了《碳中和指南》,提出了实现碳中和的三个步骤:碳排放核算、碳减排和碳抵消。这和大多数国家的项目步骤都是一致

的。在实施方面，作为英国政府支持的碳信托公司，负责对各类组织、产品、活动提供符合《关于碳中和承诺的规范》的标准认证。认证表明该组织致力于可持续发展和减少碳排放，并支持环境项目。符合严格的碳中和标准的各类组织和场所可以获得碳中和证书。特定产品或服务可以获得碳中和产品证书。在产品上可以使用证书标志。在抵消方面，碳信托公司仅认可将黄金标准（Gold Standard）、自愿碳标准（VCS）和《英国林地减碳守则》（Woodland Code UK）的碳信用额度用于抵消。

二 澳大利亚《"气候主动"行动》与碳中和认证

《"气候主动"行动》是澳大利亚政府与澳大利亚企业之间持续的合作伙伴关系，旨在推动自愿性气候行动。《"气候主动"行动》代表了澳大利亚为测量、减少和抵消碳排放量而做出的集体努力，以减少对环境的负面影响。[1]

《"气候主动"行动》包括按照相关碳中和标准进行的《"气候主动"行动》认证和实现的碳中和声明。为了实现碳中和，组织计算其活动所产生的温室气体排放量，如燃料或电力使用以及旅行。他们通过投资于新技术或改变其运行方式来尽可能减少碳排放。然后通过购买碳补偿来"抵消"任何剩余的排放。碳补偿量是通过防止或减少或消除温室气体排放到大气中的活动而产生的。当组织购买的抵消量等于产生的排放量时，即实现碳中和。

通过认证的组织获得使用"气候主动"标志的许可证。获得认证有助于推广产品和服务，提升竞争力，拓展碳中和供应链，使组织具备适应未来不断变化的监管条件和低碳经济的能力，满足利益相关者不断增长的期望等（如要求企业证明对气候变化采取行动，是可持续发展的等）。碳中和认证由"气候主动"组织负责运行，已获得欧盟委员会和世界银行等机构的认可。

只要采取积极的气候行动，任何组织，无论其规模大小或行业性质，都可以通过"气候主动"认证。该认证品牌证明组织已实现零排

---

[1] https://www.climateactive.org.au.

放。"气候主动"认证适用于组织机构、产品、服务、活动、建筑物、行政区域,获得认证需要通过以下六个步骤。

第一步:签订和维护许可协议。签订许可协议,确认组织致力于实现碳中和并使组织了解自身的认证义务。许可协议持续两年;但是,组织有机会每年重新承诺并达成新协议。

第二步:计算排放量。依据标准,计算所有的排放量。设定基准年以便进行排放的对比。

第三步:制定和实施减排战略。认证的一个关键组成部分是在抵消前进行减排。减排战略确定了组织计划开展的活动,以减少在规定期限内的排放。组织需要报告每年的排放,并确定减排活动在其中做出了贡献。

第四步:购买抵消量。购买抵消量是为了补偿不能减少或避免的排放量。《"气候主动"行动》仅允许满足严格标准的抵消量,以确保做到真正的减排。

第五步:安排独立验证。独立验证有助于提高碳中和声明的可信性。独立验证包括数据的审核、定期的碳中和声明的技术评估等。

第六步:发布公开声明。该声明使感兴趣的利益相关者可以进行查验,确保了透明性,并有助于建立公众对声明的信任。要求每年都要发布声明。

《"气候主动"行动》的碳中和标准与相关国际标准相协调,由澳大利亚政府监督管理,满足标准的要求是开展认证的核心。《关于碳中和承诺的规范》提供了有关如何测量、减少、抵消、验证和报告排放的指南及最低要求,详细提供了如何进行碳中和声明和认证的指导,并提供了符合条件的碳抵消信用额度,如澳大利亚碳信用额度(ACCUs)、符合CDM和黄金标准的碳信用等。

第六章　气候变化对我国的影响分析与绿色经济转型政策

我国是一个发展中大国,当前环境生态保护、资源高效利用与经济社会不平衡、不协调发展的矛盾仍然是关注的重点,气候变化的脆弱性问题依然严峻。实施绿色经济转型,积极应对气候变化,这既是我国参与全球气候治理的责任和义务,也是我国实现可持续发展的内在要求。

经济危机、资源短缺和环境恶化都会影响国家安全,所以,非传统安全议题开始受到国际社会的重视。非传统安全是指冷战结束后新秩序的建立,以及全球化浪潮下所出现的新问题,例如,经济秩序、生态环境、人口迁移、社会发展等问题。其中,气候变化问题从过去的非主流议题成为国家安全最新且最大威胁的重要议题。气候变化因其所具有的全球性、长期性、渗透性、不确定性和潜在的不可逆转性,被认为是人类当前面临最具挑战性的全球性问题之一,而受到人们的高度关注。过去,气候变化问题被看作环境问题和发展问题,但近年来将气候变化与安全联系起来,探讨气候变化对国际安全和国家安全的影响已成为全球气候变化议题发展的一种新趋势。[1] 积极应对气候变化,不仅是我国保障经济、能源、生态、粮食安全以及人民生命财产安全,促进可持续发展的重要方面,而且也是深度参与全球治理、打造人类命运共同体、推动共同发展的责任担当。[2] 如何在总体

---

[1] 张海滨:《气候变化与中国国家安全》,《国际政治研究》2009年第4期。
[2] 刘长松、徐华清:《对气候变化与国家安全问题的几点认识与建议》,《气候战略研究简报》2017年第13期。

第六章　气候变化对我国的影响分析与绿色经济转型政策 | 115

国家安全观框架下强化气候安全问题识别，有效降低气候安全风险，已显得极为重要和紧迫。本章首先从国家安全视角分析气候变化对我国带来的潜在风险和影响；接着初步评估"十五"规划以来我国低碳绿色经济转型的成效；最后梳理我国应对气候变化绿色经济转型的政策和行动。

第一节　气候变化对我国的潜在影响分析：国家安全视角

全球变暖所带来的冰川融化、飓风发生频率加大、海平面上升、珊瑚礁死亡、地面沙漠化、洪水干旱等，不仅对环境及生态系统造成严重的冲击，同时也造成重大的灾情伤亡。近几年来，我国因为气候异常而导致自然灾害不断，又因人口众多、气候条件复杂以及生态环境脆弱等，更容易受到影响，所以，对于气候异常所引发的问题，较其他国家有着更深刻的体会。根据一些学者研究预测，我国将会遭遇一些气候变化所带来的严重影响：冰河的融化，特别是对西藏与新疆天山的影响；农业生产的减少，预计在2030年农业生产将会减少10%；越来越多的干旱、暴风雨与水灾，沙漠化面积的增加，海平面快速上升等。[①] 另外，英国经济学家斯特恩在其出版的《气候变化经济学：斯特恩评论》中警告：全球变暖将会对世界经济造成冲击（Stern，2007），如果人类不采取行动，气候变化的总代价和风险将相当于每年至少失去全球GDP的5%[②]，甚至如果考虑到更广泛的风险和影响，估计损失将上升到GDP的20%或者更多。

因此，我国在发展经济、减少贫穷和改善环境的同时，也关注气候变化将会对国家发展能力造成的影响。预防气候变化对各行业和各

---

① Zeng, Ning et al., "Climate Change—The Chinese Challenge", Science, 2008, 319: 730 – 731.
② 2016年，全球GDP按2010年不变价格计算达到776780亿美元，2016年气候灾害损失达3384亿美元。

气候脆弱地区造成的风险与冲击成为学术界和决策部门关注的重点之一。下面从国家安全视角分析气候变化对我国潜在的风险和影响。

一 国家安全与气候变化问题的由来

美国学者理查德·H. 厄尔曼（Richard H. Ullman）早在1983年就对国家安全提出重新定义，在其发表的《重新定义国家安全》（Redefining National Security）一文中，批评冷战时期美国对国家安全的定义"极为狭隘"与"极端军事化"，结果导致美国外交政策的过分军事化和对其他危害国家安全威胁的忽视。他认为，发展中国家的人口增长及随之而来的对资源争夺和跨国移民，可能引发严重冲突。[1] 1994年，联合国开发计划署（UNDP）发表的《人类发展报告》（Human Development Report）明确定义了"人类安全"，其内容包括人类所面临的经济安全、粮食安全、健康安全、环境安全、人身安全、共同体安全和政治安全，并归纳出人类安全的特征：①人类安全具有普遍性；②人类安全具有相互相关性；③人类安全具有可预防性；④人类安全是以人为中心。[2] 2004年，联合国发布了《一个更安全的世界：我们的共同责任》（A More Secure World: Our Shared Responsibility）（由"联合国威胁、挑战和改革问题高级别小组"Secretary - General High - Level Panel on Threats, Challenges and Change 提交）的报告，明确将环境破坏列为国家安全的重大威胁。[3]

二 气候变化对国家安全潜在影响

如果现在不采取适当行动应对气候变化，未来气候变化将会对全球的生态系统、农业、水资源以及海岸地区等造成严重的影响，同时，因严重的环境问题而扩大全球冲突程度的可能性将会极大地增加。对国家安全而言，气候变化的影响会引起以下三种最基本的挑

---

[1] Richard H. Ullman, "Redefining National Security", *International Security* (Cambridge), 1983, 8 (1): 129 - 153.

[2] UNDP, "Human Development Report 1994: New Dimensions of Human Security", 1994, http://www.hdr.undp.org/en/content/human - development - report - 1994.

[3] United Nations, "A More Secure World: Our Shared Responsibility", 2004, https://www.un.org/en/events/pastevents/pdfs/secure_ world_ exec_ summary.pdf.

战：一是由于农业产量下降所引起的粮食短缺；二是由于洪水和干旱所导致的生活饮用水供应和水质的降低；三是由于冰、风暴等极端气候所导致的战略性矿石能源的供应中断。在突发的气候变化事件中，对食物、水和能源供应的限制可能会通过经济、政治和外交手段表现出来，如贸易禁运。由于关系到人类生存的基本需求，因此，对土地和水资源利用的冲突可能会变得更加严重与激烈。尤其是对粮食短缺的国家，冲突的威胁将进一步增加。气候变化对我国国家安全的潜在影响可以从以下四个方面进行分析。

（一）对国土安全的影响

首先，气候变化导致海平面上升，海岸线后退，使我国部分陆地面积被淹没，沿海地区较大范围的土地面临被淹没的潜在威胁。

其次，气候变化加快我国耕地土质质量下降的速度，比如，土地的荒漠化与沙化现象，缩小居民的生存空间，不仅威胁着生态安全和经济社会的可持续发展，同时也威胁中华民族的生存和发展。

（二）对居民生活的影响

首先，对生活饮用水供应的影响。[①] 我国属于水资源缺乏的国家，人均水资源拥有量不到世界平均的1/4，而且分配极不均匀，随着经济社会的发展，水安全问题将更加突出。气温升高或降水增减会引起江河的路径与流量产生变化；同时，气候变化也会引发冰川退缩，而冰川变化又会带来对水资源的影响：冰川的加速萎缩短时期可导致河川径流增加，而随着冰川的大幅度萎缩后，冰川径流趋于减少，势必引发河川径流的持续减少，这不仅会减少水资源量，更使冰川失去对河川径流的调节作用，导致水资源、生态与环境恶化的连锁反应。因此，气候变化既进一步加剧了我国水资源固有的脆弱性，又加剧了我国淡水资源短缺形势和供需矛盾。

其次，对于粮食生产的影响。气候变化对我国农业的影响主要表现在以下四个方面：①农业生产的不稳定性增加，作物产量波动加

---

① Moore, S., "Climate Change, Water and China's National Interest", *China Security*, 2009, 5 (3): 25 – 39.

大，成为困扰农业发展的重要因素；②农业生产结构与布局将会因气候变化而发生重大调整，种植制度、作物种类和品种布局等均会发生重大变化；③农业生产成本和投资大幅度增加；④局部地区干旱高温危害加剧，气候灾害造成的农牧业损失增加。

最后，气候变化增加极端气候事件发生的频率和强度，严重威胁我国人民群众的生命财产和生活质量。由于气候变化加速水气循环，改变降水时空分布及强度，因而造成极端气候异常事件的发生，并导致干旱、雪灾、洪水发生的频率及强度增加。

（三）对国家治理能力和国际影响力的挑战①

气候变化使我国面临日益增大的国内外压力，政府的治理能力受到进一步挑战。随着全球气候变化问题成为世人关注的焦点，使我国面临越来越大的国际减排压力。作为负责任的发展中大国，我国已向国际组织提交了"国家自主贡献"报告，减缓碳排放在短时期内对我国发展空间和潜力的约束有一定的影响，但就长时期而言，这与我国的绿色经济发展战略是一致的，主要影响表现在以下三个方面。

（1）虽然我国采取了一系列节能减排措施，但稳定的经济发展和以煤炭为主的能源消费结构等导致二氧化碳排放总量继续增加，但我国政府已承诺在2030年左右达到峰值。这种减排压力在确定达到峰值前是一直存在的。

（2）随着综合国力的大幅提升，使我国作为发展中国家的国际认同难度增大，对于自身作为发展中国家的定位难以获得国际社会的广泛认同，对我国的期待和要求在迅速增加。

（3）发展中国家内部的分化和分歧日益增大。一些小岛屿国家和最不发达国家一致要求全球减排，作为目前碳排放量全球第一的发展中大国，我国的减排努力成果往往得不到国际社会和发展中国家的认可，因此，我国更难以发挥影响力，维护发展中国家之间的团结。

气候变化所导致的极端气候事件频发，也正在挑战我国各级政府

---

① 刘长松、徐华清：《对气候变化与国家安全问题的几点认识与建议》，《气候战略研究简报》2017年第13期。

的治理能力和应对突发事件的处理能力。比如，2008年的南方雪灾，由于一些地方政府缺乏紧急应变的措施，没有估计到会发生这么大的雪灾，因而未能及早采取有力的防护、调配、加固、储备、疏散转移等应急措施，使政府的治理能力受到质疑。所有这些都佐证了我国实施低碳绿色经济转型新途径的必要性。

（四）对我国重大工程和关键基础设施建设的影响

气候变化对我国的一些重大工程和关键基础设施建设的负面影响日益严重。比如，青藏铁路（气候变暖导致冻土层变得松软）、三峡工程、南水北调工程、西气东输工程、"三北"防护林工程等都造成不同程度的影响。极端天气气候事件增多对我国国防建设也造成不利影响，限制部队战斗力建构和提升，如气候变化使部队抢险救灾的任务更加繁重，对部队的作战训练造成影响；2008年，我国的国防白皮书第一次将自然灾害列为国家安全的威胁，并提出军队应具备履行多样化军事任务的能力。[①]

第二节 我国低碳绿色经济转型成效初步评估

进入21世纪以来，为了应对气候变化、减少温室气体排放、实现向低碳绿色经济和可持续发展转型，我国政府制定实施了一系列绿色治理政策和应对气候变化实践行动。如在《国民经济和社会发展第十一个五年规划纲要》中提出的"十一五"期间（2006—2010年）单位国内生产总值能耗降低20%左右的约束性指标，这是首次把节能指标纳入国民经济和社会发展规划，并规定为约束性指标。"十二五"时期，我国政府把积极应对气候变化作为经济社会发展的重大战略，把控制温室气体排放作为应对气候变化的重要任务，把绿色低碳发展作为生态文明建设的重要途径，制定实施了一系列政策与行动，这些

---

① 国务院新闻办公室：《2008年中国的国防》白皮书，2009，http://www.81.cn/。

政策不仅是应对全球气候变化的需要,也是实现我国自身经济结构调整以及生产消费模式绿色经济转型的需要。本节对 2000 年以来我国实施的气候治理行动和绿色经济转型政策成效进行初步评估,这将有助于相关政府部门开展未来行动。

一 我国温室气体排放综述

根据《中华人民共和国气候变化第一次两年更新报告》[①],表 6-1 给出了 2005 年和 2012 年我国温室气体分类型排放总量和构成情况。若不包括土地利用变化和林业(Land Use Change and Forestry,LUCF)的温室气体排放[②],2012 年,我国温室气体排放总量为 118.96 亿吨二氧化碳当量(见表 6-1),其中,二氧化碳(CO_2)、甲烷(CH_4)、氧化亚氮(N_2O)、含氟气体(F-气体)所占的比重分别为 83.1%、9.9%、5.4%、1.6%(见图 6-1);2012 年,土地利用变化和林业的温室气体吸收汇为 5.76 亿吨二氧化碳当量(CO_2-e),考虑温室气体吸收汇后,温室气体净排放总量为 113.20 亿吨二氧化碳当量,其中二氧化碳排放量 93.17 亿吨,所占比重略有下降,为 82.3%,其余温室气体排放量不变。2005 年,我国温室气体排放总量(不包括 LUCF)约为 74.67 亿吨二氧化碳当量,其中,二氧化碳、甲烷、氧化亚氮和含氟气体所占的比重分别为 80.0%、12.5%、5.3% 和 2.2%(见表 6-1);2005 年,土地利用变化和林业领域的温室气体吸收汇约为 4.21 亿吨二氧化碳当量,考虑温室气体吸收汇后,2005 年,中国温室气体净排放总量约为 70.46 亿吨二氧化碳当量,其中二氧化碳所占比重降为 78.8%。

---

① 国家发展改革委应对气候变化司:《中华人民共和国气候变化第一次两年更新报告》,2016 年 12 月。

② 土地利用变化和林业(Land Use Change and Forestry,LUCF)是温室气体清单的重要组成部分之一,也是 UNFCCC 成员国温室气体清单评估的主要领域之一。IPCC 第五次评估报告结果显示,2002—2011 年,因人为土地利用变化产生的二氧化碳年净排放量平均为 0.9Gt/a,是仅次于化石燃料燃烧和水泥生产(8.3Gt/a)的全球第二大人为温室气体排放源(IPCC,2013)。

表6-1　2005年和2012年我国温室气体分类型排放总量和构成情况（不含LUCF）

温室气体	2012年		2005年	
	二氧化碳当量（亿吨）	比重（%）	二氧化碳当量（亿吨）	比重（%）
二氧化碳	98.93	83.1	59.76	80.0
甲烷	11.74	9.9	9.33	12.5
氧化亚氮	6.38	5.4	3.94	5.3
含氟气体	1.91	1.6	1.65	2.2
合计	118.96	100.0	74.67	100.0

资料来源：国家发展改革委应对气候变化司：《中华人民共和国气候变化第一次两年更新报告》，2016年12月。

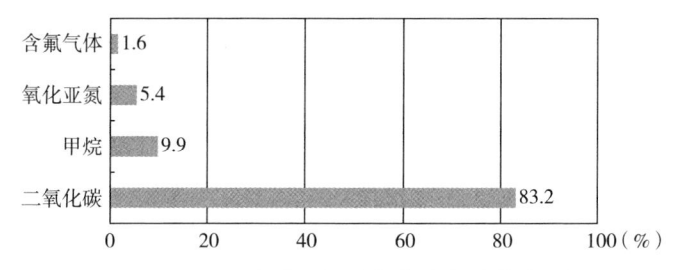

图6-1　2012年我国温室气体分类型排放比例

资料来源：国家发展改革委应对气候变化司：《中华人民共和国气候变化第一次两年更新报告》，2016年12月。

可见，2005—2012年，我国温室气体排放总量增加了59.3%，净增44.29亿吨二氧化碳当量，其中，二氧化碳和氧化亚氮分别净增39.17亿吨二氧化碳当量、2.44亿吨二氧化碳当量，增量最大；二氧化碳和氧化亚氮排放量2012年比2005年分别增长了65%和62%。2012年，我国二氧化碳排放量（不包括LUCF）为98.93亿吨二氧化碳当量，其中，能源工业排放86.88亿吨二氧化碳当量，占87.8%；工业生产过程排放11.93亿吨二氧化碳当量，占12.2%。

从温室气体部门排放源来说，能源工业是我国温室气体的最大排放源（见表6-2）。2005年，我国能源工业排放量57.68亿吨二氧化碳当量，占温室气体总排放量（不包括LUCF）的77.2%，工业生产过程、农业活动和废弃物处理的温室气体排放量所占比重分别为

10.3%、11.0%和1.5%（见图6-2）。2012年，我国能源工业排放量93.36亿吨二氧化碳当量，占温室气体总排放量（不包括LUCF）的78.5%，工业生产过程、农业活动和废弃物处理的温室气体排放量所占比重分别为12.3%、7.9%和1.3%（见图6-3）。可见，能源工业和工业生产过程排放的温室气体占总量的比重越来越大，2012年这两者的比重之和已超过90%。

表6-2　　2005年和2012年我国温室气体分部门分类型温室气体排放总量（亿吨二氧化碳当量）

	二氧化碳		甲烷		氧化亚氮		含氟气体		合计	
	2005	2012	2005	2012	2005	2012	2005	2012	2005	2012
能源工业	54.04	86.88	3.24	5.79	0.4	0.69	—	—	57.68	93.36
工业生产	5.69	11.93	—	0	0.34	0.79	1.65	1.90	7.68	14.62
农业	—	—	5.29	4.81	2.91	4.57	—	—	8.20	9.38
废弃物处理	0.03	0.12	0.8	1.14	0.28	0.33	—	—	1.11	1.59
合计	59.76	98.93	9.33	11.74	3.93	6.38	1.65	1.90	74.67	118.95

注："—"表示对现有源排放量和汇清除没有计算。

资料来源：国家发展改革委应对气候变化司：《中华人民共和国气候变化第一次两年更新报告》，2016年12月。

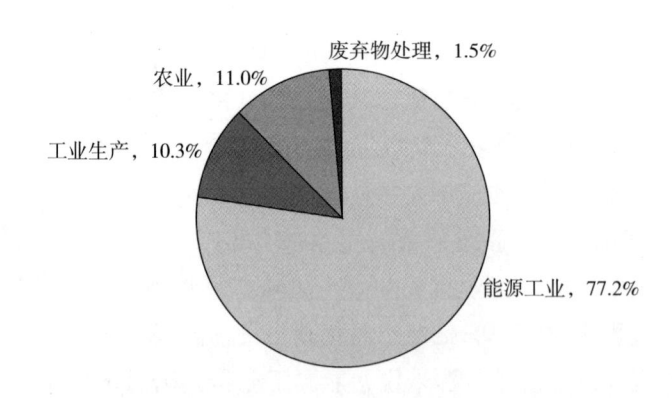

图6-2　2005年我国温室气体排放分部门构成

资料来源：国家发展改革委应对气候变化司：《中华人民共和国气候变化第一次两年更新报告》，2016年12月。

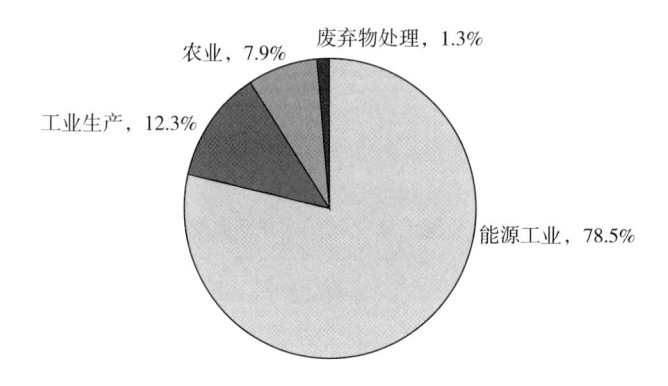

图 6-3　2012 年我国温室气体排放分部门构成

资料来源：国家发展改革委应对气候变化司：《中华人民共和国气候变化第一次两年更新报告》，2016 年 12 月。

从能源工业活动内部分析，2012 年，我国能源工业温室气体排放 93.36 亿吨二氧化碳当量，其中，化石燃料燃烧排放 88.13 亿吨二氧化碳当量，占 94.4%；燃料逃逸排放 5.23 亿吨二氧化碳当量，占 5.6%。从温室气体种类构成看，二氧化碳排放量为 86.88 亿吨，全部来自燃料燃烧；甲烷排放 5.79 亿吨二氧化碳当量，其中，燃料燃烧排放占 9.5%，燃料逃逸排放占 90.5%。

2012 年，我国废弃物处理业温室气体排放总量为 1.59 亿吨二氧化碳当量，其中，固体废弃物处理过程排放 0.54 亿吨二氧化碳当量，占 33.8%；废水处理排放 0.91 亿吨二氧化碳当量，占 57.3%；废弃物焚烧处理过程排放 0.14 亿吨二氧化碳当量，占 8.9%。

二　2000—2016 年我国低碳绿色经济转型成效评估

"十五"时期以来，我国在各个领域积极应对气候变化，通过法律、行政、技术、市场等多种手段，探索符合我国国情的低碳绿色经济发展新模式，取得显著成绩。

（一）"十五"时期以来节能减排效率显著提高

截至 2016 年，我国减缓气候变化行动取得积极进展。单位国内生产总值二氧化碳排放量比 2005 年下降 36.5%，比 2010 年下降 24.6%。2000—2016 年，因化石燃料燃烧产生的碳排放量年均增长

6.96%，碳排放弹性系数为0.74，即GDP每增长1%。相应地，碳排放增长0.74个百分点（见表6-3）。①

分析表6-3，不难得出以下三点结论：

表6-3　2000—2016年我国二氧化碳排放总量与效率主要指标

年份	二氧化碳排放量（$MtCO_2$）	碳排放强度（tCO_2/万元GDP）	能耗强度（tce/万元GDP）	碳排放系数（tCO_2/tce）	碳排放弹性系数	人均二氧化碳排放量（tCO_2/人）
2000	3087	2.63	1.25	2.10		2.44
2001	3243	2.55	1.22	2.08	0.61	2.54
2002	3497	2.52	1.22	2.06	0.86	2.72
2003	4052	2.65	1.29	2.06	1.59	3.14
2004	4724	2.81	1.37	2.05	1.64	3.63
2005	5358	2.86	1.40	2.05	1.18	4.10
2006	5912	2.80	1.36	2.06	0.81	4.50
2007	6468	2.68	1.29	2.08	0.66	4.90
2008	6608	2.50	1.21	2.06	0.22	4.98
2009	7026	2.43	1.16	2.09	0.67	5.26
2010	7707	2.41	1.13	2.14	0.91	5.75
2011	8466	2.41	1.10	2.19	1.03	6.28
2012	8621	2.28	1.06	2.14	0.23	6.37
2013	8996	2.21	1.02	2.16	0.56	6.61
2014	9036	2.06	0.97	2.12	0.06	6.61
2015	9041	1.93	0.92	2.10	0.01	6.58
2016	9064	1.82	0.87	2.08	0.04	6.56
各时期增长率（%）（弹性系数除外）						
2000—2005年（"十五"时期）	11.66	1.72	2.21	-0.49	1.19	10.97
2006—2010年（"十一五"时期）	7.54	-3.38	-4.18	0.84	0.67	7.00

① 本节内容所引用的二氧化碳排放数据仅包括因化石燃料燃烧引起的碳排放。

续表

年份	二氧化碳排放量（MtCO$_2$）	碳排放强度（tCO$_2$/万元GDP）	能耗强度（tce/万元GDP）	碳排放系数（tCO$_2$/tce）	碳排放弹性系数	人均二氧化碳排放量（tCO$_2$/人）
2011—2015年（"十二五"时期）	3.24	-4.31	-4.00	-0.32	0.41	2.73
2000—2016年	6.96	-2.28	-2.22	-0.06	0.74	6.38

注：（1）二氧化碳排放数据来自 IEA CO$_2$ Emissions from Fuel Combustion，OECD/IEA Paris，2017，https：//www.iea.org/。（2）其余数据笔者基于国家统计局发布统计数据整理（https：//www.stats.gov.cn），GDP 数据均按照 2005 年可比价格换算。

第一，从"十五"时期到"十二五"时期，我国节能减排效率总体上是提高的，但是，差别很明显。2000—2016 年，能耗强度年均下降 2.22%，碳排放强度年均下降 2.28%（见图 6-4）。"十五"时期，碳排放强度和能耗都是上升的，分别上升 1.72%、2.21%，但"十一五"时期和"十二五"时期效率提高非常明显；碳排放弹性系数从"十五"时期的 1.19 下降到"十一五"时期的 0.67，再进一步下降到"十二五"时期的 0.41，尤其是 2014—2016 年，碳排放弹性系数小于 0.1，经济增长与二氧化碳排放增长几乎达到了一种"弱脱钩"水平。

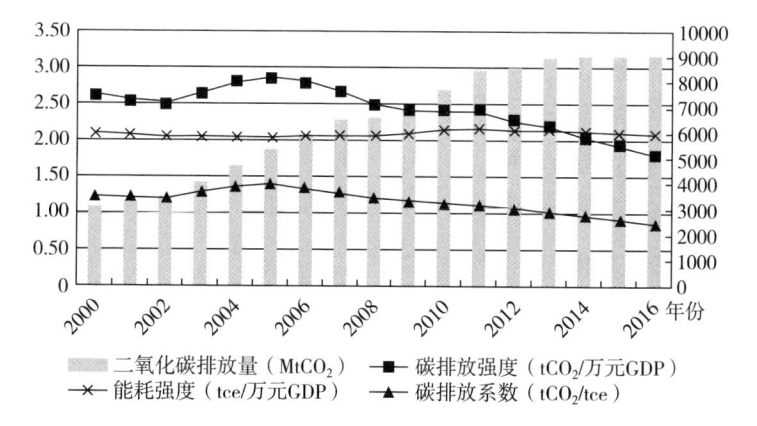

图 6-4　2000—2016 年我国二氧化碳排放量与节能减排主要指标

资料来源：同表 6-3。

在"十二五"规划纲要中列入了三个低碳发展相关的约束性指标：①非化石燃料占一次能源消费的比重提高到11.4%；②单位GDP能源消耗降低16%；③单位GDP二氧化碳排放量降低17%。实际完成情况为：2015年与2010年相比，单位GDP能源消耗降低18.5%，单位GDP二氧化碳排放量降低19.8%，都超额完成这两个约束性考核指标。

第二，人均二氧化碳排放量在2000—2016年这个时期年均增长6.38%，但"十二五"时期只增长2.73%，下降幅度明显；2016年人均二氧化碳量排放为6.56吨，大致相当于欧盟2013年的平均水平。随着我国经济进入新常态，人均二氧化碳排放水平增长肯定会相对滞缓。

第三，从上述效率指标分析，"十二五"时期是我国低碳绿色经济转型发展的重要转折期，随着各种促进低碳经济、绿色经济发展政策相继出台，节能减排政策效果明显。

年度减排量和年度节能量计算方法为：

年度减排量 =（上年度碳排放强度 - 本年度碳排放强度）× 本年度GDP（不变价）

年度节能量 =（上年度能源消费强度 - 本年度能源消费强度）× 本年度GDP（不变价）

利用2000—2016年的GDP数据（本书按照2005年不变价格），不难估算出从2000—2016年累计减排量为3351$MtCO_2$、累计节能量为1556Mtce，相当于我国2001年全年的化石燃料燃烧二氧化碳排放量和全年一次能源消费量。其中，"十二五"时期的累计减排量和累计节能量分别为2027$MtCO_2$、871Mtce。

（二）能源低碳转型有一定进展，但还需要进一步加强

我国非化石能源占能源消费总量比重从2000年的7.3%增加到2016年的13.3%，提高了6个百分点（见图6-5），碳排放份额最大的煤炭和石油所占比重2016年比2000年下降了10个百分点。2015年，我国非化石能源比重12.1%，超过了"十二五"时期的考核目标11.4%。"十一五"时期以来，我国清洁能源发展迅速，截至

第六章 气候变化对我国的影响分析与绿色经济转型政策 | 127

2016年年底，我国水电装机容量3.3亿千瓦，是2005年的2.8倍，发电量11748亿千瓦时；并网风电发电2409亿千瓦时，同比增长29.8%；并网光伏装机达到7631万千瓦，同比增长81%，发电量665亿千瓦时，同比增长68.5%；核电装机达到3364万千瓦，发电量2132亿千瓦时，同比增长24.4%。全国水电、核电、风电、太阳能发电等非化石能源发电装机占全部发电装机的36.6%。① 从电力消费终端分析，我国火力发电量占全国总电力消费量比重从2000年的82.7%下降到2016年的72.4%（见图6-6）。电源结构低碳化和清洁化比较明显。

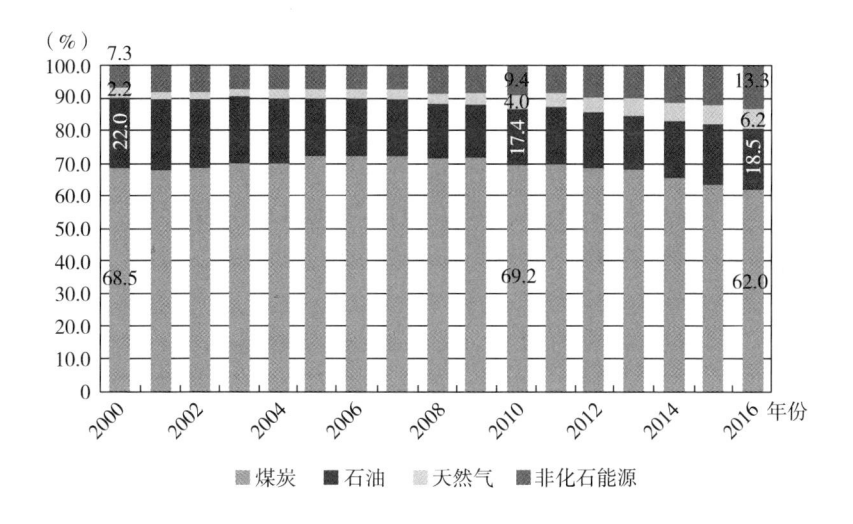

图6-5 2000—2016年我国能源消费结构

资料来源：《中国统计年鉴（2017）》。

表6-3显示，反映能源消费低碳化结构的重要指标碳排放系数从2000—2016年改变很小，中间出现波动，碳排放系数从2011年开始下降。也就是说，能源消费的低碳化从"十二五"时期才有比较明显的反映。2016年，我国煤炭消费量37.8亿吨，较2015年减少1.9

---

① 国家发展改革委：《中国应对气候变化的政策和行动2017年度报告》，2017年10月。

亿吨,下降 4.7%;天然气产量 1371 亿立方米,天然气表观消费量 2058 亿立方米,天然气在一次能源消费结构中的比重约 6.2%,比 2010 年提高了 2.2 个百分点。

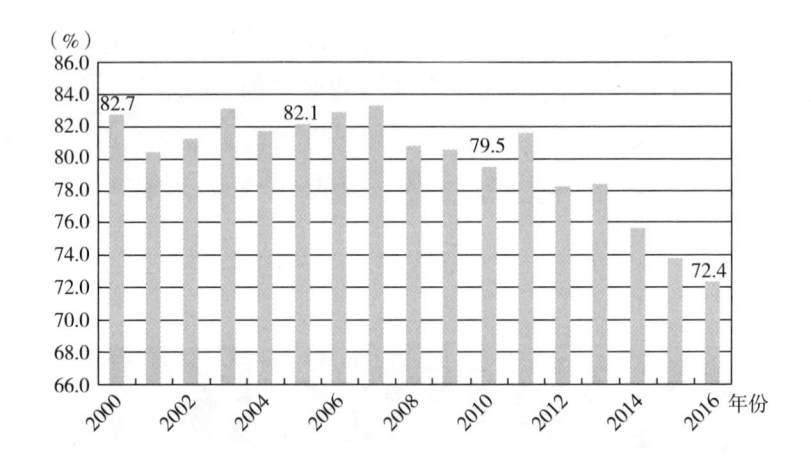

图 6-6　2000—2016 年火力发电占全国消费总电量比例

资料来源:笔者根据《中国能源统计年鉴》估算。

（三）产业结构不断优化，行业低碳绿色经济转型考核指标基本完成

我国政府建立和完善了中国特色的节能目标责任制和节能考核评价制度。2011 年,《"十二五"节能减排综合性工作方案》将单位国内生产总值能耗下降的节能目标分解落实到了各省区市,明确提出实施以节能改造工程、节能技术产业化示范工程、节能产品惠民工程、合同能源管理推广工程和节能能力建设工程为主的节能重点工程（见专栏 6-1）,加强节能目标责任评价考核。与此同时,我国政府实施淘汰落后产能计划,建立健全落后产能退出机制,不断优化第二产业内部结构。2011 年,工业和信息化部发布了《"十二五"工业领域重点行业淘汰落后产能目标》,明确了 19 个重点行业淘汰落后产能的目标任务,同时,发布了配套的《淘汰落后产能工作考核实施方案》。

专栏6-1 "十二五"时期节能重点工程简介

一 节能改造工程

实施锅炉窑炉改造、电机系统节能、能量系统优化、余热余压利用、节约替代石油、绿色照明等节能改造工程,预计在2011—2015年分别形成7500万吨标准煤、800亿千瓦时、4600万吨标准煤、5700万吨标准煤、1120万吨标准煤和2100万吨标准煤的节能能力。

二 节能技术产业化示范工程

推广低品位余能利用、稀土永磁电机、太阳能光伏发电、零排放和产业链接等一批重大、关键节能技术,并针对节能效果好、应用前景广阔的关键产品或核心部件组织规模化生产,推进产业化应用。根据规划目标,"十二五"时期,推广30项以上重大节能技术产业化,并形成1500万吨标准煤以上的节能能力。

三 节能产品惠民工程

民用领域重点推广高效照明产品、节能家用电器、节能与新能源汽车等,商用领域重点推广单元式空调器等,工业领域重点推广高效电动机等。中国已形成数十万种型号的节能产品惠民工程推广体系。

四 合同能源管理推广工程

贯彻落实国务院办公厅印发的《关于加快推行合同能源管理,促进节能服务产业发展意见的通知》,引导节能服务企业加强技术研发、服务创新、人才培养和品牌建设,提高融资能力,不断探索和完善商业模式。五年来,中国节能服务产业规模从2010年的835.29亿元增长到2015年的3127.34亿元,合同能源管理项目投资金额从2010年的287.51亿元增长到2015年的1039.56亿元,项目节能能力相应地由2010年的1064.85万吨标准煤增长到2015年的3421.28万吨标准煤。

五 节能能力建设工程

推进节能监测平台建设,建立能源消耗数据库和数据交换系统,强化数据收集、数据分类汇总、预测预警和信息交流能力。开展重点用能单位能源消耗在线监测体系建设试点和城市能源计量示范建设。推进节能监管机构标准化和执法能力建设,中国节能监察机构在编人数大约1.6万人,省、市、县三级节能监察体系基本建立。

资料来源:国家发展改革委应对气候变化司:《中华人民共和国气候变化第一次两年更新报告》,2016年12月。

我国政府还积极鼓励发展战略性新兴产业和服务业,不断降低高能耗行业在国民经济中的比重。2012年7月,国务院印发了《"十二五"国家战略性新兴产业发展规划》,提出了节能环保产业、新一代信息技术产业、生物产业、高端装备制造业、新能源产业、新材料产业以及新能源汽车产业七大战略性新兴产业的重点发展方向和主要任务。2012年12月,国务院又印发了《服务业发展"十二五"规划》,明确提出加快发展以金融服务业、交通运输业、现代物流业、高技术服务业为主的生产性服务业,大力发展商贸服务业、文化产业、旅游业、健康服务业为主的生活性服务业。2012年,我国第三产业增加值占国内生产总值的比重首次与第二产业持平(45.3%),2016年达到51.6%,较2005年的41.3%提高10.3个百分点(见图6-7)。

这些政策的实施在行业碳排放构成的表现(见图6-8)。2016年,交通运输业和能源工业的碳排放比重比2005年分别提高2个和5个百分点,但制造业和建筑业与居民生活所占比重分别下降4.4个和1个百分点,其他行业改变很小。居民生活所占比重的下降与这些年我国推行家庭能源清洁化、北方大部分地区采用天然气取暖等行动有关。总之,能源工业与制造业和建筑业仍然是我国化石能源消费和碳排放的最大贡献者,2016年,两者之和占82%左右。这也是我国今后应关注的重点领域。

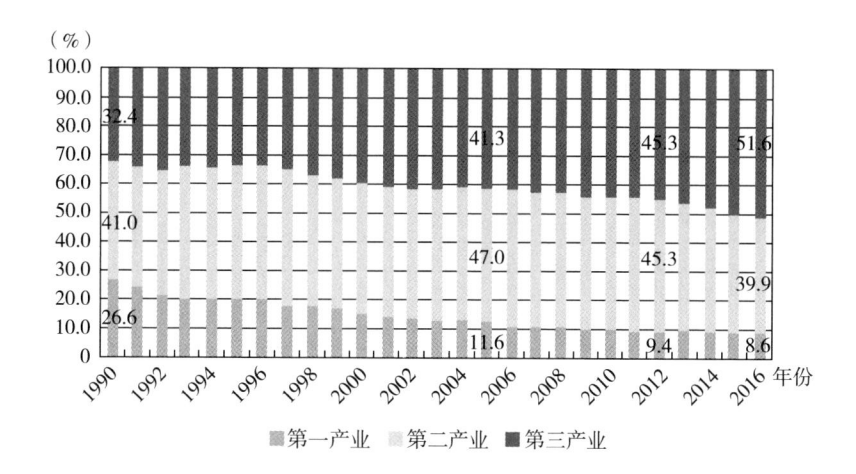

图 6-7　1990—2016 年我国三大产业结构变化

资料来源：《中国统计年鉴（2017）》。

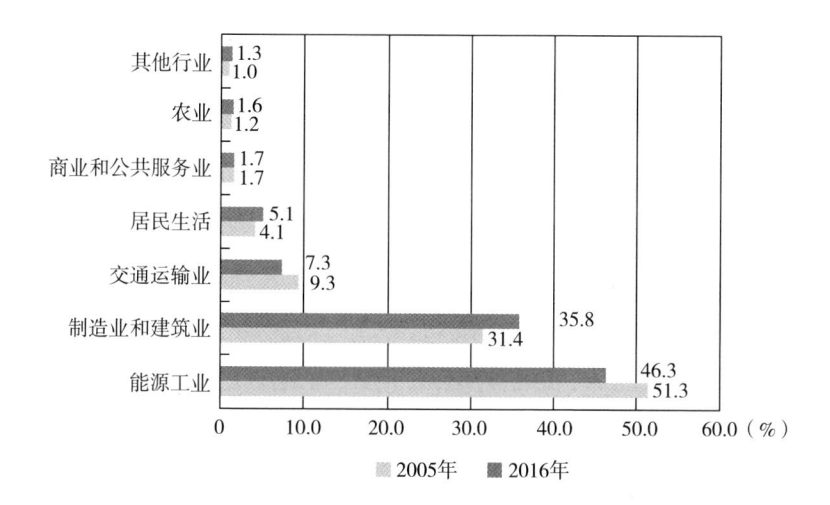

图 6-8　2005 年和 2016 年我国分行业碳排放比例

资料来源：IEA CO_2 Emissions from Fuel Combustion, OECD/IEA Paris, 2017, https：//www.iea.org/。

（四）森林碳汇持续增加

植树造林是我国的光荣传统，也是实施低碳发展的一项主要行动。我国政府将森林覆盖率和蓄积量增长作为约束性目标写入《国民经济和社会发展第十二个五年规划纲要》，提出，2015年，森林覆盖率提高到21.66%，较2010年提高1.3个百分点；森林蓄积量提高到143亿立方米，较2010年提高6亿立方米。为了实现这些目标，国家发布了《全国造林绿化规划纲要（2011—2020年）》，深入开展全民义务植树活动，着力推进旱区、京津冀等重点区域造林绿化，加快退耕还林、石漠化综合治理、京津风沙源治理、"三北"及长江流域等重点防护林体系建设、天然林资源保护等林业重点工程。"十二五"时期，全国共完成植树造林4.5亿亩、森林抚育6亿亩，分别比"十一五"时期增长18%、29%，森林覆盖率提高到21.66%，森林蓄积量增加到151.37亿立方米，成为同期全球森林资源增长最多的国家。①从历次森林普查资料来看，第八次森林普查（2010—2014年）中森林覆盖率不是增长最快的时期（增长1.23个百分点），但是，森林蓄积量是增长最快的时期，增长14.16亿立方米，远远超过了历次森林普查中的森林蓄积量（见图6-9）。

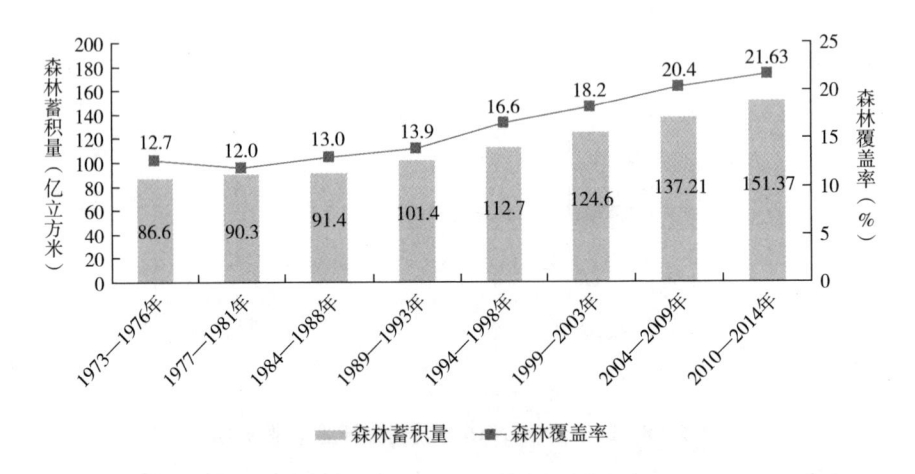

图6-9 历次森林普查中我国森林覆盖率和蓄积量变化情况

资料来源：国家林业局，历次森林普查数据。

---

① 李惠民、董文娟、齐晔：《"十二五"低碳发展回顾》，清华—布鲁金斯公共政策研究中心，2017年6月。

"十二五"时期,国家林业局发布了《关于推进林业碳汇交易工作的指导意见》,各级地方政府纷纷把增加碳汇作为林业发展的重要目标,加强了林业碳汇计量监测体系建设,开展土地利用变化与林业碳汇计量监测工作。到 2015 年年底,已覆盖 25 个省区市、新疆生产建设兵团、四大森工集团,建成林业碳汇基础数据库。据统计,全国森林植被总碳储量第八次清查为 84.27 亿吨。

第三节 我国各省区市"十二五"时期节能减排考核指标差异分析

按照我国《国民经济和社会发展第十二个五年规划纲要》,单位 GDP 能耗被纳入各省区市和重点行业的约束性考核指标。2011 年,国务院印发《"十二五"节能减排综合性工作方案》[①],其中,31 个省区市都有具体的数量指标。下面对各省区市"十二五"时期的能耗指标完成情况进行简要的比较分析(见表 6-4)。这里说的 GDP 按照 2005 年不变价格进行换算。图 6-10 按照 2015 年的单位内生产总值能耗排序,可见,超过全国能耗平均水平(0.92tce/万元 GDP)的省区市有 11 个,其中宁夏能耗最大,达到 3.26tce/万元 GDP。

表 6-4 "十二五"时期全国与省区市单位国内生产总值能耗指标比较(tce/万元 GDP)

地区	2010 年能耗	2015 年能耗	"十二五"时期能耗下降率		实际值 - 目标值
			实际值	目标值	
全国	1.13	0.92	18.5	16	2.5
北京	0.56	0.42	25.1	17	8.1
天津	0.88	0.59	32.4	18	14.4
河北	1.49	1.12	25.3	17	8.3
山西	2.42	1.90	21.3	16	5.3

---

① 中国政府网,http://www.gov.cn/。

续表

地区	2010年能耗	2015年能耗	"十二五"时期能耗下降率 实际值	目标值	实际值-目标值
内蒙古	2.19	1.36	38.0	15	23.0
辽宁	1.30	0.93	28.9	17	11.9
吉林	1.13	0.72	36.3	16	20.3
黑龙江	1.15	0.84	26.8	16	10.8
上海	0.70	0.52	25.5	18	7.5
江苏	0.75	0.56	25.7	18	7.7
浙江	0.72	0.57	21.4	18	3.4
安徽	0.96	0.73	23.8	16	7.8
福建	0.74	0.58	22.3	16	6.3
江西	0.84	0.69	18.3	16	2.3
山东	0.88	0.71	19.9	17	2.9
河南	0.99	0.76	22.7	16	6.7
湖北	1.23	0.80	35.0	16	19.0
湖南	1.21	0.77	36.8	16	20.8
广东	0.64	0.51	21.2	18	3.2
广西	0.95	0.77	18.1	15	3.1
海南	0.80	0.75	6.2	10	-3.8
重庆	0.81	0.62	24.0	16	8.0
四川	1.30	0.80	38.6	16	22.6
贵州	2.36	1.59	32.5	15	17.5
云南	1.42	1.00	29.5	15	14.5
陕西	1.16	0.97	16.5	16	0.5
甘肃	1.78	1.39	21.9	15	6.9
青海	2.87	2.53	12.0	10	2.0
宁夏	3.38	3.26	3.5	15	-11.5
新疆	1.84	2.18	-18.7	10	-28.7

注：(1) GDP按2005年不变价格计算；(2) 西藏的数据不全，故舍去。下同。
资料来源：笔者基于《中国能源统计年鉴》和《中国统计年鉴》估算，见附录二。

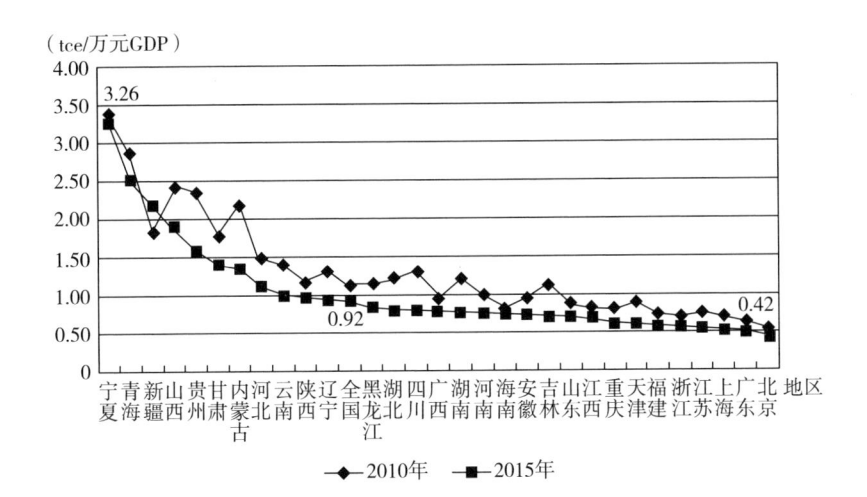

图 6-10　2010 年和 2015 年全国与各省区市能耗指标（按 2015 年排序）

资料来源：同表 6-4。

通过表 6-4，不难发现，"十二五"时期，我国单位产值能耗指标有以下三个特点。

（1）全国平均水平超额完成目标，超出 2.5 个百分点。

（2）绝大部分省区市都超额完成考核目标，但幅度差别巨大，其中，能耗下降率的实际值减去目标值后位于前 4 名的省区市为内蒙古（23.0%）、四川（22.6%）、湖南（20.8%）和吉林（20.3%）。也就是说，这 4 个省区的能源效率提高得最多。

（3）单位产值能耗 2015 年超过 2010 年的有 1 个：新疆提高了 18.7%。宁夏和海南能耗有所下降，但是，还没有达到目标值，尤其宁夏，还差 11.5 个百分点。

第四节　我国低碳绿色经济转型的政策和行动

应对气候变化是全人类面临的共同事业。我国将从基本国情和发展阶段的特征出发，大力推进生态文明建设，推动绿色循环发展和低碳发展，把应对气候变化融入国家经济和社会发展中长期规划，坚持减缓和适应气候变化并重，通过法律、行政、技术、市场等多种手段，全力推进各项工作。我国政府也将一如既往地履行自己在《公约》《巴黎协定》等国际协议中承诺的义务，坚持共同但有区别责任原则、公平原则和各自能力原则，积极承担与我国基本国情、发展阶段和实际能力相符的国际义务，落实国家适当减缓行动及强化应对气候变化行动的国家自主贡献，将充分发挥科技进步在减缓和适应气候变化中的作用，为应对气候变化的可持续发展能力提供强有力的科技支撑；积极参与应对全球气候变化谈判，推动建立公平合理、合作共赢的全球气候治理体系，深化气候变化多边或双边对话交流与务实合作，充分发挥气候变化南南合作基金作用，支持其他发展中国家加强应对气候变化能力建设。

一 建立完善气候变化政策体系，积极参与全球气候治理

1990 年，我国在环境保护委员会下设立国家气候变化协调小组，并于 1994 年通过了《中国 21 世纪议程——中国 21 世纪人口、环境与发展白皮书》，确立了我国 21 世纪可持续发展的总体战略框架和各个领域的主要目标，为减缓全球气候变化做出了积极的贡献。1998 年国务院机构改革过程中，成立国家气候变化对策协调小组，2006 年颁布的《国民经济和社会发展第十一个五年规划纲要》中确定了节能减排的目标任务。

2007 年，成立国家长期应对气候变化领导小组，在致力于发展经济的同时，根据国家可持续发展战略，为应对气候变化和改善生态环境采取了大量措施。同年，国务院发布实施《中国应对气候变化国家方案》，这是我国第一部应对气候变化的政策性文件，全面阐述了在 2010 年前我国应对气候变化的对策，这一举措被认为是我国政府采取积极措施应对气候变化的开端。

2007 年 6 月，我国制定了《应对气候变化科技专项行动》，因为《中国应对气候变化国家方案》明确指出，要依靠科技进步和创新来应对气候变化，把科技工作作为国家应对气候变化的重大措施。同时，也是为了有效落实《国家中长期科学和技术发展规划纲要》所确

立的任务，统筹气候变化科学研究与技术开发，全面提高国家应对气候变化的科技能力，为应对气候变化提供科技支撑。

2009年，是我国应对气候变化的重要转折时期，因为这一年我国政府提出了实施低碳经济发展战略新途径，采取了一系列应对气候变化的政策措施。

2009年8月，国务院《关于应对气候变化工作情况的报告》指出，全球气候变暖是不争的事实，气候变化是人类社会可持续发展面临的重大挑战，强调我国的能源结构以煤为主，能源资源利用效率较低，需求将继续增长。因此，控制温室气体排放面临巨大的压力和困难，必须采取如加强法制建设、建立应对措施、制订国家方案等政策，否则将影响我国的可持续发展。

同时，全国人大常委会通过了《关于积极应对气候变化的决议》，指出人类活动，特别是发达国家工业化过程中的经济活动是造成气候变化的主要人为因素，气候变化是环境问题，也是发展问题。我国必须达成"加强应对气候变化能力建设，为保护全球气候作出新贡献"的要求，采取有力的政策措施，积极应对气候变化。

在2009年5月的哥本哈根气候变化会议上，我国政府为了落实巴厘路线图，就减缓、适应、技术转让、资金支持等提出了如下明确、具体的安排：

（1）确定工业发达国家在《京都议定书》第二承诺期应当承担的大幅度量化减排指标，确保未批准《京都议定书》的工业发达国家承担相应的减排承诺。

（2）做出有效的机制安排，确保工业发达国家切实兑现向发展中国家提供资金、技术转让和能力建设支持的承诺。

（3）在得到工业发达国家技术、资金和能力建设支持的情况下，我国将根据国情且在可持续发展框架下采取适当的适应和减缓行动。我国特别强调，我们的原则为：坚持《公约》和《京都议定书》基本框架，严格遵循巴厘路线图授权，坚持"共同但有区别责任原则"，坚持可持续发展原则以及减缓、适应、技术转让和资金支持应该并重。

2009年11月，我国发表的《中国应对气候变化的政策与行动——2009年度报告》指出，气候变化问题已经成为人类社会可持续发展的重大挑战，越来越受到国际社会的强烈关注，认识到气候变化问题的复杂性及其影响的广泛性，决定在实施可持续发展过程中，积极应对气候变化。

2010年10月，我国公布了《国民经济和社会发展第十二个五年规划纲要》，气候变化议题开始进入中国政策的顶层设计，单位国内生产总值二氧化碳排放（碳排放强度）下降率首次列入"十二五"规划，并成为其中的约束性指标之一。同时，还出台了专门的《"十二五"控制温室气体排放工作方案》。这一时期，我国逐步建立了覆盖减缓和适应两个领域的气候变化政策体系，并由能源、制造、交通和其他行业的具体政策作为支撑与实施路径。这些政策措施构建了一系列特定的、可测量的、有时限的能源和气候变化目标。此外，这些政策措施明确了各部门之间的分工与协作，开始建立碳排放数据收集与监测机制，并不断探索利用市场机制来达成政策目标。

2010年11月，我国谈判代表在墨西哥坎昆气候变化会议中指出，我国高度重视气候变化与此次会议，希望工业发达国家和发展中国家本着"共同但有区别责任原则"，承担自己的责任和义务，积极应对气候变化。我国支持坎昆会议在推进巴厘路线图关于《公约》和《京都议定书》的双轨谈判方面取得实质性进展。我国仍然是发展中国家，但仍会积极应对气候变化，尽最大努力实现经济增长、能耗降低、环境友好和资源节约的目标。

2011年9月，我国在碳收集领导人论坛第四届部长级会议上提出：气候变暖是全世界所面临的共同挑战，我国相当重视气候变化问题，确定到2020年单位国内生产总值二氧化碳排放比2005年下降40%—45%的减排行动目标。这是我国首次做出的量化减排国际承诺。

2013年11月，由国家发展改革委、财政部、农业部等九部门联合编制的我国首部《国家适应气候变化战略》正式发布，这标志着我国首次将适应气候变化提高到国家战略的高度，对提高国家适应气候变化综合能力意义重大。

2014年9月，国家发展改革委印发了《国家应对气候变化规划（2014—2020年）》，要坚持共同但有区别责任原则、公平原则、各自能力原则，深化国际交流与合作，同国际社会一道，积极应对全球气候变化。通过规划实施，到2020年，实现单位国内生产总值二氧化碳排放比2005年下降40%—45%、非化石能源占一次能源消费的比重达到15%左右、森林面积和蓄积量分别比2005年增加4000万公顷和13亿立方米的目标，低碳试点示范取得显著进展，适应气候变化能力大幅提升，能力建设取得重要成果，国际交流合作广泛开展。

2014年11月，中美发表《中美气候变化联合声明》，我国宣布：到2030年左右，将达到二氧化碳排放峰值，并使非化石能源的比重达到20%左右。2015年6月，我国向联合国《公约》秘书处提交了应对气候变化国家自主贡献文件——《强化应对气候变化行动——中国国家自主贡献》。2016年9月，在我国的倡议下，二十国集团发表了首份气候变化问题主席声明，既为推动气候变化《巴黎协定》尽早生效奠定了坚实基础，也为共同搭建经济大国绿色低碳伙伴关系传递了积极信号。同期，全国人大常委会以全票通过，批准我国加入《巴黎协定》，这是我国作为《公约》缔约国完成的国际应对气候变化的积极行动，同时也是我国政府向国内外宣示中国走以增长转型、能源转型和消费转型为特征的绿色、低碳、循环发展道路的决心和态度。

进入"十三五"时期以来，低碳发展和适应气候变化工作进一步加强。2016年，国务院制订实施了《"十三五"控制温室气体排放工作方案》，要求到2020年，单位国内生产总值二氧化碳排放比2015年下降18%，碳排放总量得到有效控制。地方分解控制目标，部门落实政策措施，行业企业创新发展，社会公众积极参与。

目前我国正处于"十三五"时期，经济发展进入了新常态，并将创新、协调、开放、绿色、共享作为"十三五"时期指导经济社会转型发展的五大理念。"十三五"时期是低碳、绿色经济转型发展的关键期。我国提出的自主贡献目标，很多已经纳入各部门、各地区的"十三五"规划目标中，并开始实现对国民经济和社会低碳、绿色经济转型发展的引导。这些目标既包括宏观经济结构调整、发展可再生能源、降低能源和碳强度、节能提效、煤炭消费总量控制、森林碳汇、全国碳市场建设的目标等,还包括全国低碳试点、适应型城市建设等目标。可以预见,我国应对气候变化工作不仅会在更广泛的领域开展实施,更会在实施的深度、质量和效率等方面得到全面提升。

二 制定法律法规,完善应对气候变化管理体制

为了健全相关法律法规体系,并完善应对气候变化管理体制和工作机制,我国采取了以下相关行动。

(一) 制定相关法规和重大政策文件

为了加强对于气候变化的治理能力,完善应对气候变化之相关法律法规,我国制定或修订了《可再生能源法》《循环经济促进法》《节约能源法》《清洁生产促进法》《水土保持法》《海岛保护法》等相关法律;同时颁布了《民用建筑节能条例》《公共机构节能条例》《抗旱条例》《固定资产投资节能评估和审查暂行办法》《高耗能特种设备节能监督管理办法》《中央企业节能减排监督管理暂行办法》等,并展开了应对气候变化立法的前期研究工作。

另外,为贯彻实施《国家应对气候变化战略》,31个省区市已编制完成应对气候变化方案。同时,国家相关部门也相继颁布关于海洋、气象、环保等领域的行动计划与工作方案,制定了符合"十三五"规划目标的政策文件,如《可再生能源中长期发展规划》《核电中长期发展规划》《煤炭清洁高效利用行动计划(2015—2020年)》《煤炭工业发展"十三五"规划》《天然气发展"十三五"规划》《绿色小水电评价标准》《全国造林绿化规划纲要(2016—2020年)》等。

(二) 完善管理体制和工作机制

为了加强自身的治理能力,我国建立了统一领导、相关部门分工负责,以及各地方各行业广泛参与的管理体制和工作机制。2007年,我国成立了国家应对气候变化领导小组,国务院总理担任组长,20个相关部门的部长为成员,国家发展改革委负责领导小组的具体工作。同时,于2008年设立了应对气候变化司,负责统筹协调与管理应对气候变化工作。2010年,在国家应对气候变化领导小组这一架构内设立协调联络办公室,加强部门之间的协调与配合。另外,各省区市也建立应对气候变化的工作领导小组和专门的工作机构。

三 积极应对气候变化行动

在可持续发展框架下,减缓温室气体排放以应对气候变化所带来的影响和冲击,是我国的必然选择。因此,为应对气候变化这一环境挑战,我国采取相关行动,走低碳、绿色、高效的可持续发展途径。

(一) 在减缓气候变化行动方面

我国积极推动减缓气候变化的行动,从调整经济结构、转变发展方式、大力节约能源、提高能源利用效率、优化能源结构、加强林业建设等方面,采取了如下行动:①调整经济结构,促进产业结构优化升级;②积极发展循环经济,促进温室气体减排;③大力节约能源,提高能源利用效率;④强化经济激励手段,推广节能产品;⑤广泛动员,推进全民节能行动;⑥发展低碳能源,优化能源结构;⑦减少农业温室气体排放;⑧推动植树种草,增强碳汇能力;⑨加大新技术研发推广力度,科学应对气候变化。

在上述九大方向影响下,针对土地的荒漠化和沙化的现象,我国采取的具体做法为:增加森林碳汇,提高农田与草地碳汇。在增加森林碳汇方面,继续实施"三北"重点防护林工程、长江中下游地区重点防护林工程、退耕还林工程、天然林保护工程、京津冀风沙源治理工程等生态建设项目,展开碳汇造林试点,加强林业经营及可持续管理,提高森林蓄积量。2010年6月,通过了《全国林地保护利用规划纲要(2010—2020年)》,确定未来十年林地保护利用的主要任务,实行林地分级管理,建立林地保护管理新机制。另外,在治理沙化方面,颁布了《省级政府防沙治沙目标责任考核办法》,加强了防沙治沙工作;同时积极深入城市进行造林行动,加快建设城市森林生态屏障,增加碳汇。

至于提高农田和草地碳汇,在草原牧区,落实草畜平衡和禁牧、休牧、划区轮牧等草原保护制度,控制草原载畜量,防止草原退化。同时,扩大退牧还草工程实施范围,加强人工饲草地和灌溉草场的建设;并加强草原灾害防治,提高草原覆盖度,增加草原碳汇。

（二）在适应气候变化行动方面

我国积极实施适应气候变化行动，增强在农业、森林与其他自然生态系统、水资源等领域，以及海岸带及沿海等脆弱地区的适应气候变化能力。

1. 针对粮食生产不稳定的行动

由于气候变化造成粮食生产不稳定、农业生产结构与布局剧变以及农业成本增加等冲击，所以，我国制定实施了一系列有利于农业适应气候变化的政策法规，例如：制定《抗旱条例》和《水生生物增殖放流管理规定》，修订《草原防火条例》，实施《保护性耕作工程建设规划（2009—2015年）》《热带作物种植资源保护工作方案》《热带作物病虫害监测与防控工作方案》《植物新品种保护项目管理暂行办法》《农业转基因生物安全项目管理暂行办法》《超级稻新品种选育与示范项目管理办法》等，形成了农业领域适应气候变化的政策法规体系。另外，推广高效能节水灌溉技术和旱作节水技术，增强农业防灾抗灾减灾和综合生产能力；增加优良品种补贴，优化品种结构，实施优势农产品区域布局规划等。目前，我国主要农作物良种覆盖率达到95%以上，良种对粮食增产贡献率达到40%左右。[①]

2. 针对水资源短缺与分配不均的行动

为了减缓水资源对于气候变化的脆弱性，造成水资源短缺而形成供需失衡，我国公布实施了一系列政策法规，强化对水资源的统一管理与保护。比如，2008年实施了《取水许可管理办法》，加强水资源管理，建设节水型社会，全面促进节水减排。2009年2月，国务院颁布了《抗旱条例》，加强流域管理和水资源调度工作；同时，颁布了《黑河干流水量调度管理办法》《小型水库安全管理办法》等。另外，加强了水利工程建设，自2009年以来，先后建设了一批流域性防洪重点工程，加强水土流失治理的能力，并用三年时间完成有问题的大中型以及重点小型水库的加固和维修任务目标。

---

① 国家发展改革委：《中国应对气候变化的政策与行动——2013年度报告》。

3. 针对海平面上升以及海岸线后退的行动

自 2008 年以来，我国建立了海洋领域应对气候变化业务工作体制，并编制了《海岸保护与利用规划》《海平面变化影响调查评估工作方案》《海洋领域应对气候变化观测（监测）能力建设项目建议书》《海洋领域应对气候变化年度报告》等。近些年来，陆续颁布了一系列的法规与政策文件。

在海域使用管理方面，制定《海岛保护法》，发布了《关于加强围填海规划计划管理的通知》。

在海洋环境保护方面，制定了《防治海洋工程建设项目污染损害海洋环境管理条例》《关于进一步加强海洋环境监测评估工作的意见》《关于进一步加强海洋生态保护与建设工作的若干意见》《风暴潮、海浪、海啸和海冰灾害应急预案》《海上风电开发建设管理办法》。

在预报海洋灾害方面，颁布了《全国海洋预警报会商规定》，发布了《关于进一步加强海洋预报减灾工作的通知》。另外，国家海洋局积极展开海平面变化监测工作；严格控制围填海规模，并展开海岸带和重点海岛整治修复工作，比如滨海湿地退养还滩等海洋生态恢复示范工程；同时展开海平面上升、海岸侵蚀、海水入侵和土壤盐渍化监测、调查和评估工作。

4. 应对频繁的极端气候事件的行动

为了减少极端气候事件对人民群众的生命财产和生活质量造成重大损失，气象部门发布实施了《天气研究计划（2009—2014 年）》《气候研究计划（2009—2014 年）》《应用气象研究计划（2009—2014 年）》《组合气象观测研究计划（2009—2014 年）》，并印发了《中国气候观测系统实施方案》，加强对于气候变化的监测、预估、评估工作。同时，建立了第一代短期气候预测模式系统，研发新的全球气候系统模式，展开气候变化对粮食安全、水安全、生态安全、人体健康安全等多方面影响的评估工作。

四 地方、行业低碳试点行动

环境政策工具通常有四种类型：①命令和控制（如禁止的活动

和做法，或要求使用特定技术）；②市场工业即经济激励和市场机制（如排放税和贸易）；③国家直接行动和参与（如补贴或投资）；④教育和宣传。每种工具都有利弊。一般的共识是：命令和控制能产生立竿见影的效果，但通常成本很高，因为它们对所有企业施加相同的标准，而不考虑企业的表现和能力。市场工具的共识是：对于企业更灵活，成本更低，因为它们鼓励和奖励有能力的企业进行创新，从而不断降低减排的总体成本。但这些奖励或以市场为基础的工具不能在没有透明信息的条件下运营。以前，我国使用第一种和第三种工具较多，随着市场、法制的完善以及认识的提高，第二种和第四种工具的使用也越来越普遍。为了实施低碳发展，我国开始使用经济激励措施和市场机制，如碳排放交易试点、低碳城市试点等（见表6-5）。

表6-5　　　　　　　　我国国家级低碳试点方案简述

方案	推出时间	主管政府部门	目标
首批低碳试点省市	2010年7月	国家发展改革委	5省8市
碳排放交易试点	2011年6月	国家发展改革委	7省市
绿色和低碳试点小镇	2011年	财政部、建设部、国家发展改革委	7个小城镇
低碳运输系统试点	2011年，2012年	交通部	26个城市
第二批低碳试点省区市	2012年12月	国家发展改革委	27个城市、1个地区、1个省（海南）
试行低碳产品认证	2013年2月	国家发展改革委、认监委	未知
首批低碳工业园区试点	2014年5月	国家发展改革委、工信部	55个城市通过审核
低碳社区试点	2014年	国家发展改革委	1000个

资料来源：张乐因：《反思中国的低碳战略》，2015年1月。

至今，我国已推出7个指定碳排放交易试点，预计调节二氧化碳十亿吨（或约占10%的中国年总排放量）。然而，2014年年初，每吨二氧化碳的交易价格相差很大，深圳高达80元，北京为55元，湖北为 20 元左右。这是由于信息的缺乏：在大多数碳排放交易试点市场，只透露总体上限的大小，而不是上限如何决定、配额发放的数量和哪些企业有配额，从而"很难理解到底是什么在决定价格"。通过这些低碳交易、行业、城市试点，探索了一些更有效的管理机制，为建立全国统一的碳排放交易市场提供了经验。

第七章　我国绿色经济转型水平评价与区域比较

经过 1978—2016 年近 40 年的改革开放，我国经济快速发展，年均增长率达到 9.6%，成为世界上第二大经济体，人民的生活福祉得到了极大的改善，但不可否认的是，也带来了生态破坏、环境污染、资源耗竭、温室气体排放，以及发展不均衡等问题。为实现社会经济的可持续发展，实施绿色经济转型是必需的。党的十八大站在历史和全局的战略高度，从经济建设、政治建设、文化建设、社会建设和生态文明建设五个方面，制定了新时代统筹推进"五位一体"总体布局的战略目标。2013 年，党的十八届三中全会通过的《中共中央关于全面深化改革若干重大问题的决定》，将深化生态文明体制改革提到了新的战略高度。生态文明建设是推进绿色经济发展的制度保障。2015 年，党的十八届五中全会审议通过的《国民经济和社会发展第十三个五年规划建议》首次提出了创新、协调、绿色、开放、共享的五大新发展理念。我国各级政府和各行业都在不遗余力地进行绿色经济转型实践探索，由于各个产业发展的特点、耗能强度以及各地区资源禀赋的差异，绿色经济转型的程度以及转型过程面临的困境也是有差异的。因而，有必要对各地区的绿色经济转型水平进行评价，以便为未来各地区的可持续转型提供有实证研究论据的政策建议。

第一节　绿色经济转型评价指标体系构建

对于绿色经济发展评价，已有不少研究，但每个评价指标体系的

第七章　我国绿色经济转型水平评价与区域比较

构建都有各自的研究目标，如联合国开发计划署发布了《2016年中国城市可持续发展报告：衡量生态投入与人类发展》（联合国开发计划署，2016），该报告针对城市可持续发展转型的目标，强调了同步统筹人类发展和环境影响的重要性，从生态投入和人类发展两个层面建立了城市可持续发展指数。

本书所说的绿色经济转型属于经济发展的动态过程度量，要求经济发展既要保证稳定的经济增长，又要符合绿色，即生态环境资源可持续利用。因此，笔者提出的绿色经济转型指数（Green Economy Transition Index，GETI）旨在衡量经济增长过程中的绿色化程度，体现了经济与生态、资源和环境协调程度、发展包容程度及未来可持续发展的潜力。这里主要从经济社会包容发展、生态环境资源质量和绿色经济转型潜力三个维度构建绿色经济转型评价指标体系（见表7-1），来评价我国及各省区市的绿色经济转型程度。基础指标的选择原则主要基于指标的权威性、稳定性及数据的可获得性、一致性，尽量减少指标之间的相关性。

表7-1　　　　　　　　　绿色经济转型评价指标体系

绿色经济转型指数					
三个维度	经济社会包容发展		生态环境资源质量		绿色经济转型潜力	
六个视角	经济稳定增长	社会包容发展	生态环境质量	资源可利用	资源利用效率	技术创新
基础指标名称	人均GDP	城乡居民可支配收入比	人均二氧化碳排放量	人均用电量	单位GDP能耗	研发投入占GDP比重
	经济年均增长率	基尼系数	人均二氧化硫排放量	人均生活用水量	单位GDP水耗	万人专利申请授权数

表7-1从六个视角分别衡量经济社会包容发展、生态环境资源质量和绿色经济转型潜力，较为系统地体现了经济发展与社会发展、生态环境与资源之间的关系，以及未来转型的潜力空间，全面反映了绿色经济转型的内涵。下面分别简述各个维度所体现的绿色经济转型

的理念和特征。

一 经济稳定增长和社会包容发展：经济社会包容发展指数

经济社会包容发展指数表征绿色经济转型的两大目标：经济稳定增长和社会包容发展，即经济发展成果惠及所有地区、所有人群，在可持续发展中实现经济社会协调发展。从经济稳定增长和社会包容发展两个维度来衡量经济社会包容发展指数，经济稳定增长利用最常用的人均 GDP 和经济年均增长率两个指标表示。社会包容发展反映公平分配资源和共享发展成果的水平，亦即体现五大新发展理念的"共享发展"，用城乡居民可支配收入比即城镇居民可支配收入与农村居民可支配收入比和基尼系数表示，前者表示城乡差别，因为我国的二元经济结构还比较明显；后者测算全体居民的收入差距。① 但是，由于各省区市基尼系数数据空缺太多，收集到的数据也缺乏统一性，在最终指数估算时忽略了基尼系数这个指标。

二 环境资源可持续使用：生态环境资源质量指数

生态环境资源质量指数表征绿色经济转型的环境、资源代价，或者说转型期望达到的生态环境资源质量，将从生态环境质量和资源可利用两个维度来度量。生态环境质量可从水、空气和土地三个方面来反映，但考虑到指标数据的可获得性和准确性，这里仅考虑反映空气质量和气候变化的两个指标：人均二氧化硫排放量和人均二氧化碳排放量，因为污水排放量和土地重金属污染数据缺乏一致性和不可获取等，所以，我们认为，二氧化硫排放量和二氧化碳排放量基本上反映了本地的生态环境质量和气候变化问题。资源可利用反映对资源的可获得性，其中人均用电量和人均城乡居民生活用水量是国际公认的衡

---

① 基尼系数（Gini Coefficient），是比例数值，在 0—1 之间。在居民收入中，基尼系数最大为 1，最小为 0。取值为 1 时表示居民之间的该年收入分配绝对不平均（该年所有收入都集中在一个人手里，其余的国民没有收入），而取值为 0 则表示居民之间的该年收入分配绝对平均，即人与人之间收入绝对平等，基尼系数的实际数值只能介于这两种极端情况即 0—1 之间。基尼系数越小，说明年收入分配越平均；基尼系数越大，说明年收入分配越不平均。

量人们体面生活的最主要指标。① 近几年来，随着生态系统服务在应对气候变化中的作用越来越突出，人均拥有生态资本价值成为一个反映生态环境资源质量的主要指标，但是，目前学术界还没有统一的估计方法，指标值存在不确定性，故本书不考虑该指标。

三 绿色经济转型动能：绿色经济转型潜力指数

绿色经济转型是一个长期的过程，需要对未来有规划布局和投入，因而，在评价绿色经济转型时，既要分析现状，又要基于当前的投入和政策，分析未来转型的潜能。绿色经济转型动能是经济社会发展和生态环境资源可持续的推动力。一般而言，绿色经济转型驱动包括政府和市场两种手段，体现为公共环保政策实施、资金投入和技术创新等。绿色经济转型要同时发挥政府和市场的作用，其中在转型初期，政府的引导作用尤为关键。政府部门通过有针对性地制定绿色政策，能够有效地推进产业绿色化，引导经济向绿色经济转型。同时，绿色经济转型又需要积极发挥市场的资源配置的基础性作用，以市场促进经济结构的绿色调整，并且应发挥科技创新的作用，形成可持续的绿色经济。

同样，考虑到指标数据的可利用和评价指数的简洁、明晰，我们从资源利用效率和技术创新两个维度衡量绿色经济转型潜力指数。资源利用效率反映当前的资源效率水平和未来提升的潜力空间，主要考虑水和能源消费，分别用单位 GDP 水耗和单位 GDP 能耗两个指标来表示。技术创新主要考虑研发投入和科技产出，由于很难从全社会研发投入中区别出绿色科技投入，所以，我们这里直接用全社会研发投入（R&D）占 GDP 比重和万人专利申请授权数两个指标来表示技术创新水平。

第二节 绿色经济转型指数估算和评价

任何评价指标综合指数的估算一般都包括两个步骤：一是指标的

---

① 对于人均用电量，这里的目的是反映资源的可利用性，应该用人均生活用电量更合适，但是，由于缺失数据较多，故考虑用人均用电量。

归一化（或称作标准化）处理；二是权重的确定。指标归一化处理就是为了可比性，对各种不同量纲指标值进行无量纲化处理，通过最大最小值方法对基础指标进行归一化，最终使每个指标的取值都介于 0—1 之间。具体方法如下：

一 指标预处理：归一化方法

正向指标估算：

$$Y_{ijk} = \frac{X_{ijk} - X_{\min}}{X_{\max} - X_{\min}} \tag{7.1}$$

逆向指标估算：

$$Y_{ijk} = \frac{X_{\max} - X_{ijk}}{X_{\max} - X_{\min}} \tag{7.2}$$

式中，X_{ijk} 和 Y_{ijk} 分别表示指标的实际值和指标归一化后的值。

二 综合指数的估算：权重的确定

对于各级综合评价指数，利用多指标加权方法估算如下：

绿色经济转型指数（GETI）：

$$GETI = \sum_{i=1}^{m} w_i P_i \tag{7.3}$$

一级分指标综合指数 P_i（$i=1,\cdots,m$；m 为一级指标数）估算：

$$P_i = \sum_{j=1}^{n} w_{ij} T_{ij} \tag{7.4}$$

二级分指标综合指数 T_{ij}（$i=1,\cdots,m$；$j=1,\cdots,n$），即一级分指数 P_i 下的二级分指数 T_{ij} 估算：

$$T_{ij} = \sum_{k=1}^{s} w_{ijk} Y_{ijk} \tag{7.5}$$

式中，m 表示一级分指数 P_i 的个数；w_i 表示第 i 项一级分指数 P_i 在综合指数——绿色经济转型指数中的权重（这里，m 为 3）；n 表示第 i 项一级分指数 P_i 中的二级分指数 T_{ij} 的个数；w_{ij} 表示该二级分指数的权重；s 表示第 ij 项二级分指数 T_{ij} 中的基础指标个数；w_{ijk} 表示其权重。

指标权重的设定有多种方法，根据研究问题的需要而定。如果各层级指标指数和基础指标具有相对一致的重要性，一般采取等权重方法。客观上说，各维度都同等重要，否则构建时就不考虑权重了。相关研究表明，当存在 m 个评价主体分别对 n 个子指标的赋权信息时，评价主体间差异最小化的最优权重为这 m 个权重向量的算术平均值；当不存在评价主体对 n 个子指标的赋权信息时，对这些子指标赋予同样的权重，是使大量评价主体在最大可能出现分歧情形时评价差异最小化的近似最优赋权方法。

因此，我们这里对各个基础指标都进行了均权处理，对于综合指数——绿色经济转型指数，每个基础指标都有 1/12 的权重，即 12 个基础指标分别按照等权重合成六个二级指标，如经济稳定增长是由 50% 的人均 GDP 与 50% 的经济年均增长率之和；6 个二级指标按照等权重合成 3 个一级指标，然后，3 个一级指标等权重最终合成综合指数——绿色经济转型指数。

需要指出的是，尽管这里构建的绿色经济转型评价指标体系采用的是等权重计算方法，但是，随着三个维度相对重要性发生变化，如生态环境资源质量问题对绿色经济转型的紧迫性发生变异，根据各地区在生态系统服务功能中发挥的作用不同，生态环境资源质量部分的权重应该是不同的。今后通过不断的实践总结，建立一套可扩充的动态指标体系是很有必要的，这样，可以更为准确地反映各维度在绿色经济转型中的作用。

第三节　中国及省区市绿色经济转型评价指数估算结果

根据第二节介绍的综合指数估算方法对各省区市的各级分指数和综合指数进行估算，在估算前，对基础指标数据进行预处理是必要的。考虑到数据的可利用性，我们的研究时期为 2000—2016 年，除了二氧化碳排放量，绿色经济转型评价指标体系涉及的所有其他数据都源于历年《中国统计年鉴》《中国能源统计年鉴》和国家知识产权局网站（专利申请授权数指标）。① 全国二氧化碳排放量引用国际能源署（IEA）网站数据②，各省区市二氧化碳排放量数据由笔者估算。2000—2016 年中国及各省区市碳排放总量、人均碳排放量、单位 GDP 能源消耗强度、单位 GDP 碳排放强度、单位 GDP 用水强度这些基础指标数据在附录二中列出。

一 省区市碳排放量估算

根据《中国能源统计年鉴》中各省区市的"能源平衡表（实物量）"的分类及相关说明，考虑到各省区市能源消费中对于能源分品种的种类有些差异，为了保持数据的一致性和可利用性，本章计算了煤炭、焦炭、原油、汽油、煤油、柴油、燃料油、液化石油气（LPG）、天然气和电力十种能源类型。

根据 IPCC 提供的温室气体排放清单估算参考方法，得到以下二氧化碳排放的估算公式（在由碳排放量换算成二氧化碳排放量时，需要乘以系数 44/12）：

$$\begin{aligned} C &= \sum_i C_i \\ &= \sum_i EQ_i \times TEF_i \times CEF_i \ (i \text{ 表示能源种类}, i = 1, \cdots, 10) \end{aligned}$$

(7.6)

式中，C 表示估算的碳排放量；$i = 1, 2, \cdots, 9$，代表能源种类（这里包括煤炭、焦炭、原油、汽油、煤油、柴油、燃料油、液化石油气、天然气），但不包含电力，因为电力为二次能源，没有直接碳排放，但是，在估算间接碳排放量时需要纳入；EQ_i 表示能源 i 的消费量（单位：万吨或亿立方米）；TEF_i 表示能源 i 的折标煤系数；CEF_i 表示单位能源 i 的碳排放系数。

各种能源折标煤系数和碳排放系数如表 7-2 所示，但不包含煤炭的折标煤系数。这是因为煤炭是原煤、洗精煤、型煤等品种的合计量，因而，每年其折标煤系数是不一样的，笔者根据全国终端能源消

---

① 国家知识产权网站，https：//www.cnipa.gov.cn/。
② IEA, CO$_2$ Emissions from Fuel Combustion Hights.pdf, https：//www.iea.org/.

费（实物量和标准量）进行估算，得到煤炭每年折标煤系数的平均值。同样，对于电力的间接碳排放量估算，因为我国的火电含量比重是变化的，因此，每年终端供电端碳排放系数也是变化的，2000—2016年中国平均煤炭折标煤系数和供电碳排放系数见表7-3。对于电力碳排放系数的具体测算，可参考有关文献（蒋金荷，2014）。

表7-2　　　　各种能源折标煤系数和碳排放系数

能源	折标煤系数	排放系数（kgC/kgce）
焦炭	0.9714（kgce/kg）	0.8542
原油	1.4286（kgce/kg）	0.5851
汽油	1.4714（kgce/kg）	0.5656
煤油	1.4714（kgce/kg）	0.5708
柴油	1.4571（kgce/kg）	0.5915
燃料油	1.4286（kgce/kg）	0.6179
液化石油气	1.7143（kgce/kg）	0.5037
天然气	1.3300（kgce/m^3）	0.4478
煤炭		0.7476

资料来源：笔者基于国家统计局数据修正。

表7-3　　2000—2016年中国平均煤炭折标煤系数和供电碳排放系数

年份	电力排放系数（gCO$_2$/kWh）	煤炭折标煤系数（kgce/kg）	年份	电力排放系数（gCO$_2$/kWh）	煤炭折标煤系数（kgce/kg）
2000	874	0.7464	2009	812	0.7268
2001	856	0.7320	2010	776	0.6813
2002	876	0.7750	2011	793	0.7312
2003	902	0.8194	2012	783	0.7383
2004	879	0.8340	2013	769	0.6937
2005	874	0.8327	2014	704	0.6921
2006	870	0.8055	2015	669	0.7024
2007	817	0.7748	2016	651	0.7155
2008	801	0.7737			

根据式（7.6）和表 7-2 与表 7-3 的系数，我们估算出了各省区市 2000—2016 年（西藏自治区由于数据缺失，没有估计。下同）碳排放数据以及能源消费强度、水耗强度等指标（见附录二）。

二 指标数据归一化处理和评价指数估算

为了分析各种分级指数在不同年份的变化趋势，我们在对每个基础指标的数值进行归一化处理后，再估算每年的综合指数。表 7-1 构建的绿色经济转型体系所包括的基础指标数据中，人均二氧化硫排放量、人均二氧化碳排放量、城乡居民可支配收入比、基尼系数、单位 GDP 能耗、单位 GDP 水耗这些指标为逆指标，即指标值越小越好；其余均为正指标，指标值越大越好。

考虑到篇幅所限，笔者仅分别列出 2000 年、2005 年、2010 年和 2016 年 4 个时间序列数据进行各种级别综合指数的测算，以更好地体现绿色经济转型的动态变化。表 7-4 至表 7-7 分别给出了 2000 年、2005 年、2010 年、2016 年中国及各省区市（西藏除外，下同）的绿色经济转型指数（GETI）、经济社会包容发展指数（ESDI）、生态环境资源质量指数（ERPI）和绿色经济转型潜力指数（GTPI）发展变化及排序变化情况。

表 7-4　全国及各省区市绿色经济转型指数发展变化及排序变化情况

	2000 年	排序	2005 年	2010 年	2016 年	排序
全国	0.462	—	0.461	0.502	0.574	—
北京	0.646	1	0.666	0.721	0.793	1
上海	0.562	2	0.610	0.680	0.748	3
江苏	0.552	3	0.558	0.630	0.705	4
广东	0.544	4	0.559	0.608	0.688	6
浙江	0.540	5	0.560	0.645	0.751	2
福建	0.535	6	0.521	0.561	0.668	7
海南	0.513	7	0.520	0.536	0.581	12
天津	0.497	8	0.538	0.591	0.688	5
湖北	0.491	9	0.490	0.553	0.638	8
黑龙江	0.489	10	0.510	0.548	0.536	20

续表

	2000 年	排序	2005 年	2010 年	2016 年	排序
河南	0.482	11	0.467	0.506	0.568	16
湖南	0.479	12	0.487	0.545	0.578	14
江西	0.477	13	0.493	0.549	0.589	11
辽宁	0.474	14	0.489	0.527	0.496	25
山东	0.474	15	0.488	0.523	0.566	18
吉林	0.472	16	0.489	0.549	0.570	15
河北	0.466	17	0.463	0.485	0.525	21
安徽	0.450	18	0.464	0.543	0.590	10
广西	0.439	19	0.456	0.540	0.567	17
四川	0.438	20	0.474	0.531	0.580	13
陕西	0.435	21	0.412	0.477	0.541	19
重庆	0.421	22	0.442	0.528	0.622	9
内蒙古	0.414	23	0.408	0.404	0.506	23
青海	0.409	24	0.406	0.495	0.511	22
山西	0.385	25	0.366	0.438	0.463	29
甘肃	0.369	26	0.367	0.420	0.460	30
云南	0.363	27	0.364	0.454	0.502	24
新疆	0.357	28	0.373	0.448	0.488	27
贵州	0.316	29	0.337	0.395	0.489	26
宁夏	0.295	30	0.317	0.409	0.471	28

表 7-5　全国及各省区市经济社会包容发展指数发展变化及排序变化情况

	2000 年	排序	2005 年	2010 年	2016 年	排序
全国	0.464	—	0.433	0.459	0.555	—
上海	0.650	1	0.669	0.703	0.772	2
江苏	0.647	2	0.639	0.648	0.736	4
北京	0.612	3	0.636	0.722	0.722	5
浙江	0.605	4	0.604	0.654	0.743	3
天津	0.598	5	0.675	0.744	0.861	1
福建	0.563	6	0.519	0.563	0.673	6
辽宁	0.562	7	0.582	0.634	0.483	27

续表

	2000年	排序	2005年	2010年	2016年	排序
河北	0.559	8	0.559	0.556	0.593	16
黑龙江	0.548	9	0.547	0.632	0.614	12
山东	0.545	10	0.568	0.568	0.645	8
吉林	0.538	11	0.533	0.630	0.650	7
河南	0.535	12	0.489	0.521	0.613	13
内蒙古	0.529	13	0.571	0.427	0.580	18
海南	0.523	14	0.501	0.545	0.598	15
湖北	0.523	15	0.493	0.578	0.645	9
广东	0.522	16	0.478	0.539	0.628	11
江西	0.520	17	0.517	0.584	0.612	14
山西	0.519	18	0.464	0.526	0.494	25
安徽	0.464	19	0.427	0.563	0.585	17
宁夏	0.464	20	0.412	0.520	0.549	21
湖南	0.457	21	0.455	0.534	0.569	20
四川	0.403	22	0.473	0.548	0.569	19
广西	0.391	23	0.348	0.467	0.525	22
重庆	0.367	24	0.354	0.514	0.634	10
甘肃	0.355	25	0.273	0.332	0.384	30
陕西	0.345	26	0.297	0.444	0.506	24
青海	0.345	27	0.342	0.457	0.484	26
新疆	0.343	28	0.418	0.531	0.523	23
贵州	0.290	29	0.222	0.299	0.450	28
云南	0.190	30	0.168	0.361	0.450	29

表7-6　　全国及各省区市生态环境资源质量指数发展变化及排序变化情况

	2000年	排序	2005年	2010年	2016年	排序
全国	0.481	—	0.470	0.492	0.544	—
北京	0.627	1	0.631	0.628	0.677	6
广东	0.627	2	0.677	0.678	0.720	1
海南	0.604	3	0.620	0.584	0.637	8

续表

	2000年	排序	2005年	2010年	2016年	排序
青海	0.587	4	0.540	0.602	0.588	13
福建	0.574	5	0.558	0.577	0.691	4
新疆	0.573	6	0.418	0.418	0.513	20
湖南	0.562	7	0.573	0.594	0.601	10
广西	0.558	8	0.603	0.673	0.663	7
浙江	0.552	9	0.551	0.622	0.713	2
江苏	0.548	10	0.523	0.594	0.634	9
黑龙江	0.543	11	0.538	0.520	0.474	23
江西	0.521	12	0.512	0.563	0.597	12
湖北	0.521	13	0.517	0.546	0.678	5
上海	0.521	14	0.576	0.636	0.692	3
云南	0.512	15	0.499	0.535	0.538	16
河南	0.483	16	0.460	0.489	0.536	17
吉林	0.471	17	0.465	0.520	0.527	18
四川	0.467	18	0.479	0.512	0.587	14
安徽	0.466	19	0.503	0.544	0.578	15
重庆	0.446	20	0.478	0.526	0.601	11
甘肃	0.445	21	0.427	0.461	0.482	22
河北	0.440	22	0.402	0.421	0.450	25
陕西	0.438	23	0.412	0.420	0.484	21
辽宁	0.430	24	0.394	0.409	0.445	26
山东	0.424	25	0.406	0.435	0.426	28
内蒙古	0.411	26	0.292	0.337	0.443	27
天津	0.403	27	0.395	0.411	0.459	24
贵州	0.391	28	0.425	0.445	0.517	19
宁夏	0.386	29	0.289	0.294	0.393	30
山西	0.316	30	0.249	0.324	0.404	29

表7-7 全国及各省区市绿色经济转型潜力指数发展变化及排序变化情况

	2000年	排序	2005年	2010年	2016年	排序
全国	0.441	—	0.482	0.556	0.624	—
北京	0.698	1	0.731	0.814	0.980	1
陕西	0.521	2	0.527	0.565	0.632	8
上海	0.514	3	0.586	0.701	0.781	3
天津	0.489	4	0.545	0.618	0.744	5
广东	0.485	5	0.521	0.608	0.715	6
福建	0.467	6	0.487	0.542	0.641	7
浙江	0.464	7	0.525	0.660	0.796	2
江苏	0.463	8	0.513	0.648	0.746	4
山东	0.454	9	0.488	0.566	0.626	10
重庆	0.450	10	0.494	0.544	0.631	9
四川	0.443	11	0.469	0.534	0.585	13
辽宁	0.431	12	0.492	0.536	0.561	15
湖北	0.429	13	0.458	0.534	0.590	12
河南	0.429	14	0.453	0.509	0.554	17
安徽	0.420	15	0.460	0.522	0.607	11
湖南	0.418	16	0.433	0.508	0.564	14
海南	0.412	17	0.438	0.480	0.509	24
吉林	0.407	18	0.469	0.498	0.534	18
河北	0.399	19	0.429	0.480	0.532	19
江西	0.390	20	0.452	0.501	0.558	16
云南	0.387	21	0.424	0.466	0.517	21
黑龙江	0.377	22	0.445	0.493	0.520	20
广西	0.367	23	0.417	0.480	0.513	23
山西	0.320	24	0.385	0.465	0.491	27
甘肃	0.308	25	0.402	0.466	0.514	22
内蒙古	0.301	26	0.362	0.448	0.496	26
青海	0.296	27	0.335	0.427	0.461	29
贵州	0.267	28	0.365	0.441	0.502	25
新疆	0.156	29	0.283	0.396	0.427	30
宁夏	0.037	30	0.251	0.413	0.471	28

第四节 中国及省区市绿色经济转型评价和比较分析

根据表 7-4、表 7-5、表 7-6 和表 7-7 的评价指数，下面简要地阐述影响绿色经济转型指数发生变化的主要因素和区域发展变化差异的比较分析。

一 绿色经济转型指数的变化分析

根据表 7-4 至表 7-7 的估算结果，首先给出 2000 年、2010 年和 2016 年的绿色经济转型指数变化趋势（见图 7-1），再计算出 2016 年与 2000 年的绿色经济转型指数及 3 个一级分指标指数（经济社会包容发展指数、生态环境资源质量指数和绿色经济转型潜力指数）的变化情况。

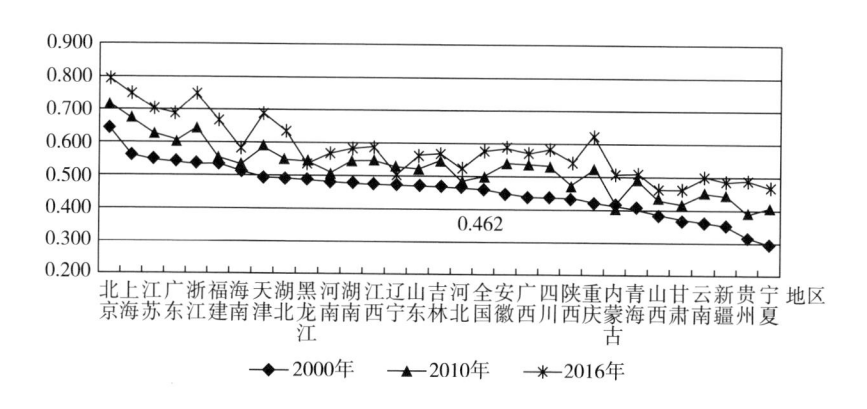

图 7-1 绿色经济转型指数三个时间段的变化情况（以 2000 年值排序）

图 7-1 与表 7-4 表明了各省区市绿色经济转型指数从 2000—2016 年的变化情况。总体上看，绿色经济转型指数都有不同程度的提高，绝大部分省区市从 2000—2010 年再到 2016 年都是逐步提高的，但是，也有少数几个省区市出现了波动。例如，2010—2016 年，黑龙江、辽宁是降低的，2000—2010 年，内蒙古也是降低的。2016 年，

绿色经济转型指数最好的 10 个省区市是北京、浙江、上海、江苏、天津、广东、福建、湖北、重庆和安徽。可见，绿色经济转型指数表现出明显的区域特征，水平高的省区市基本上都集中在沿海地区和东部地区。

在研究期内，各省区市绿色经济转型指数的差异也是明显的，首先是排序发生变化，除了第 1 名北京没有变化，其中前十名内排序位置变动最大的有 4 个省市：海南由第 7 名下降到第 12 名，黑龙江由第 10 名下降到第 20 名，安徽由第 18 名上升到第 10 名，重庆由第 22 名上升到第 9 名。全国平均水平的位置基本不变（第 11 名与第 12 名）。

图 7-2 给出了各省区市绿色经济转型指数在研究期内变化量（2016 年与 2000 年绿色经济转型指数值之差）的差异。显然，2000—2016 年，绿色经济转型指数，浙江提高幅度最大（0.210），辽宁变化最小（0.022），几乎没有提高。超过全国平均水平（0.113）的有 16 个省区市。

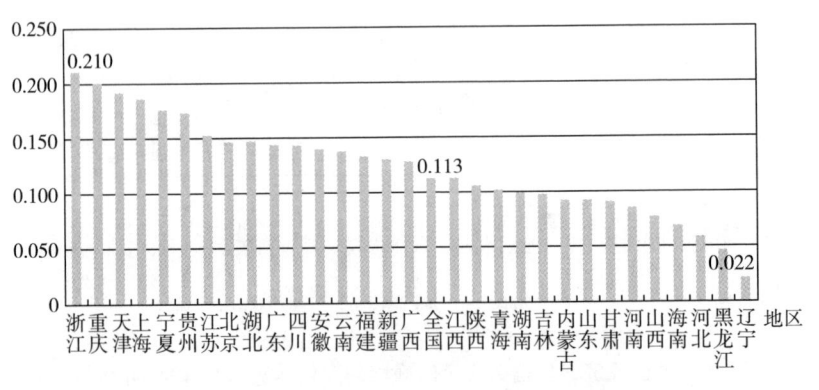

图 7-2　2000—2016 年各省区市绿色经济转型指数变化量排序

下面分析三个一级分指标的变化如何影响绿色经济转型指数的变化（见图 7-3）。图 7-3 显示，这三个一级分指标对各省区市绿色经济转型指数的影响是不一样的，有些差别还非常显著。总体上看，经济社会包容发展指数和绿色经济转型潜力指数的变化对绿色经济转型指数影响较大。相对而言,生态环境资源质量指数的变化则影响较小,全国平均水平贡献率分别为27%(经济社会包容发展指数)、19%(生态环境资源质量指数)和54%(绿色经济转型潜力指数)。而经济社会包容发展指数、生态环境资源质量指数和绿色经济转型潜力指数的变化对绿色经济转型指数提高贡献率最大的分别为62.5%(云南)、37.6%(山西)、82%(宁夏)。但是,需要注意的是,经济社会包容发展指数和生态环境资源质量指数在2000—2016年出现了对绿色经济转型指数提高起抑制作用的地区,其中经济社会包容发展指数变化起到负贡献率的有辽宁(-35%)和山西(-9%),生态环境资源质量指数变化起到负贡献率的有黑龙江(-25%)和新疆(-12%)。

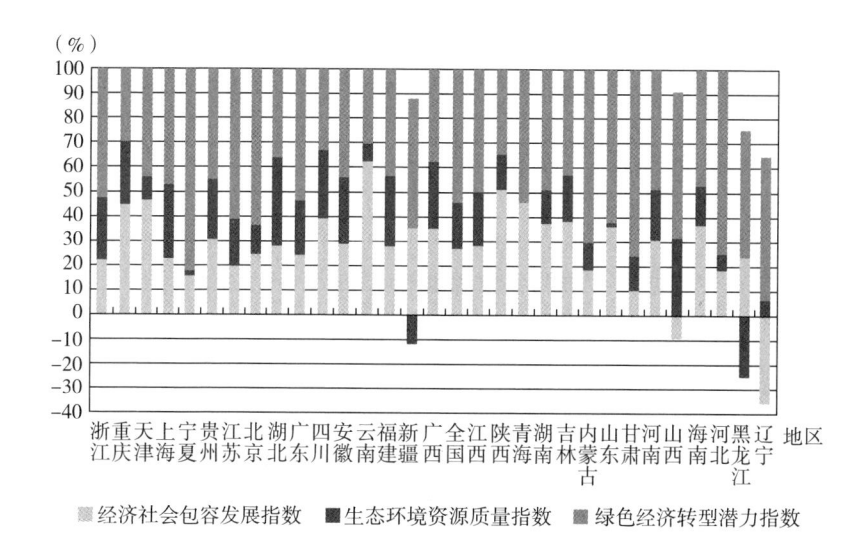

图 7-3　2000—2016 年各省区市三个一级分指标占绿色经济转型指数变化量的比重

考虑单个分指标指数的贡献率。对经济社会包容发展指数来说,该指数的变化对绿色经济转型指数变化贡献率最大的是云南,超过60%,其余贡献率超过40%的省区市有重庆(44.3%)、天津(45.7%)、陕西(50.8%)、青海(45.5%)、黑龙江(47.1%)、新疆（45.9%），说明这些省区市在2000—2016年经济社会包容发展指数对绿色经济转型指数的提高贡献较大。而辽宁、山西的经济社会包容发展指数对绿色经济转型指数都起到了抑制作用。

生态环境资源质量指数变化对绿色经济转型指数提高的贡献率超过30%的省区市有山西（37.6%）、湖北（35.7%）和上海（30.6%），但是，黑龙江、新疆的生态环境资源质量指数却抑制了绿色经济转型指数的提高，贡献率分别为 -25%、-12%。其余还有宁夏（1.4%）、山东（0.9%）、青海（0.6%）3个省区市的生态环境资源质量指数变化幅度很小，几乎对绿色经济转型指数的提高没有贡献。可见，这些省区市在生态环境质量和资源可利用方面还需要做更多的工作。

对于绿色经济转型潜力指标，其指数变化对绿色经济转型指数提高的贡献率普遍较大，全国平均水平高达54%，其中贡献率超过60%以上的有：宁夏（82%）、甘肃（76%）、河北（75%）、内蒙古（70%）、北京（64%）、江苏（62%）、山东（62%）、山西（60%）。贡献率最小的也达到30%（重庆）。可见，资源利用效率和技术创新能力对绿色经济转型的重要性是不言而喻的。

二 三个维度：一级分指标的变化分析

（一）经济社会包容发展指数变化分析

根据表7-5的估算结果，首先给出2000年、2010年、2016年的经济社会包容发展指数变化情况（见图7-4），再计算出2016年与2000年的经济社会包容发展指数及两个二级分指标指数［经济稳定增长指数（EDI）和社会包容发展指数（SII）］的变化情况（见图7-5和图7-6）。

图7-4与表7-5表明了各省区市经济社会包容发展指数2000—2016年的变化。总体上看，经济社会包容发展指数都有不同程度的提高，绝大部分省区市从2000—2010年再到2016年都是逐步提高的，但也有少数几个省区市出现了波动。例如，2010—2016年，黑龙江、辽宁、山西、新疆是降低的；2000—2010年，内蒙古、甘肃和全国平均水平也是降低的。2016年，经济社会包容发展指数最好的10个省

区市是天津、上海、浙江、江苏、北京、福建、吉林、山东、湖北、重庆。可见，经济社会包容发展指数最好的 10 个地区与绿色经济转型指数最高的省区市是不一致的，后者不包括吉林和山东。

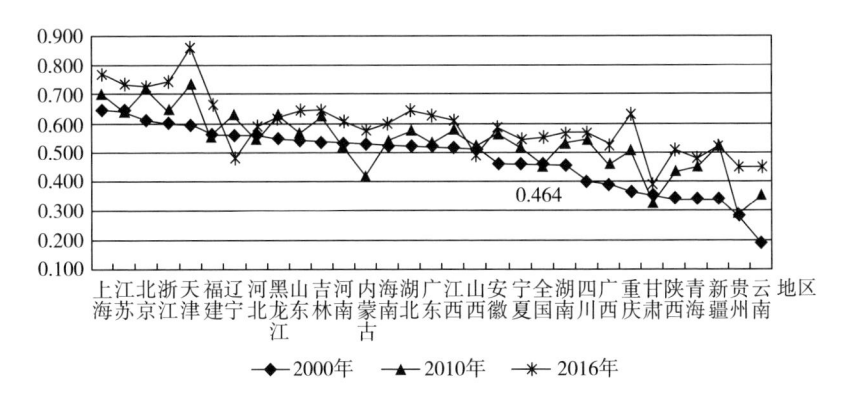

图 7-4 经济社会包容发展指数三个时间段的变化情况（以 2000 年值排序）

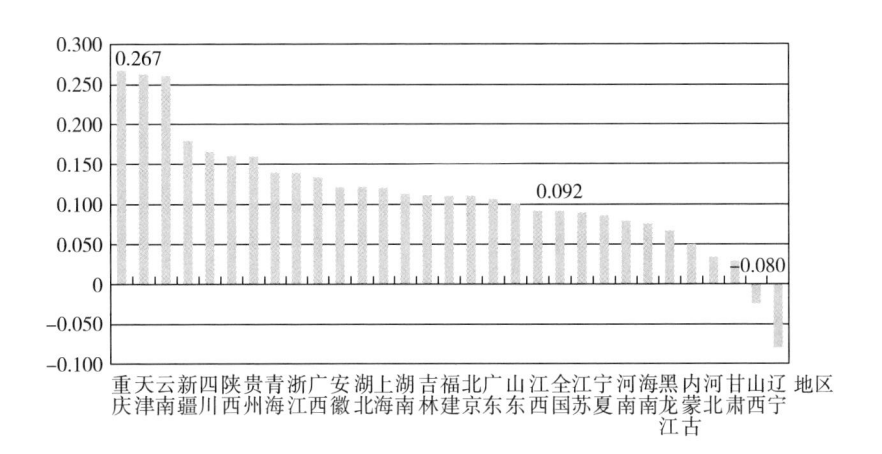

图 7-5 2000—2016 年各省区市经济社会包容发展指数变化量排序

不过，在研究期内各省区市经济社会包容发展指数的差异也是明显的，首先是排序发生变化，前三名由上海、江苏、北京改变为天津、上海、浙江。其中排序位置变化最大的有 4 个省市：天津由第 5 名上升到第 1 名，吉林由第 11 名上升到第 7 名，湖北由第 15 名上升到第 9 名，广东由第 16 名上升到第 11 名；辽宁由第 7 名下降到第 27

名，河北由第 8 名下降到第 16 名，黑龙江由第 9 名下降到第 12 名。全国平均水平的位置不变（第 20 名）。

图 7-5 给出了各省区市经济社会包容发展指数在研究期内变化量（2016 年与 2000 年经济社会包容发展指数值之差）的差异。显然，2000—2016 年，经济社会包容发展指数重庆提高幅度最大（0.267），辽宁经济社会包容发展指数 2016 年比 2000 年降低了 0.08。超过全国平均水平（0.092）的有 20 个省区市。

下面分析两个二级分指标的变化如何影响经济社会包容发展指数的变化（见图 7-6）。图 7-6 给出了这两个分指标对各省区市经济社会包容发展指数的影响情况，可见其影响是不一样的，有些差别非常显著。总体上看，经济稳定增长指数的变化对经济社会包容发展指标影响较大，而社会包容发展指数的变化则影响较小，两者全国平均水平的贡献率分别为 87%、13%。经济稳定增长指数、社会包容发展指数两者的变化对经济社会包容发展指数提高贡献率最大的分别为99%（山东）、73%（云南）。但是，需要指出的是，2000—2016 年，经济稳定增长指数对经济社会包容发展指数起抑制作用的只有辽宁（贡献率为 -40%），而社会包容发展指数变化对经济社会包容发展指数贡献率为负值的省区市有：山西（-72%）、辽宁（-60%）、内蒙古（-34%）、江苏（-30%）、北京（-25%）、河北（-23%）、福建（-12%）、上海（-6%）、甘肃（-2%）。

考虑单个分指标指数的贡献率。对经济稳定增长指数来说，该指数的变化对经济社会包容发展指数变化贡献最大的是山东，贡献率高达 99%，贡献率超过全国平均水平（87%）的省区市有山东（99%）、甘肃（98%）、江西（95%）、福建（88%）、广东（88%）、海南（88%），说明这些省区市在 2000—2016 年经济增长率和人均 GDP 增长对经济社会包容发展指数的贡献较大。

社会包容发展指数变化对经济社会包容发展指数提高的影响相对较小，全国平均水平只有 13%，贡献率超过 50% 的省区市有：云南（73%）、新疆（66%）、四川（59%）、陕西（56%）、广西（51%）；而山西、辽宁、内蒙古、江苏、北京、河北、福建、上海、甘肃9个省区市在2000—2016年社会包容发展是退步的,即这些地区的城乡居民收入差距是扩大的。

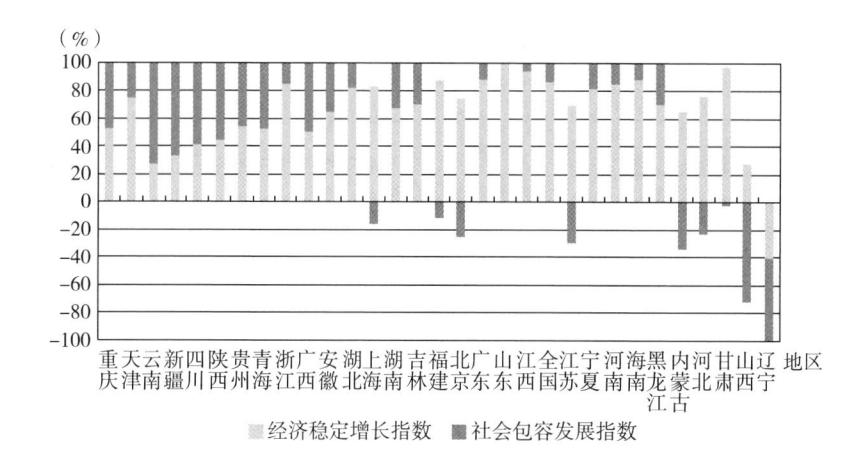

图7-6 2000—2016年各省区市两个二级分指标占经济社会包容发展指数变化量的比重

(二)生态环境资源质量指数变化分析

根据表7-6的估算结果,首先给出2000年、2010年、2016年的生态环境资源质量指数变化趋势(见图7-7),然后计算出2016年与2000年的生态环境资源质量指数及两个二级分指标指数[资源可利用指数(RUI)和环境保护指数(EPI)]的变化情况(见图7-8和图7-9)。

图7-7与表7-6表明了各省区市生态环境资源质量指数2000—2016年的变化情况。总体上看,生态环境资源质量指数水平都有不同程度的提高,绝大部分省区市从2000—2010年再到2016年都是逐步提高的,但也有少数几个省区市出现了波动。例如,2010—2016年,青海、黑龙江、山东、广西的生态环境资源质量指数是降低的;2000—2010年,内蒙古、宁夏、辽宁、陕西、河北、黑龙江、新疆、海南的生态环境资源质量指数也是降低的。2016年,生态环境资源质量指数最好的10个省区市是广东、浙江、上海、福建、湖北、北京、

广西、海南、江苏、湖南。可见，生态环境资源质量指数最好的10个地区与绿色经济转型指数最高的省区市是不一致的，后者不包括广西、海南、湖南。

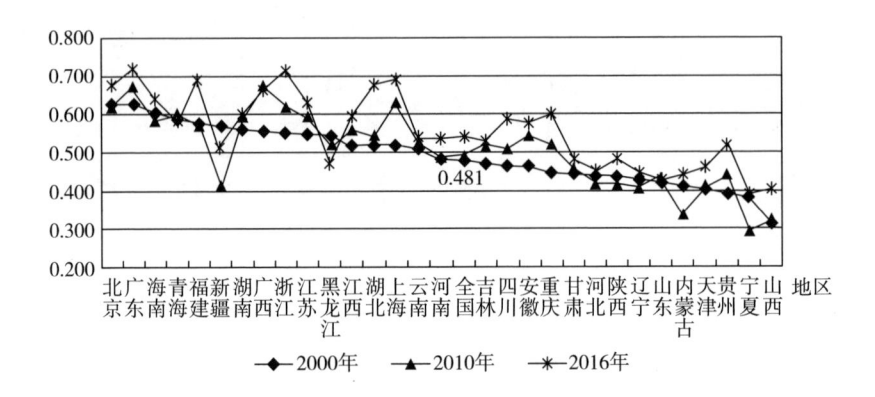

图 7-7　生态环境资源质量指数三个时间段的变化（以 2000 年值排序）

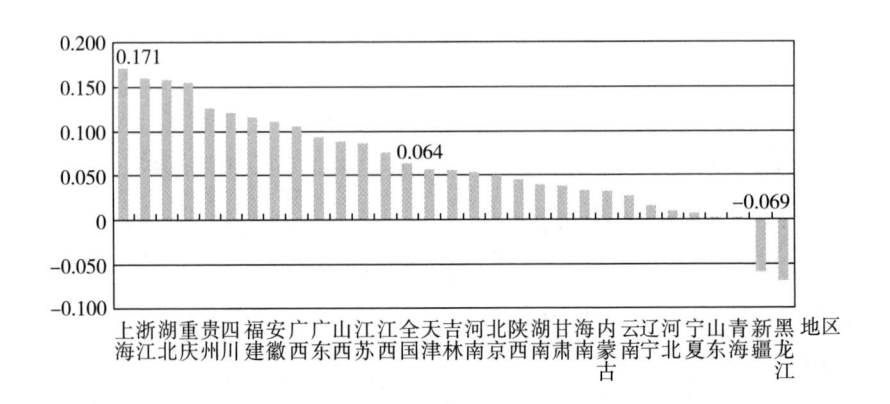

图 7-8　2000—2016 年各省区市生态环境资源质量指数变化量排序

不过，在研究期内，各省区市生态环境资源质量指数的差异也是明显的。首先是排序发生了变化，前3名由北京、广东、海南改变为广东、浙江、上海。排序位置变动最大的省区市包括：上升的省区市有：浙江由第9名上升到第2名，上海由第14名上升到第3名，湖北由第13名上升到第5名，重庆由第20名上升到第11名；其余下降幅度较大的省区市有：北京由第 1 名下降到第 6 名，海南由第 3 名下降到第 8 名，青海由第 4 名下降到第 13 名，新疆由第 6 名下降到第 20 名，黑龙江由第 11 名下降到第 23 名。全国平均水平的位置位于第 16 名。

图 7-8 给出了各省区市生态环境资源质量指数在研究期内变化量（2016 年与 2000 年生态环境资源质量指数值之差）的差异。显然，2000—2016 年，生态环境资源质量指数上海提高幅度最大（0.171），黑龙江生态环境资源质量指数 2016 年比 2000 年下降了 0.069，新疆也是下降的，幅度为 0.06。而山东（0.002）、青海（0.002）变化很小。超过全国平均水平（0.064）的有 13 个省区市。

下面分析资源可利用指数和环境保护指数两个二级分指标的变化如何影响生态环境资源质量指数的变化（见图 7-9）。图 7-9 给出了这两个分指标对各省区市生态环境资源质量指数的影响情况，可见其影响是不一样的，有些差别非常显著。总体上看，资源可利用指数的变化对生态环境资源质量指数影响较大，而环境保护指数的变化相对影响较小，资源可利用指数和环境保护指数全国平均水平的贡献率分别为 70%、-30%。环境保护指数和资源可利用指数这两者指数变化对生态环境资源质量指数提高贡献率最大的分别为 90%（天津）、97%（四川）。但是，需要指出的是，2000—2016 年，资源可利用指数对生态环境资源质量指数起抑制作用的只有北京（贡献率为 -13%），而环境保护指数变化对生态环境资源质量指数贡献率绝大部分省区市为负值，其中黑龙江最大贡献率，达到 -87%；贡献率为正值的只有 6 个省区市，分别为北京（87%）、天津（90%）、上海（36%）、广西（10%）、重庆（23%）、贵州（43%）。

考虑单个分指标指数的贡献率。对环境保护指数来说，该指数的变化对生态环境资源质量指数变化贡献最大的是天津市，贡献率高达 90%，包括全国平均水平（-30%）在内，其余 24 个省区市的环境保护指数对生态环境资源质量指数均有程度不同的贡献率，从最大的 -85%（黑龙江）到最小的 -3%（四川）。可见，仅从这个评价指数的结果看，它反映了 2000—2016 年在环境保护方面从国家层面到

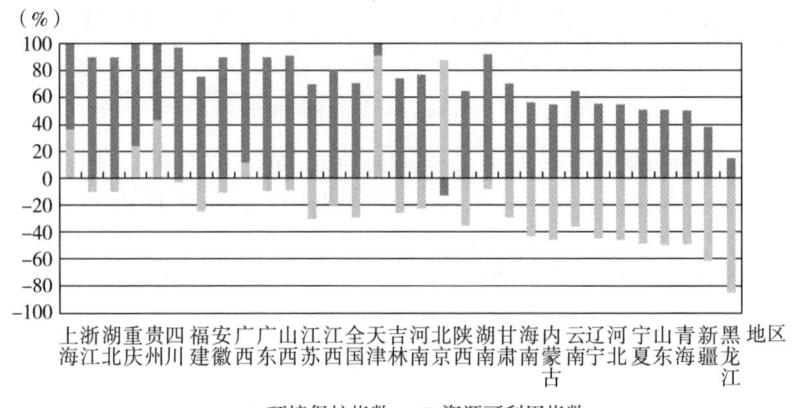

各个省区市都需要更加重视，继续努力。

图 7-9　2000—2016 年各省区市两个二级分指标占
生态环境资源质量指数变化量的比重

资源可利用指数变化对生态环境资源质量指数提高的影响相对较大，全国平均水平为 70%，贡献率超过 75% 的省区市有：浙江（90%）、安徽（90%）、江西（80%）、河南（77%）、湖北（90%）、湖南（92%）、广东（90%）、四川（97%）；贡献率较低的是天津（10%）、黑龙江（15%）。但北京的贡献率是唯一负值 -13%。资源可利用指数的贡献率较低或者负值反映了这些省区市在 2000—2016 年资源可获得性（水与电）方面不利于资源环境的绿色经济转型。

（三）绿色经济转型潜力指数变化分析

根据表 7-7 的估算结果，首先给出 2000 年、2010 年、2016 年的绿色经济转型潜力指数变化趋势（见图 7-10），再计算出 2016 年与 2000 年的绿色经济转型潜力指数及两个二级分指标指数［资源利用效率指数（REI）和技术创新指数（TII）］的变化量（见图 7-11 和图 7-12）。

图 7-10 与表 7-7 表明了各省区市绿色经济转型潜力指数从 2000—2016 年的变化情况。总体上看，绿色经济转型潜力指数都是逐

步提高的，除了个别省区市，绝大部分省区市从2000—2010年再到2016年的提高幅度相差不大，波动不明显。但是，2000年各省区市之间的差别比较大，绿色经济转型潜力指数由最高值0.698（北京）变化到最低值0.037（宁夏），前者约是后者18.6倍。2016年，绿色经济转型潜力指数最好的10个省区市是北京、浙江、上海、江苏、天津、广东、福建、陕西、重庆、山东。可见，绿色经济转型潜力指数最好的10个省区市与绿色经济转型指数最高的省区市只是最后几名不一致，后者不包括湖北、安徽。

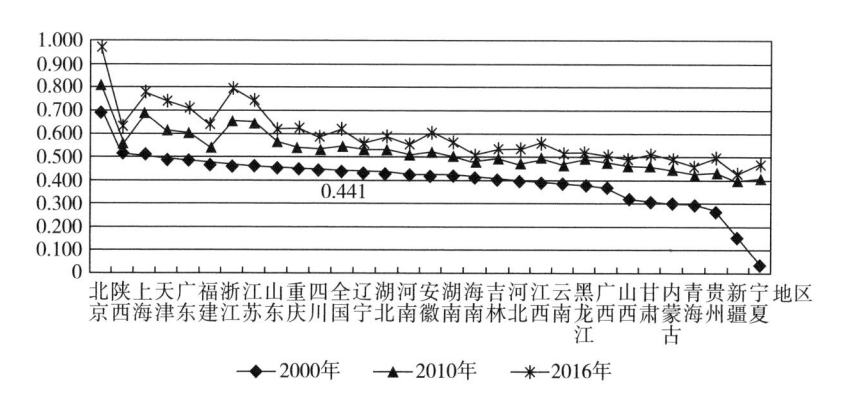

图7-10 绿色经济转型潜力指数三个时间段的变化（以2000年值排序）

2000—2016年，各省区市绿色经济转型潜力指数的差异是很显著的，尤其是与经济社会包容发展指数和绿色经济转型指数相比更显著。但是，排序位置变化不大，尤其是位于前十名的省区市没有发生变化，只是排序位置稍有变动，其中变动最大的有：浙江由第7名上升到第2名，陕西由第2名下降到第8名。全国平均水平位置位于第11名。

图7-11给出了各省区市绿色经济转型潜力指数在研究期内变化量（2016年与2000年绿色经济转型潜力指数值之差）的差异。显然，2000—2016年，绿色经济转型潜力指数宁夏的提高幅度最大（0.434），海南的提高幅度最小（0.097）。超过全国平均水平（0.0183）的有12个省区市。

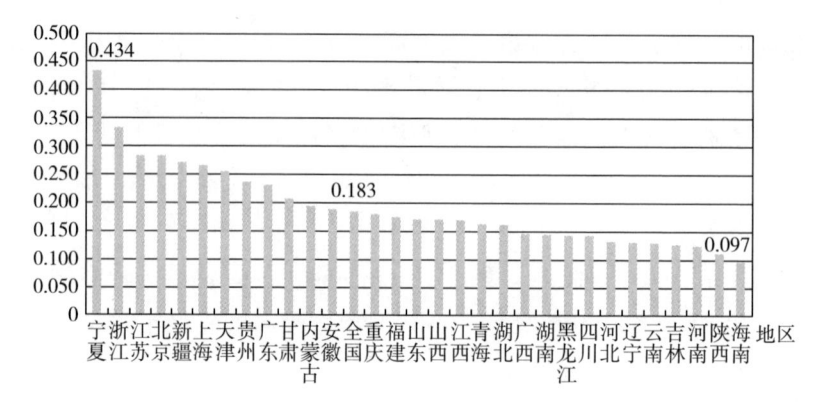

图 7-11　2000—2016 年各省区市绿色经济转型潜力指数变化量排序

下面分析资源利用效率指数和技术创新指数两个二级分指标的变化如何影响绿色经济转型潜力指数的变化（见图 7-12）。图 7-12 给出了这两个分指标对各省区市绿色经济转型潜力指数的影响情况，可见其影响是不一样的，有些省区市差别比较明显。总体上看，资源利用效率指数的变化对绿色经济转型潜力指数影响稍大（贡献率平均值 58%），而技术创新指数的影响稍小（贡献率平均值 42%），但是，两者对全国平均绿色经济转型潜力指数的贡献率则分别为 40%、60%。资源利用效率指数和技术创新指数变化对绿色经济转型潜力指数提高的贡献率最大的分别为 93%（宁夏）、85%（浙江），贡献率最小的分别为 15%（浙江）、7%（宁夏）。

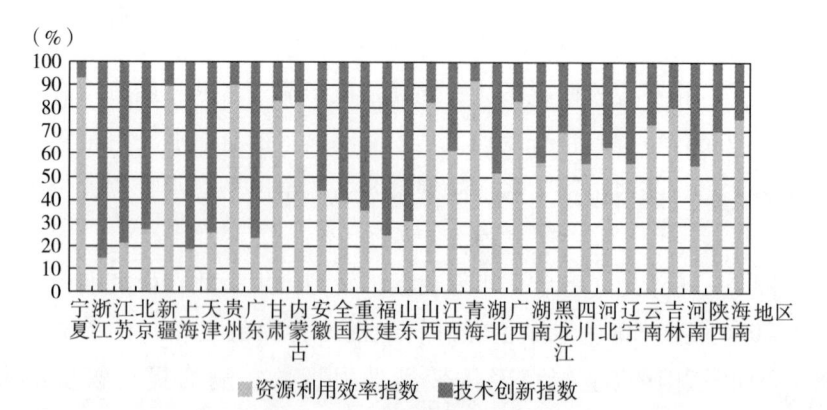

图 7-12　2000—2016 年各省区市两个二级分指标
占资源利用效率指数变化量的比重

考虑单个分指标指数的贡献率。对资源利用效率指数来说，该指数的变化对绿色经济转型潜力指数变化贡献最大的是宁夏，贡献率高达93%，贡献率超过80%的省区市有山西（82%）、内蒙古（82%）、安徽（82%）、山西（82%）、广西（83%）、贵州（90%）、甘肃（83%）、青海（92%）、宁夏（93%）、新疆（90%），说明这些省区市2000—2016年资源利用效率提高对绿色经济转型的贡献较大。

技术创新指数变化对绿色经济转型潜力指数提高的影响相对稍小（平均贡献率42%），但是，全国平均水平却高达60%，贡献率超过70%的省区市只有7个：北京（73%）、天津（74%）、上海（81%）、江苏（79%）、浙江（85%）、福建（75%）、广东（76%）。这些数值可以初步说明各省区市2000—2016年技术创新发展水平是不断进步的，但各省区市之间的发展水平差异显著。

（四）几点结论

图7-13为2016年绿色经济转型指数及其三个分指数的占比情况，表7-8为2016年绿色经济转型各级分指数或综合指数数据汇总，包括各级分指数的最大值、最小值和各个分指数对上一级指数的平均贡献率，这个贡献率不是该指数全国得分的贡献率，而是30个省区市各指数贡献率的平均值。可见，各级分指数的地区差异比较明显，各分指数对上一级分指数或者综合指数的贡献率差别也比较显著。如经济社会包容发展指数对绿色经济转型指数的平均贡献率为34%，最大值为42%（天津）、最小值为28%（甘肃）；如生态环境资源质量指数的平均贡献率为32%，最大值为39%（广西）、最小值为22%（北京）；如绿色经济转型潜力指数的平均贡献率为34%，最大值为41%（北京）、最小值为29%（海南）。

（1）绿色经济转型指数区域特征明显。指数高的大多集中在东部沿海地区和直辖市，比较差的除了辽宁，大多在西部地区。2016年，绿色经济转型指数最高的是北京、浙江、上海、江苏、天津、广东，最低的是辽宁、贵州、新疆、宁夏、甘肃。

（2）各省区市绿色经济转型指数提高幅度差别明显，绿色经济转型还存在较大的提升空间。2000—2016 年，转型幅度最大的是浙江、重庆、天津、上海、宁夏和贵州；提高幅度最小的有山西、海南、河北、黑龙江、辽宁。

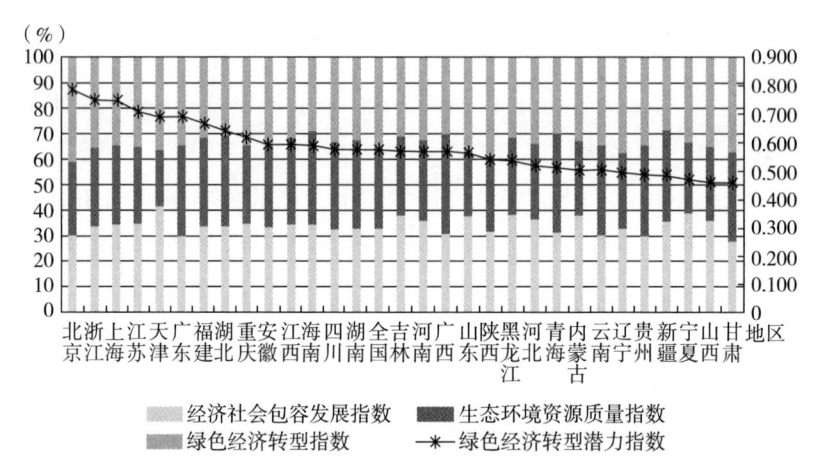

图 7-13 2016 年绿色经济转型指数值排序及其三个分指数的占比

表 7-8 2016 年绿色经济转型各级指数及综合指数数据汇总

绿色经济转型指数		最大值	0.793	北京	
		最小值	0.460	甘肃	

		经济社会包容发展指数		生态环境资源质量指数		绿色转型潜力指数	
三个维度	最大值	0.861	天津	0.720	广东	0.980	北京
	最小值	0.384	甘肃	0.393	宁夏	0.427	新疆
贡献率（%）		34		32		34	

		经济稳定增长指数	社会包容发展指数	环境保护指数	资源可利用指数	资源利用效率指数	技术创新指数
六个视角	最大值	0.723	0.999	0.889	0.718	1.000	0.960
		天津	天津	湖南	上海	北京	北京
	最小值	0.208	0.451	0.233	0.180	0.788	0.053
		辽宁	甘肃	宁夏	黑龙江	新疆	海南
	贡献率（%）	37	63	65	35	82	18

注：贡献值指各分级指标指数对上一级分指标（综合指标）指数的平均贡献率（%）。

（3）从三个维度来看，2016年，经济社会包容发展、生态环境资源质量和绿色经济转型潜力三个指数的区域特征也比较明显，指数值位于前十名的除了个别省区市有变动，其余都与绿色经济转型指数排序相差不大。需要指出的是，社会包容发展指数对经济社会包容发展指数影响较大，天津社会包容发展生态指数最好；环境保护指数比资源可利用指数对生态环境资源质量指数影响更大，全国平均贡献率为65%，湖南环境保护指数值最大；相比技术创新指数，资源利用效率指数对绿色经济转型潜力指数影响更大，全国平均水平达到82%。

三 绿色经济转型指数的比较分析

（一）绿色经济转型不均衡特征的比较分析

图7-14为基于表7-8 2016年三个一级分指数极值及全国平均指数值比较，图7-15为2016年，对应的一级分指数极值的六个二级分指数比较。不难发现，2016年，综合指数——绿色经济转型指数最大的北京比最小的甘肃的三个一级分指数值都要大，尤其是绿色经

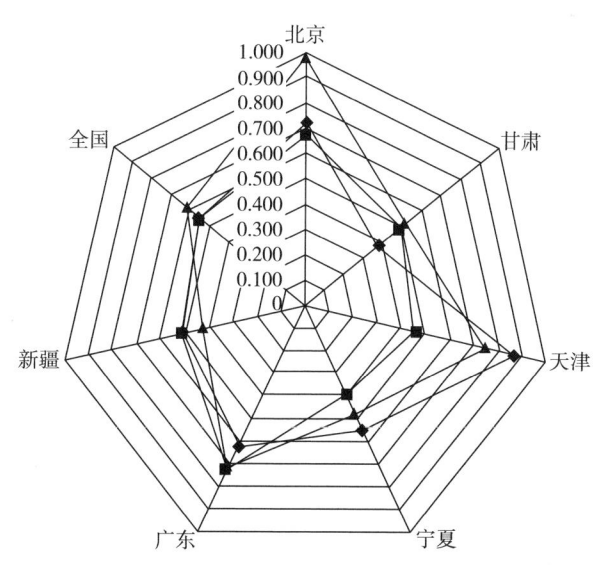

图7-14 2016年三个一级分指数极值与全国平均指数值比较

济转型潜力指数也是最大的。各省区市的绿色经济转型指数要达到最佳，那么各级分指数都要均衡发展，即三个维度一级分指数和六个视角的二级分指数也要均衡发展。

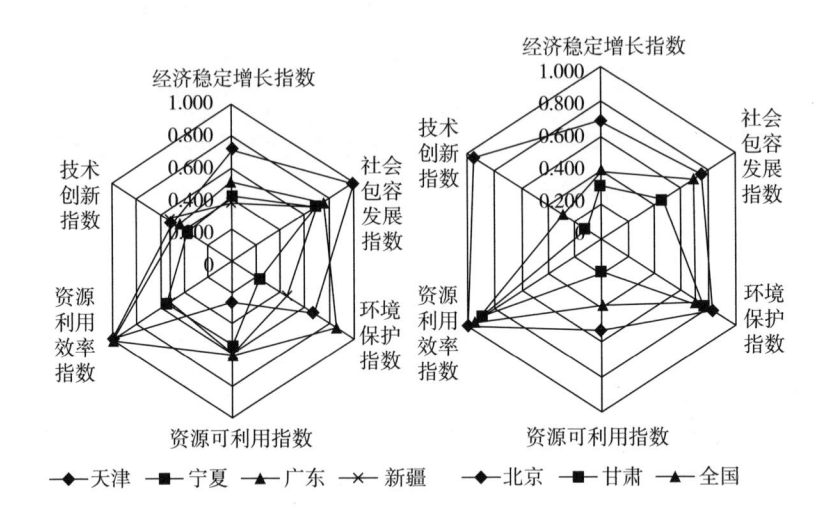

图 7-15 2016 年对应的一级分指数极值的六个二级分指数比较

分析图 7-14 和图 7-15，可以得出以下几点结论：

（1）绿色经济转型潜力指数最大的北京，是由于资源利用效率指数和技术创新指数都很高，也即北京的能源使用效率和用水效率、研发投入占比都比较高。相对而言，北京的生态环境资源质量指数和经济社会包容发展指数却不是很高，这是由于其社会包容发展指数和资源可利用指数都只是比全国平均水平稍高一点，尤其反映城乡收入差距的社会包容发展指数，排在全国第 18 名，需要引起重视。

（2）经济社会包容发展指数最大的天津，是由于经济稳定增长指数和社会包容发展指数都是最高的，但是，由于天津的生态环境资源质量指数较低，导致其绿色经济转型指数只排在第 5 名，天津在资源可利用指数方面，尤其城乡居民生活用水，比全国平均水平低得多，水资源缺乏是今后天津市绿色经济转型过程中的一个重大制约因素。

（3）生态环境资源质量指数最高的广东，尽管其环境保护指数和资源可利用指数都不是最大的，但是，由于这两者指数值都比较均匀，因此，广东的生态环境资源质量指数仍达到了最佳，但是，由于广东技术创新指数、经济稳定增长指数、社会包容发展指数水平相对较差，所以，影响了广东的绿色经济转型指数，只排在全国第 6 名。

（4）经济社会包容发展指数、生态环境资源质量指数和绿色经济转型潜力指数水平分别处于最差的甘肃、宁夏和新疆，尽管在环境保护指数（甘肃，排在第 15 名）、资源可利用指数（新疆，排在第 4 名；宁夏，排在第 6 名）都有较高的水平，但其余指数的"短板"效应明显，最后，导致这些省区的绿色经济转型指数都比较差。

（二）绿色经济转型指数评价案例分析：浙江

基于前述构建的绿色经济转型指数评价，选择一个转型指数较好的浙江（绿色经济转型指数为 0.751，排在第 2 名）作为案例，分析其绿色经济转型指数的主要影响因素，并对比于全国平均水平（绿色经济转型指数为 0.574，大致排在第 15 名）。图 7-16 给出了浙江与全国平均水平的六个二级分指数的对比。浙江几乎所有分指数都高于全国平均值，但也有较大的绿色经济转型提升空间。

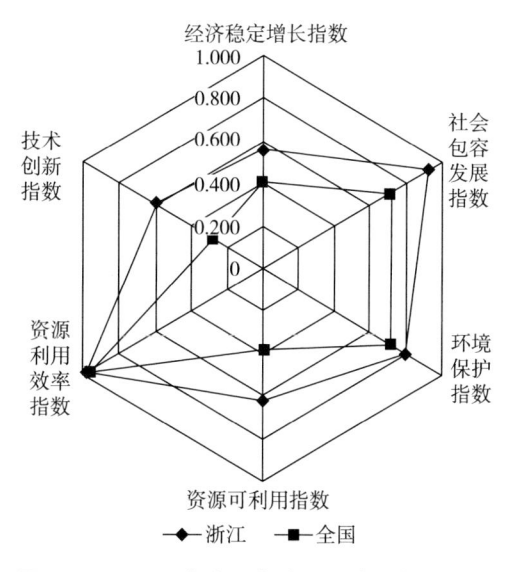

图 7-16 2016 年浙江与全国六个分指数对比

浙江的经济社会包容发展指数0.743（排在第3名）、生态环境资源质量指数0.713（排在第2名）、绿色经济转型潜力指数0.796（排在第2名）。可见，总体上看，作为沿海经济发达地区，浙江三个维度指数得分都比较高，但是，从二级指标来说，还存在较大的转型发展空间。

经济社会转型发展还有一定的空间。从指数值来说，与第1名（0.861）还有差距，反映到具体指标上，提高人均GDP水平、缩小城乡居民可支配收入比都需要继续加以重视。2000—2016年，浙江在经济社会包容发展指数的提高上，排在全国第7名，由于基础水平相对于其他地区都比较高，如城乡居民可支配收入比，排在全国第2名，所以再提高的难度会更大一些。

生态环境资源质量是绿色经济转型的核心内容，浙江在生态环境保护方面排在第13名，在资源（水、电）可利用方面排在第2名，因而，在确保空气质量和减少碳排放方面，还需要继续提高。

技术创新是绿色经济转型的动能，尽管浙江的绿色经济转型潜力指数排在第2名，但与排在第1名的北京（0.98）相比，差距较大。从具体指标分析，浙江的资源利用效率指数排在第5名，但是，由于当前浙江的单位GDP能耗和水耗都处于较低水平，因而提升的难度会很大。另外，技术创新指数只有0.611，与第1名的0.96（北京）相比，差距很大。究其原因，是由于浙江的研发投入与GDP之比、万人申请专利授权数与北京相比都有很大的差距。所以，提高研发投入和提高专利申请的有效数量是未来浙江提高绿色经济转型指数的两条重要路径。

第八章　全球气候治理与绿色经济转型协同效应：案例分析

联合国气候变化专门委员会发表的第五次报告明确指出，即使大幅度减少温室气体排放，世界气候也将不可避免地发生变化，全球温度将继续上升（IPCC，2013）。气候变化已是不可避免的事实，深刻影响人类的生存和发展，已成为世界各国共同面临的重大挑战。几乎所有国家和地区都根据相关国际协议，结合本地的发展需求，制定政策措施，不遗余力地推动绿色经济发展，提高应对气候变化的适应能力，达到全球气候治理与本地绿色经济转型的协同效果。

2015年，中共中央、国务院印发的《生态文明体制改革总体方案》明确提出："树立山水林田湖是一个生命共同体的理念。""建立耕地草原河湖休养生息制度。……建立巩固退耕还林还草、退牧还草成果长效机制。开展退田还湖还湿试点。"随后国家发展改革委会同农业部、水利部等相关部委共同编制了《耕地草原河湖休养生息规划》，水利部积极推进各地区开展河湖休养生息和退田还湖工作。本章选择已经开展退田还湖还湿的洞庭湖地区进行案例分析，利用湿地生态系统服务评价方法进行案例分析，案例分析显示，退田还湖还湿试点工程有利于提高推进气候治理、促进当地生态环境资源与绿色经济转型的协同效应。

第一节　适应气候变化与水资源可持续利用

作为最易受气候变化影响的国家之一，我国还将面临更为严峻的挑战，在气候灾害面前，最脆弱的环节之一是水资源问题。近年来，由于受极端气候的影响，我国水资源时空分布不均和水资源固有的脆弱性更加明显。我国人均可利用水资源量不足700立方米，远远超过国际公认的严重缺水警戒线。每年极端天气引发的灾害几乎影响到整个中华大地，局部地区的强降雨、超强台风等极端天气灾害出现的频率和强度显著上升，预防水灾害已经成为一个社会问题。另外，污染等引发的水环境问题也日渐突出。2011年，"中央一号文件"开宗明义地指出："水是生命之源、生产之要、生态之基。兴水利、除水害，事关人类生存、经济发展、社会进步，历来是治国安邦的大事。"[1] 明确提出，未来十年，全社会水利年平均投入将比2010年提高1倍，即今后十年国家每年将投入4000亿元加强水利建设，这一重大举措无疑将对我国水利发展和保障水安全产生极大的推动作用。

　　从长远来看，我国必须将应对气候变化、预防极端旱涝灾害事件上升到国家安全的战略高度重视。一方面，要加快转变经济发展方式，积极推进减缓气候变化的政策和行动，以发展低碳经济、优化能源结构、加强生态环境保护、提高资源利用效率等为重点，减缓温室气体排放。另一方面，要重视水安全问题，统筹规划经济社会发展和水资源承载能力，不断提高适应极端气候常态化的能力，达到水资源的可持续利用，保障经济社会的协调和绿色发展。

　　国内外的研究表明，湿地在气候变化适应中扮演着极为重要的角色（雷茵茹等，2016）。湿地是淡水的天然"储存库"，储存了全球96%以上的可利用淡水资源；湿地是"地球之肾"，其强大的降解污染和净化水质功能，对于确保民众持续获得清洁生活用水、维持多种生物的水环境安全具有不可替代的作用；湿地是降低自然灾害风险的"缓冲器"，具有调洪蓄水、抵御风暴、预防侵蚀、抗御干旱、调节气候等重要功能，对于构建防灾减灾体系、维护国家生态安全、应对极端气候等发挥着独特的战略作用。湿地还具有强大的生态功能，可以

---

[1] 《中共中央、国务院关于加快水利改革发展的决定》，http://www.gov.cn/gongbao/content/2011/content_1803158.htm。

增加全球生态系统对于极端气候变化的适应性和韧性,是人类社会赖以生存和发展的重要自然资源及生态支持系统。

维护并提高湿地生态系统功能,是我国减缓和适应气候变化的重要战略措施之一。开展退田还湖工作就是保障防洪安全、改善水环境、提升生态系统服务功能和能力、维护水安全和绿色经济转型的一项重要举措。

第二节 退田还湖还湿试点综述

一 退田还湖还湿试点简介

随着我国经济发展和城市化进程的推进,各个地区对土地的需求急剧增加,不断围湖造田,再加上泥沙淤积等自然因素影响,导致我国湖泊面积快速减少。湖泊湿地,既是重要的生物栖息地,也是江河沿岸天然的滞洪场所,对防洪、生态、经济和社会发展的协调具有重要作用。为了恢复水系生态平衡,提高湖泊调节江河流量的作用,降低洪涝灾害,在1998年长江流域出现大洪水和特大水灾之后,我国提出了"灾后重建、整治江湖、兴修水利"若干灾后治理措施,有计划、有步骤地推进平垸行洪、退田还湖。由于长江流域上游、中游、下游地区各自特有的地形地貌,大量湖泊集中在长江中游地区,围湖造田的情况也主要集中在中游地区,因而退田还湖还湿政策实施以长江中游地区为主,主要包括江汉平原、鄱阳湖区和洞庭湖区。因此,长江中下游的湖南、湖北、江西、安徽四省实行了大规模的退田还湖还湿,也就是将围垦湖边或湖内淤地改造成的农田恢复为湖面、湿地的工程。

2015年,我国政府推行的退田还湖还湿试点工程,实质上是对湖泊湿地重要功能与价值的重新认识,是贯彻新时代"五大"新发展理念的具体实践,也是我国实施绿色经济转型的重要措施。湿地与人类的生存、繁衍、发展息息相关,是自然界最富生物多样性的生态景观和人类最重要的生存环境之一。

湿地如同森林和海洋一样,具有多种功能,被誉为"地球之肾",

与森林、海洋一起,并称为地球三大生态系统。湿地是天然蓄水库,在蓄洪防旱、保护生物多样性、涵养水源、调节气候、控制土壤侵蚀、促淤造陆、降解环境污染等方面起着极其重要的作用。湿地拥有丰富的野生动植物资源,是众多野生动物,特别是珍稀水禽的繁殖地和越冬地,因此,很多湿地都被列为自然保护区。湿地物产极为丰富,可提供人类粮食、肉类、药材、工业能源、原料等。根据国际《湿地公约》准则,鄱阳湖保护区和洞庭湖湿地都已列入《国际重要湿地名录》。

二 试点工程实施效果研究综述

国内学者对退田还湖还湿效益评价的研究文献已经发表不少,大多评价经济效益、社会效益和生态效益,采用定性方法、定量方法或者综合评价研究,比较有代表性的研究成果综述如下。

第一,基于定性、系统分析方法进行研究。张家玉(1988)利用部分数据进行定性分析,研究了湖泊围垦对生态效益、经济效益和社会效益的损益影响。① 陈成文(2001)基于社会学研究思路,考虑到社会结构、社会保险、社会服务、生态环境和社会心理等多种社会因素的综合作用,对退田还湖的经济效益、社会效益和生态效益三个方面进行定性分析与评价。② 汪仕勇等(2001)从产业发展视角进行研究,认为发展替代产业是长江中游地区巩固退田还湖、恢复湿地成果,发挥资源优势的必然选择,提出了长江中游发展替代产业的原则、目标和思路。③ 李晖等(2002)探讨了洞庭湖地区退田还湖、移民建镇的社会经济效益,从地方经济发展模式与移民安置容量之间的关系角度,对比分析了政府在移民安置中采取的战略模式和空间取向与移民的就业和居住意愿,以及移民安置与城市化的相互作用关系。④ 于秀波等(2010)对我国退田还湖政策实施以来的总体效果从生态效

---

① 张家玉:《湖泊围垦的生态经济效益分析》,《自然资源学报》1988年第1期。
② 陈成文:《价值选择、效益评价与机制构建——退田还湖的社会学分析》,《求索》2001年第4期。
③ 汪仕勇、张元柱:《长江中游退田还湖地区发展替代产业的战略思考》,《生态经济》2001年第10期。
④ 李晖、庞效民、傅晖:《洞庭湖区退田还湖、移民建镇的社会经济效应》,《长江流域资源与环境》2002年第2期。

益、社会效益和经济效益三个维度进行回顾与评估。①

第二，利用综合评价方法［如层次分析法（AHP）］进行评价和基于定量数据实证分析。陶卫春等（2007）利用层次分析法对退田还湖生态工程建设在提高区域生态承载力方面的效益进行了评价，并运用生态承载力理论对洪涝灾害频发地区进行分析，构建了在洪涝灾害风险下的生态承载力评价体系。② 向朝晖（2000）从降低防汛消耗、减免财产损失、减少救灾支出和降低土地利用率四个方面对洞庭湖区退田还湖工程效益进行分析，并采用动态分析方法，估算出主要经济指标值并进行评价。③ 闵骞等（2006）对比鄱阳湖区第一期试点退田还湖实施前后的鄱阳湖水情（包括湖水位、入湖洪水量级及长江水位），认为第一期试点工程对提高鄱阳湖调洪能力、降低湖水位没有起到明显的作用。④ 庄大昌等（2003）从湿地价值视角评价洞庭湖退田还湖还湿的生态经济效益，综合运用资源经济学、生态经济学理论和方法，对退田还湖区湿地恢复后的生态服务功能价值量（如直接经济价值、间接经济价值）进行评估，得出了退田还湖后所产生的生态经济效益。⑤ 帅红等（2010）以南洞庭湖区为研究区域，选取益阳市5县（市、区）的14个堤垸为研究单元，基于压力—状态—响应模型框架建立指标体系，利用层次分析法对退田还湖移民工程实施效益进行综合评价，并就其空间分布做了探讨。⑥

第三，少数学者探讨了退田还湖生态补偿机制问题。钟瑜等

---

① 于秀波、潘明麒：《不同时段洞庭湖区土地利用、覆被变化及退田还湖的影响》，《中国人口·资源与环境》2010年第9期。
② 陶卫春、王克林、陈洪松等：《退田还湖工程对洞庭湖生态承载力的影响评价》，《中国生态农业学报》2007年第3期。
③ 向朝晖：《洞庭湖区平垸行洪、退田还湖、移民建镇工程效益分析》，《湖南水利水电》2000年第2期。
④ 闵骞、刘影、马定国：《退田还湖对鄱阳湖洪水调控能力的影响》，《长江流域资源与环境》2006年第5期。
⑤ 庄大昌、欧维新、丁登山：《洞庭湖湿地退田还湖的生态经济效益研究》，《自然资源学报》2003年第5期。
⑥ 帅红、刘春平、李景保：《南洞庭湖区退田还湖移民工程的实施效益》，《自然灾害学报》2010年第2期。

(2002）讨论了退田还湖生态补偿机制的必要性和合理性，以鄱阳湖区为例，根据鄱阳湖湖区 1997 年农业总产值，计算了退田还湖后农民的收益和损失，初步探讨了"谁补偿谁""补偿多少"和"如何补偿"的问题。① 潘理虎等（2010）为研究退田还湖生态补偿政策的有效实施机制，减少洪涝灾害与生态环境退化负面效应，构建了基于农户、政府和企业三类主体的生态补偿模型，并重点分析生态补偿标准、洪灾风险、生态环境保护、劳动力本地转移政策等因素对农户主体土地利用决策的影响。最后，以鄱阳湖区莲湖乡为例，进行实例分析，研究结果表明，政府给予农户的经济补偿可以使农户自愿实施退田，但在不同情景下，政府实施退田还湖的代价和达到预期目标的时限差距显著；企业参与不仅能减轻政府的经济负担，同时也有利于剩余农村劳动力转移；政府发展壮大当地经济，提高农业劳动力向非农产业转移的速度和质量，均有助于推进退田还湖政策的有效实施。②

可见，根据上述文献综述，现有对于退田还湖还湿效益评价的研究大多基于常规评价方法，从经济效益、社会效益和生态效益三个视角或者偏重于某个视角进行探讨。至于补偿机制问题，基础还是在于退田还湖还湿经济价值评估的合理性和可执行性。本章从全球气候环境治理和本地绿色经济转型视角评价退田还湖还湿的环境效益、资源效益、生态效益和经济效益。

第三节 退田还湖还湿生态服务经济评价综述

退田还湖还湿工程协同效应分析的理论基础是基于生态经济学理论和可持续发展经济学理论，这与新古典经济学理论的主要差别是：

---

① 钟瑜、张胜、毛显强：《退田还湖生态补偿机制研究——以鄱阳湖区为案例》，《中国人口·资源与环境》2002 年第 4 期。
② 潘理虎、黄河清、姜鲁光等：《基于人工社会模型的退田还湖生态补偿机制实例研究》，《自然资源学报》2010 年第 12 期。

既要考虑环境资源的固有问题即外部性成本问题，又要重视生态环境系统在经济活动中的重要性即人类经济活动的环境、资源边界问题，为了达到可持续的人类生存与发展，经济活动必须受制于生态环境的容量和资源的不可再生性。或者根据美国农业经济学家莱斯特·R. 布朗教授（Lester R. Brown）的观点，经济系统只是地球生态系统的一个子系统。[①] 生态系统服务功能评价为退田还湖还湿工程协同效应提供了评估方法框架。

生态系统服务功能评价是联合国千年生态系统评估（Millennium Ecosystem Assessment, MA）的主要内容之一（见专栏8-1），在全球生态系统管理和可持续发展生态学研究中发挥了很大作用。进入20世纪70年代以来，生态系统服务功能作为一个科学术语引起了学术界的重视。到1997年，随着 *Daily's Nature's Services: Societal Dependence on Natural Ecosystems* 一书的出版和Costanza等对全球生态系统服务功能价值的整体评估[②]，生态系统服务功能评价逐渐成为生态学界、经济学界的研究热点；同时期，我国一些生态学者也开始对森林、草地等典型生态系统的水源涵养、生物多样性保护等重要服务功能进行经济价值评估。

联合国千年生态系统评估项目组的专家将生态系统服务功能划分为以下四大类生态服务[③]：①供给服务，是指人类从生态系统获取的各种产品；②调节服务，是指人类从生态系统调节作用中获取的各种收益；③文化服务，是指人类从生态系统获得的各种非物质收益；④支持服务，是指生产其他所有的生态系统服务必需的那些生态系统服务。生态资源经济价值评估的机理是：按照市场交易中的常用资源产品考虑生态服务，初步探索了生态资源的外部性成本问题。当然，

---

① ［美］莱斯特·R. 布朗：《生态经济：有利于地球的经济构想》，林自新译，东方出版社2003年版，第448页。

② Daily, G. C. (ed.), *Daily's Nature's Services: Societal Dependence on Natural Ecosystems*, Island Press, Washington, D. C., 1997, p.392.

③ Costanza, R., Arge, R., de Groat, R. et al., "The Value of the World's Ecosystem Services and Natural Capital", *Nature*, 1997, 387: 253–260.

这些研究方法存在很大的主观性和地域性。为了减少评估过程中的不确定性，根据本案例退田还湖还湿工程的特征，我们从两个层次评价其生态服务功能：第一个层次为生态服务效应评价，包括气候环境治理效应评价、物质产品供给服务评价和人文社会服务评价；第二个层次为生态效应经济价值评价，即利用各种评估方法对第一层次的生态服务效应的价值进行评价。这样处理能够较好地避免价格因素和不同生态服务的可比较性问题。

专栏 8-1　联合国 TEEB 项目和生态系统服务简介

自 20 世纪后半叶起，生物多样性对于人类生存的意义逐步形成并于 1992 年达成国际共识，缔结了联合国《生物多样性公约》（CBD）。在保护生物多样性的诸多战略和行动规划中，最有效的方式莫过于将生态系统服务和生物多样性价值纳入经济决策和政策考量之中。随着生态系统产品化和服务化观念的日益成熟，生物多样性也完成了其价值化和资本化进程，在 2005 年发表《千年生态系统评估报告》（MA）之后，联合国又提出了一项针对生态系统和生物多样性经济学（The Economics of Ecosystems and Biodiversity, TEEB）的重要研究。

生态系统和生物多样性经济学是由德意志银行高级专家 Pavan Sukhdev 领导提出的一项国际倡议，该倡议在 2007 年德国召开的 G8+5（八国集团与发展中国家领导人对话会议）环境部长会议上提出后，便很快得到了联合国环境规划署（UNEP）的支持和国际社会的积极响应与广泛参与。该倡议的总体目标是为自然资本会计建立客观的全球标准基础，通过对生物多样性丧失和生态系统退化进行成本估算，以经济学手段为生物多样性在全球范围内相关政策的制定提供理论依据和技术支持，以便各国采取实际行动。

TEEB 项目通过以下五个可交付成果进行价值评估、政策应用和主流化：①科学和经济基础、政策成本和不作为成本；②为国家和国际政策制定者提供政策机会；③为本地管理者提供决策支持；④商业风险、机会和指标；⑤公民和消费者所有权。

目前已有的 TEEB 项目研究发现，对基于生态系统的特定举措进行投资，例如，为减少森林砍伐和森林退化造成的碳排放筹集资金，既可以帮助应对气候变化，也可作为反贫困和气候变化适应的关键措施。当然，TEEB 项目对生态系统的评估方法也受到一些诟病，比如，价格纠正的调整机制体现了无关紧要的偏置；为新的金融资产和金融利益集团服务等。

湿地是世界上最重要的生物多样性地区之一，为许多物种提供了重要的栖息地。湿地生态系统服务以一种更经济有效的方式实现可持续的水管理目标，湿地提供的自然基础设施比相应的人造基础设施可提供更广泛的服务和收益，并且以较低的成本实现。

湿地生态系统服务不仅体现在区域水安全方面，而且在气候变化（当地气温调节、减缓和适应气候变化）、粮食安全（粮食供应以及为渔业提供栖息地和苗圃）、工作安全（渔业维护、土壤质量）方面起着重要作用。此外，还深刻地影响了一系列人文价值，包括知识（科学和地方性知识传统）、娱乐和旅游，以及文化价值，包括身份和精神价值的形成。

资料来源：[1] Russi, D., Ten, Brink P., Farmer, A., Badura, T., Coates, D., Förster, J., Kumar, R. and Davidson, N., *The Economics of Ecosystems and Biodiversity for Water and Wetlands*, Final Consultation Draft, 2012.

[2] 杜乐山、李俊生、刘高慧等：《生态系统与生物多样性经济学（TEEB）研究进展》，《生物多样性》2016 年第 6 期。

一 气候环境治理效应评价

气候环境治理效应是指湖泊湿地提供的生态服务功能具有直接或

者间接的保护气候、治理环境的效应。即这种效应能用其提供的直接或间接生态产品来表示，比如，释放氧气量、吸收二氧化碳量、清洁水量等。

（一）固碳、释氧评价

根据植物的生物学特征，湿地生态系统的植物具有吸收二氧化碳和释放氧气的能力。利用光合作用反应式：

$$CO_2 + H_2O \rightarrow C_6H_{12}O_6 + O_2 \rightarrow 多糖$$

可以推算湿地生态系统每生产1千克植物干物质能固定1.63千克的二氧化碳（固定纯碳量为0.44千克），同时，释放出1.2千克的二氧化碳，这就是植物的固碳系数（RC）（1.63千克二氧化碳/千克干物质）和释氧系数（RO）（1.2千克二氧化碳/千克干物质）。那么固碳量（CQ）、释氧量（OQ）的计算公式分别为：

CQ = 植物生物产量 × 固碳系数（RC）

OQ = 植物生物产量 × 释氧系数（RO）

根据文献数据，洞庭湖湿地区域农作物产量干湿比平均为1∶20（庄大昌等，2003），即：

植物生物产量 = 植物经济产量/20

如果植物生物产量为年产量，那么该区域每年就可以固碳（CQ）（吨或千克）、释氧（OQ）（吨或千克）。但是，当需要评估该区域固碳、释氧的环境价值时，一般采用替代市场评价法，即以某种有市场价格的替代物来间接地衡量没有市场价格的环境物品价值。由于被评价物品的地域、年代差异，因此，这种评价法得到的物品价值只是某个特定时期和特地区域的价值。

对于固碳价值一般运用造林成本法，即某时期每生产1单位二氧化碳支出的造林成本（PC），单位为元/千克二氧化碳。类似地，对于释氧价值则用工业制氧成本法，即某时期每生产1单位氧气支出的工业成本（PO），单位为元/千克二氧化碳。

环境价值 = CQ × PC + OQ × PO

（二）水质净化评价

湿地生态系统具有代谢污染物质、净化水质能力等功能，一般以净化总磷（TP）、总氮（TN）和溶解氮（TDN）能力为评价指标，经湿地净化后去除的三种污染物量（TW）分别为 TW_1、TW_2、TW_3：

TW_1 = 总水量（亿立方米）× （$D_1 \times R_1$）

TW_2 = 总水量（亿立方米）× （$D_2 \times R_2$）

TW_3 = 总水量（亿立方米）× （$D_3 \times R_3$）

其中，D_1（0.14 克/立方米）、D_2（1.21 克/立方米）、D_3（0.45 克/立方米）分别是总磷（TP）、总氮（TN）和溶解氮（TDN）的浓度（克/立方米），R_1（35.5%）、R_2（24.4%）、R_3（41.2%）分别是去污率（%），数据来自文献（庄大昌等，2003）。当需要估算水质净化的环境价值时，一般运用工程替代成本法，根据污染防治成本估算，即单位污染物去除量的投资额（PW 即单位污染物去除成本，元/千克），按照 2002 年价格，分别为 C_1（2.66 万元/吨）、C_2（55.86 万元/吨）、C_3（4.59 万元/吨）。环境价值估算公式为：

环境价值 = （$TW_1 \times C_1 + TW_2 \times C_2 + TW_3 \times C_3$）/100

（三）涵养水源、调蓄洪水评价

受降雨量等因素影响，湿地生态系统每年调蓄的洪水量（立方米）都不同。当估算其经济价值时，调蓄洪水不仅可以减少洪涝灾害损失，而且也可以减少防治洪水人力、物力等的投入，但是，由于这些数据难以取得，一般采用影子工程法，估算洪水调节的经济价值，这是一种工程替代方法，即为了估算某个不可能直接得到结果的损失项目，假设采用某项实际效果相近但实际上并未进行的工程，以该工程建造成本替代待评估项目的经济损失的方法。洪水调节价值一般利用建造水库蓄水成本来估算。

根据我国水库建设投资成本和物价变化指数，有学者按照 2001 年价格估算出单位蓄水量库容成本（PF）为 0.67 元/立方米（庄大昌等，2003），根据以下公式评估调蓄洪水价值：

环境价值 = 调蓄洪水量（WR，立方米）× 单位污染物去除成本（PW）

（四）生物多样性维持功能评价

湿地生态系统的生物多样性是指湿地为各种水生生物提供栖息地，为多种野生动物提供栖息、繁衍、迁徙和越冬的基地。一般运用工程替代法，通过分析人们在湿地保护区的实际投入，估算湿地生态环境价值中物种栖息地的实际价值。

环境价值 = 栖息地保护区湿地面积（BS）×单位湿地面积生态价值（PB）（元/平方千米）

可见，上述公式中的单位湿地面积生态价值（PB，元/平方千米）是评估栖息地生态价值的关键指标，这与湿地保护区的实际投入水平和人们对生态功能的认识水平有关。显然，这是一个不确定性很大的参数，取决于具体的栖息地保护区、相关政策和人们保护意愿等因素。对于生物多样性的经济价值评估是一项对国内外学术界都很重要的研究内容。

（五）保护土壤、控制侵蚀服务评价

湿地生态系统在保护土壤、避免水土流失等方面起着重要的作用，也为物质产品的生产提供土壤养分。评估保护土壤价值一般运用机会成本法，就是估算避免土壤表层肥力流失的价值，即将湿地区域土壤养分保持量进行价值化，从而评价湿地生态系统保持土壤表层肥力、提高养分的价值。首先估算土壤表层总肥力（TQ，吨），即湿地土壤面积与土壤表层肥力（PT，吨/平方千米）的乘积，而土壤表层厚度、土壤容重，土壤有机质、氮、磷、钾的含量，这三者的乘积为单位面积土壤表层肥力（PT，吨/平方千米）。根据湖南省林业部门有关统计资料和文献（庄大昌，2004）[①]，笔者粗略地估算出洞庭湖土壤表层肥力值（PT）为22.18吨/平方千米（按土壤层厚度平均5厘米估计），则培肥土壤价值估算公式为：

培肥土壤价值 = 土壤表层总肥力×肥料平均价格
　　　　　　 = 土壤面积×单位面积土壤表层肥力×肥料平均价格

其中，肥料平均价格包括有机质肥料平均价格和化肥平均价格。据有关资料，按照1990年不变价格，有机质肥料平均价格为0.513元/千克、国产化肥平均价格为2.549元/千克，经测算，肥料平均价格为0.757元/千克。

---

① 庄大昌：《洞庭湖湿地生态系统服务功能价值评估》，《经济地理》2004年第3期。

因此，保护土壤环境价值即为避免土壤肥力流失价值的机会成本值。

二 物质产品供给服务评价

湿地生态系统的物质产品供给服务包括物质生产产品服务和水资源供给服务。

（一）水资源供给服务

实施退田还湖还湿工程后，既增加了湿地的蓄水量 WQ（立方米），也相应地为当地工农业生产和居民生活增加了供水量，按照市场价值法，水资源供给服务的经济价值为：

水资源价值 = 蓄水量（WQ）× 水价（元/立方米）

（二）物质生产产品服务

湿地生态系统提供最直接的生态服务是物质生产产品服务，包括养殖水产品（年水产品量，吨）、种植饲草（年饲草产量，吨）、经济农作物（年产量，吨）和林木（年木材蓄积量，立方米）。按照市场价值法，这些产品服务的直接经济价值为：

$$物质产品价值 = \sum_{i=1}^{4} M_i \times PM_i$$

式中，i 为物质产品种类，M_i 为产品 i 的产量，PM_i 为产品 i 的市场价格；木材的价格单位为元/立方米，其余均为元/吨。其中，农作物仅包括油菜和马铃薯。

三 人文社会服务评价

湿地生态系统的动植物群落、濒危物种等在科研中都具有重要地位，它们为教育和科学研究提供了很好的素材及试验基地。洞庭湖、鄱阳湖都已被列入《湿地公约》，是国际重要湿地，也是我国湿地生态系统国家定位研究站之一；同时，湿地也是人们旅游、度假、疗养的理想佳地。一般用旅行成本法评估科考旅游的生态服务功能价值。旅行成本法是一种简单常用的评价方法，基于消费者的角度，以人们对某种生态服务功能支出的总费用来表示其经济价值。其估计公式为：

$$V = \sum X_i \ (i = 1, 2, \cdots, n)$$

式中，X_i表示各项活动费用支出（如交通费、门票费、讲解费等），通过各项活动费用支出求和，估算其价值，经常被用来计算生态服务区游憩价值。现在随着人们对环境保护意识的重视和舒适生态环境需求的不断增大，对湿地人文社会价值的评估采用意愿调查价值评估法（Contingent Valuation Method，CVM）也越来越普遍了。

四 生态效应经济价值评估

每种生态服务效应及价值评估都有相应的价值评估方法，表 8-1 为前述各种生态服务效应及价值评估的汇总。

表 8-1　湿地生态系统服务协同效应及价值评估

功能服务	生态服务效应评估	生态经济价值评估	
		价值评估公式	主要评估方法
物质产品供给			
水资源价值	蓄水量（WQ）	WQ × 水价（元/立方米）	市场价值法
物质产品价值	物质产品 i 产量（M_i）	$\sum_{i=1}^{4} M_i \times PM_i$（市场价格）	市场价值法
气候环境治理			
固碳、释氧	固碳量（CQ）	CQ × PC（单位固碳成本）	替代市场评价法（造林固碳成本法）
	释氧量（OQ）	OQ × PO（单位制氧成本）	替代市场评价法（工业制氧成本法）
水质净化	污染物量（TW）	TW × PW（单位污染物去除成本）	工程替代成本法（污染防治成本）
调蓄洪水	调蓄洪水量（WR）	WR × PF（单位蓄水量库容成本）	影子工程法
生物多样性	栖息地保护区湿地面积（BS）	BS × PB（单位湿地面积生态价值）	工程替代法
保护土壤	土壤表层总肥力（PT）	PT × 肥料平均价格	机会成本估值法

续表

功能服务	生态服务效应评估	生态经济价值评估	
		价值评估公式	主要评估方法
人文社会服务			
科考旅游	科考游憩基地	$V = \sum X_i$（各项活动费用支出）	旅行成本法（TCM）
		$V = \sum X_i$（个人愿意支付费用）湿地面积×单位面积科旅收益	意愿调查价值评估法（CVM）

根据表 8-1 的评估方法，对于退田还湖还湿工程生态效应进行评价，可以从直接生态服务效应评估和经济价值评估两个层次评估。除了人文社会服务，物质产品价值和气候环境治理效应都可以从一些主要生态表征量（如物质生产产品量、固碳量、调蓄洪水量等）比较全面、客观地反映湿地的生态服务；并且对于不同区域的湿地生态服务，还具有一定的可比性。如果需要考虑生态环境的经济价值，那么就需要结合当地的各种价格和替代成本数据，利用合适的评估方法，估算出各种生态效应的经济价值。

第四节 案例分析：洞庭湖 12 个堤垸

对于以上协同效应分析和价值评价方法，本章引用庄大昌等（2003）论文中的案例进行分析。[①] 基于本章的评价框架和方法，我们按照 2015 年不变价格来估算洞庭湖 12 个堤垸退田还湖还湿试点工程后的生态服务效应和价值。12 个堤垸退田还湖还湿后，共增加了湿地面积 1390.84 平方千米，其中，水面 334.84 平方千米，按平均水

---

① 庄大昌、欧维新、丁登山：《洞庭湖湿地退田还湖的生态经济效益研究》，《自然资源学报》2003 年第 5 期。

深 1.75 米计算，可增加蓄水 5.86 亿立方米。这样，增加蓄洪容积 79.91 亿立方米，增强了湖泊蓄水防洪能力，恢复了湖泊原有的水体存储空间，创建了物种生态保护区，改善了湿地生物栖息繁衍的空间和生存条件，使退化的湿地生态系统得到了一定程度的恢复，有利于实现湖区湿地资源的可持续利用。

基于相关统计资料①，根据前文阐述评价方法和表 8-1 中的评价方法，按照 2015 年不变价格，先对一些估算公式中的系数（如各种价格、成本等）进行换算，都折算成 2015 年价格，得到各种关键参数、系数、基础统计数据及最终估算的价值（见表 8-2）。需要指出的是，由于文献（庄大昌等，2003）中的有些价格数据计算有误，所以，本章均做了修正和重新估算。

表 8-2　　洞庭湖 12 个堤垸退田还湿生态服务效应价值评估

功能服务	生态价值评估公式	主要指标取值、参数值	估计的价值
物质产品供给			22.21 亿元
水资源价值	蓄水量（WQ）×水价（元/立方米）	5.86 亿立方米×0.2 元/立方米	1.17 亿元
物质产品价值	$\sum_{i=1}^{4} M_i \times PM_i$（水产、饲草、农作物、林木市场价格）	$M_1 \times PM_1 = 15$ 万吨×9396 元/吨	14.09 亿元
		$M_2 \times PM_2 = 50$ 万吨×376 元/吨	1.88 亿元
		$M_3 \times PM_3 = 2 \times 1470$ 元/吨（油菜籽）$+ 40 \times 163$ 元/吨（马铃薯）	0.95 亿元
		$M_4 \times PM_4 = 101$ 万立方米×408 元/吨	4.12 亿元
气候环境治理			185.80 亿元
固碳、释氧	固碳量（CQ）×PC（单位固碳价格）	4.6 万吨干重×0.444×1362 元/吨	0.28 亿元
	制氧量（OQ）×PO（单位制氧价格）	4.6 万吨干重×1.2×888 元/吨	0.49 亿元

---

① 仲伟周、邢治斌：《中国各省造林再造林工程的固碳成本收益分析》，《中国人口·资源与环境》2012 年第 9 期。

续表

功能服务	生态价值评估公式	主要指标取值、参数值	估计的价值
水质净化	污染物量（TW）× PW（单位污染物去除成本）	TP：5.86 × 0.14 × 35.5% × 4.34/100	0.01 亿元
		TN：5.86 × 1.21 × 24.4% × 91.21/100	1.58 亿元
		TDN：5.86 × 0.45 × 41.2% × 7.49/100	0.08 亿元
调蓄洪水	蓄洪水量（WR）× PF（单位蓄水量库容成本）	79.91 亿立方米×2.28 元/立方米	182.19 亿元
生物多样性	栖息地保护区湿地面积（BS）×PB（单位湿地面积生态价值）	1390.84 平方千米×403 元/公顷	0.56 亿元
保护土壤	土壤表层总肥力（PT）× 肥料平均价格	2.342 万吨×2576 元/吨	0.60 亿元
人文社会服务			0.87 亿元
科考旅游	湿地面积×单位面积科旅收益	1390.84 平方千米×6.27 万元/平方千米	0.87 亿元
合计			208.88 亿元

注：（1）所有经济指标数据均为 2015 年不变价格；（2）基础数据来自文献庄大昌等（2003）和相关部门网站资料及笔者整理估算数据。

图 8-1 和图 8-2 分别基于表 8-2 中的经济价值评估值，显示出湿地生态服务三大类生态功能服务价值及其占比、八个种类生态服务价值对比。

对表 8-2 和图 8-1、图 8-2 进行比较分析，可以得到以下三点结论：

（1）退田还湖还湿工程的生态协同效应明显，对局部区域既能调节气候环境，有助于减缓大气中二氧化碳含量，也改善了环境，净化了水质，涵养了水源，防控土壤侵蚀，维持了生物多样性，同时，增加了人文景观，提供了科考休闲服务。

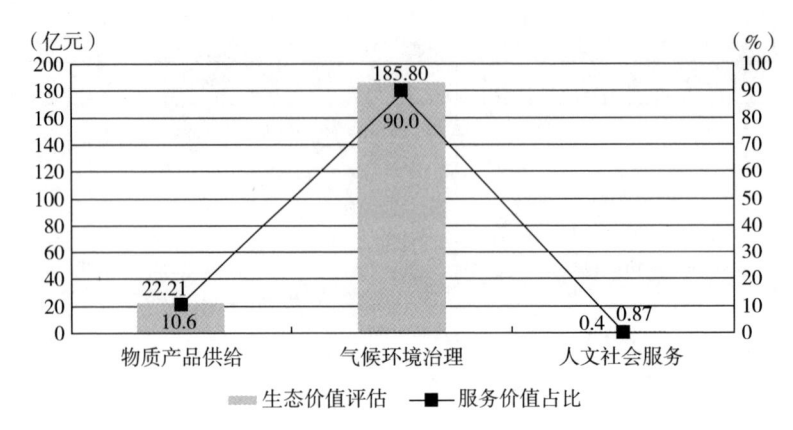

图 8-1 洞庭湖 12 个堤垸退田还湖还湿三大生态功能价值及其占比

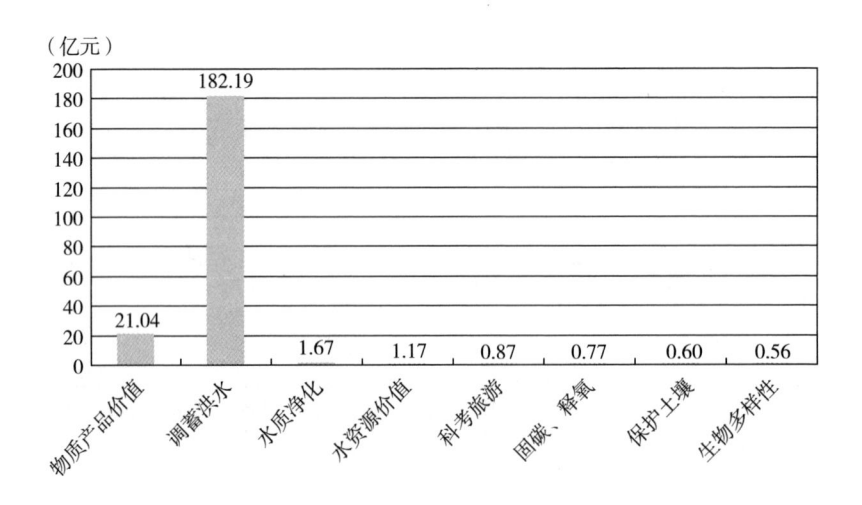

图 8-2 洞庭湖 12 个堤垸退田还湖还湿八种生态服务价值

（2）洞庭湖 12 个堤垸退田还湖还湿工程后，增加了湿地面积 1390.84 平方千米（其中水面面积 334.84 平方千米），按照 2015 年价格，这些湿地的生态环境价值达到 208.01 亿元，其中物质产品供给和气候环境治理占 99.6%，人文社会服务（科考旅游）仅占 0.4%。可见，目前湿地的主要生态功能是提供物质产品服务、调节气候、环境保护等，人文休闲功能有待于增加投入，进一步挖掘潜力。

（3）从具体生态服务分析，物质生产产品供给和调蓄洪水服务是最主要的，占总生态价值的97.9%。需要指出的是，对于湿地生态系统，水质净化服务相对来说比水资源供给、调节气候（固碳制氧）、保护土壤、维持生物多样性更加重要。因此，调蓄洪水、涵养水源、净化水质成为湿地生态系统的最主要服务，这也从一个侧面印证了退田还湖还湿试点工程的重要性。

综上所述，本章是对退田还湖还湿生态协同效应的初步探讨，还有一些效应没有考虑，如湿地大量植物通过微生物的作用，向大气中排放甲烷、二氧化碳等温室气体。同时，在价值估算中，也有未考虑的因素，如价格指数的地区差异、估算公式中的各种生态服务系数确定等，这些因素可能会导致价值估算存在一些误差。但不可否认的是，基于我们的环境价值估算，洞庭湖退田还湖还湿的生态服务效应和经济价值是显著的。

需要注意的是，在退田还湖区湿地资源开发利用和管理过程中，应注意湿地生态系统的脆弱性和承载力，对退田还湖区湿地资源的开发和利用，必须遵循生态规律和可持续发展原则，坚持保护性开发原则，不能只顾眼前的经济利益，而忽视未来可持续的社会、经济、生态效益。只有这样，才能有效地保护湿地生态环境，实现湿地资源的可持续发展。

附录一　联合国可持续发展目标简要说明

2012年联合国可持续发展大会（里约+20峰会）发表了《我们想要的未来》(The Future We Want)的报告，建议设立一个开放的工作小组，研制一系列可持续发展目标（Sustainable Development Goals，SDGs），提供给2015年召开的联合国大会讨论。里约会议报告的重要使命在于，可持续发展目标在2015年后可以整合延续联合国千年发展目标（Millennium Development Goals，MDGs）。[①]

2015年9月，联合国可持续发展峰会在纽约总部召开，联合国191个成员国一致通过《2030年可持续发展议程》，议程包括17项可持续发展目标和169个具体目标。在从现在到2030年的15年时间内，全体成员国将会共同致力消除贫穷与饥饿，保护地球资源与应对气候变化，建立和平、公正和包容的社会。这个议程兼顾了各个国家不同的国情、能力和发展程度，所有目标既是普遍性的，也是具体且不可分割的，同时顾及了可持续发展的三个要素：环境要素、社会要素和经济要素，获得了所有国家的认可，并于2016年1月1日正式生效。

基于联合国和网站资料，笔者对联合国可持续发展目标17项目标（见图1）和169个具体目标简述如下。[②]

[①] 联合国千年发展目标是联合国191个成员国一致通过的一项旨在将全球贫困水平在2015年之前降低50%（以1990年的水平为标准）的行动计划，2000年9月联合国首脑会议上由189个国家签署《联合国千年宣言》，正式做出此项承诺。

[②] https://sustainabledevelopment.un.org/intgovmental.html 和 http://www.gywx.org/。

图 1 联合国可持续发展目标1个项图标（17 项目标）

资料来源：国际市长交流中心，http://www.hk-imcc.com/zh/。

一 17 项可持续发展目标

目标1：无贫困——在全世界消除一切形式的贫困

目标2：零饥饿——消除饥饿，实现粮食安全，改善营养状况，促进可持续农业

目标3：良好的健康与福祉——确保健康和促进各年龄段人群的福祉

目标4：优质教育——确保包容和公平的优质教育，提倡终身学习

目标5：性别平等——实现性别平等，增强所有妇女和女童的权利

目标6：清洁的饮水和卫生设施——确保所有人享有水和环境卫生及可持续管理

目标7：经济适用的清洁能源——确保所有人都可取得负担得起的、可靠和可持续的现代能源

目标8：体面工作和经济增长——促进持久、包容和可持续的经济增长，达到充分的生产性就业，让所有人都有一份体面的工作

目标9：产业、创新和基础设施——建造具有韧性的基础设施，促进包容性的可持续工业化，推动创新

目标 10：减少不平等——减少国家内部和国家之间的不平等

目标 11：可持续城市和社区——建设包容、安全、韧性和可持续的城市及人类居住区

目标 12：负责任消费和生产——实行可持续的消费和生产模式

目标 13：气候行动——采取紧急行动以应对气候变化及其影响

目标 14：水下生物——保护和可持续利用海洋与海洋资源，促进可持续发展

目标 15：陆地生物——保护、恢复和促进可持续利用陆地生态系统，可持续管理森林，防治荒漠化，制止和扭转土地退化，遏制生物多样性的丧失

目标 16：和平、正义和强大机构——创建和平、包容的社会，促进可持续发展，让所有人都能诉诸司法，在各级建立有效、负责和包容的机构

目标 17：促进目标实现的伙伴关系——加强可持续发展执行方法，重振可持续发展全球伙伴关系

二　可持续发展目标的 169 个具体目标

目标 1：无贫困——在全世界消除一切形式的贫困

目标	指标
1. 无贫困	1.1　到 2030 年，在全球所有人口中消除极端贫困，极端贫困目前的衡量标准是每人每日生活费不足 1.25 美元
	1.2　到 2030 年，按照各国标准界定的陷入各种形式的贫困人口，各年龄段男女和儿童至少减少一半
	1.3　执行适合本国国情的全民社会保障制度和措施，包括最低标准，到 2030 年在较大程度上覆盖穷人和弱势群体
	1.4　到 2030 年，确保所有人，特别是穷人和弱势群体，享有平等获取经济资源、基本服务的权利，获得对土地和其他形式财产的所有权及控制权，继承遗产，获取自然资源、适当的新技术和包括小额信贷在内的金融服务
	1.5　到 2030 年，增强穷人和弱势群体的抵御灾害能力，降低其遭受极端天气事件和其他经济、社会、环境冲击及灾害的概率和易受影响程度

续表

目标	指标
1. 无贫困	1.6　确保从各种来源，包括通过加强发展合作充分调集资源，为发展中国家特别是最不发达国家（LDCs）提供充足、可预见的手段以执行相关计划和政策，消除一切形式的贫困
	1.7　根据惠及贫困人口和顾及性别平等的发展战略，在国家、区域和国际层面制定合理的政策框架，支持加快对消除贫困行动的投资

目标2：零饥饿——消除饥饿，实现粮食安全，改善营养状况，促进可持续农业

目标	指标
2. 零饥饿	2.1　到2030年，消除饥饿，确保所有人，特别是穷人和弱势群体（包括婴儿），全年都有安全、营养和充足的食物
	2.2　到2030年，消除一切形式的营养不良，包括到2025年实现5岁以下儿童发育迟缓和与消瘦问题相关的国际目标，解决青春期少女、孕妇、哺乳期妇女和老年人的营养需求
	2.3　到2030年，实现农业生产力翻番和小规模粮食生产者，特别是妇女、土著居民、农户、牧民和渔民的收入翻番，具体做法包括确保平等获得土地、其他生产资源和要素、知识、金融服务、市场以及增值和非农就业机会
	2.4　到2030年，确保建立可持续粮食生产体系，并执行具有抗灾能力的农作方法，以提高生产力和产量，帮助维护生态系统，加强适应气候变化、极端天气、干旱、洪涝和其他灾害的能力，逐步改善土地和土壤质量
	2.5　到2020年，通过在国家、区域和国际层面建立管理得当、多样化的种子和植物库，保持种子、种植作物、养殖和驯养的动物及与之相关的野生物种的基因多样性；根据国际商定的原则获取，公正、公平地分享利用基因资源和相关传统知识产生的利益
	2.6　通过加强国际合作等方式，增加对农村基础设施、农业研究和推广服务、技术开发、植物和牲畜基因库的投资，以增强发展中国家，特别是最不发达国家的农业生产能力
	2.7　根据多哈发展回合授权，纠正和防止世界农业市场上的贸易限制和扭曲，包括取消一切形式的农业出口补贴和具有相同作用的所有出口措施
	2.8　采取措施，确保粮食商品市场及其衍生工具正常发挥作用，确保及时获取包括粮食储备量在内的市场信息，限制粮价剧烈波动

目标 3：良好的健康与福祉——确保健康和促进各年龄段人群的福祉

目标	指标
3. 良好的健康与福祉	3.1　到 2030 年，全球孕产妇每 10 万例活产的死亡率降至 70 人以下
	3.2　到 2030 年，消除新生儿和 5 岁以下儿童可预防的死亡
	3.3　到 2030 年，消除艾滋病、结核病、疟疾和被忽视的热带疾病等流行病，抗击肝炎、水传播疾病和其他传染病
	3.4　到 2030 年，通过预防、治疗及促进身心健康，将非传染性疾病导致的过早死亡数减少 1/3
	3.5　加强对滥用药物包括滥用麻醉药品和有害使用酒精的预防及治疗
	3.6　到 2020 年，全球公路交通事故造成的伤亡人数减少一半
	3.7　到 2030 年，确保普及性健康和生殖健康保健服务，包括计划生育、信息获取和教育，并将生殖健康纳入国家战略和方案
	3.8　实现全球全民健康覆盖（UHC），包括提供金融保险保护，人人享有优质的基本保健服务，以及所有人都可获得安全、有效、优质和负担得起的基本药品及疫苗
	3.9　到 2030 年，大幅减少危险化学品以及空气、水和土壤污染导致的死亡及患病人数
	3.10　酌情在所有国家加强执行《世界卫生组织烟草控制框架公约》
	3.11　支持研发主要影响发展中国家的传染和非传染性疾病的疫苗及药品，根据《关于〈与贸易有关的知识产权协议〉和公共健康的多哈宣言》（以下简称《多哈宣言》）的规定，提供负担得起的基本药品和疫苗，《多哈宣言》确认发展中国家有权充分利用《与贸易有关的知识产权协议》（TRIPS）中关于采用变通办法保护公众健康，尤其是让所有人获得药品的条款
	3.12　大幅加强发展中国家，尤其是最不发达国家与小岛屿发展中国家（SIDS）的卫生筹资，增加其医疗保健从业人员的招聘、培养、培训和留用
	3.13　加强各国，特别是发展中国家早期预警、减少风险，以及管理国家和全球健康风险的能力

目标 4：优质教育——确保包容和公平的优质教育，提倡终身学习

目标	指标
4. 优质教育	4.1 到2030年，确保所有男女学童完成免费、公平和优质的中小学教育，并取得相关和有效的学习成果
	4.2 到2030年，确保所有学龄前儿童都能获得优质幼儿教育、照护以及学前教育，为他们接受小学教育做好准备
	4.3 到2030年，确保所有男女都平等获得负担得起的优质技术、职业和高等教育，包括大学教育
	4.4 到2030年，大幅增加掌握就业、体面工作和创业所需相关技能，包括技术性和职业性技能的青年和成年人数
	4.5 到2030年，消除教育中的性别差距，确保残疾人、土著居民和家境贫困儿童等弱势群体平等获得各级教育和职业培训
	4.6 到2030年，确保所有青年和大部分成年男女具有识字和计算能力
	4.7 到2030年，确保所有学子都掌握可持续发展所需的知识和技能，具体做法包括开展可持续发展、可持续生活方式、人权和性别平等方面的教育，弘扬和平与非暴力文化，提升全球公民意识，以及肯定文化多样性和文化对可持续发展的贡献
	4.8 建立和改善兼顾儿童、残疾和性别平等的教育设施，为所有人提供安全、非暴力、包容和有效的学习环境
	4.9 到2020年，在全球范围内，大幅增加发达国家和部分发展中国家为发展中国家，特别是最不发达国家、小岛屿发展中国家与非洲国家提供的高等教育奖学金数量，包括职业培训和信息通信技术（ICT）、技术的、工程的，以及科学课程
	4.10 到2030年，大幅增加合格教师人数，具体做法包括在发展中国家，特别是最不发达国家与小岛屿发展中国家开展师资培训方面的国际合作

目标5：性别平等——实现性别平等，增强所有妇女和女童的权利

目标	指标
5. 性别平等	5.1 在世界各地消除对妇女和女孩的一切形式的歧视
	5.2 消除公开及私人场合中对妇女和女童的一切形式的暴力行为，包括人口贩卖、性侵犯及其他形式的剥削
	5.3 消除童婚、早婚、逼婚及割礼等一切伤害行为
	5.4 认可和尊重无偿护理及家务，各国可视本国情况，提供公共服务、基础设施和社会保护政策，在家庭内部提倡责任共担

续表

目标	指标
5. 性别平等	5.5 确保妇女全面有效参与各级政治、经济和公共生活的决策，并享有进入以上各级决策领导层的平等机会
	5.6 根据《国际人口与发展会议行动纲领》《北京行动纲领》及其历次审查会议的成果文件，确保普遍享有性和生殖健康以及生殖权利
	5.7 根据各国法律进行改革，给予妇女平等获取经济资源的权利，以及享有对土地和其他形式财产的所有权及控制权，获取金融服务、遗产和自然资源
	5.8 加强技术的应用，特别是信息通信技术，以增强妇女的能力
	5.9 采用和加强合理的政策及有执行力的立法，促进性别平等，在各方面增强妇女和女童的能力

目标6：清洁的饮用水和卫生设施——确保所有人享有水和环境卫生及可持续管理

目标	指标
6. 清洁的饮水和卫生设施	6.1 到2030年，让全球每个人都可公平获得安全和负担得起的饮用水
	6.2 到2030年，人人享有公平和妥善的卫生，杜绝露天排便，特别注意满足妇女、女童和弱势群体在此方面的需求
	6.3 到2030年，通过以下方式改善水质：减少污染，消除垃圾倾倒，减少危险化学物品和材料的排放，将未经处理的废水比例减少一半，大幅增加全球废弃物回收和安全再利用
	6.4 到2030年，大幅提高各个行业的用水效率，确保可持续的淡水供应与回收，以解决水饥荒问题，并大幅减少因为水饥荒而受苦的人数
	6.5 到2030年，全面实施水资源综合管理，包括开展跨境合作
	6.6 到2020年，保护和恢复与水有关的生态系统，包括山地、森林、湿地、河流、地下含水层和湖泊
	6.7 到2030年，扩大向发展中国家提供的国际合作和能力建设支持，帮助它们开展与水和卫生有关的活动，包括雨水采集、海水淡化、提高用水效率、废水处理、水回收和再利用技术
	6.8 支持和加强地方社区参与改进水和环境卫生管理

目标7：经济适用的清洁能源——确保所有人都可取得负担得起的、可靠和可持续的现代能源

目标	指标
7. 经济适用的清洁能源	7.1 到2030年，确保人人都能获得负担得起的、可靠的现代能源服务
	7.2 到2030年，大幅提高全球再生能源的共享
	7.3 到2030年，将全球能源效率的改善度提高1倍
	7.4 到2030年，加强国际合作，促进获取清洁能源的研究和技术，包括可再生能源、能效，以及更先进和更清洁的化石燃料技术，并促进对能源基础设施和清洁能源技术的投资
	7.5 到2030年，扩大基础设施建设并进行技术升级，为所有发展中国家提供可持续的现代能源服务，尤其是最不发达国家和小岛屿发展中国家

目标8：体面工作和经济增长——促进持久、包容和可持续的经济增长，达到充分的生产性就业，让所有人都有一份体面的工作

目标	指标
8. 体面工作和经济增长	8.1 根据本国具体情况，维持人均经济增长率，特别是最不发达国家的国内生产总值（GDP）年增长率维持在至少7%
	8.2 通过多样化经营、技术升级和创新，包括重点发展高附加值和劳动密集型产业，提高经济体的产能
	8.3 推行以发展为导向的政策，支持生产性活动、体面就业、企业管理、创意和创新；鼓励微型和中小型企业通过获取金融服务等方式，实现正规化并成长壮大
	8.4 到2030年，逐步改善全球消费和生产的资源使用效率，按照《可持续消费和生产模式方案十年框架》，努力使经济增长和环境退化"脱钩"，发达国家应在上述工作中做出表率
	8.5 到2030年，所有男女，包括青年和残疾人实现充分和生产性就业，有体面工作，并做到同工同酬
	8.6 到2020年，大幅减少未就业和未受教育或培训的青年人比例
	8.7 立即采取有效措施，根除强制劳动、现代奴隶制和贩卖人口，禁止和消除最恶劣形式的童工，包括招募和使用童兵，到2025年，终止一切形式的童工
	8.8 保护劳工权利，推动为所有劳工，包括移民劳工，尤其是妇女和没有稳定工作的人创造安全和有保障的工作环境

续表

目标	指标
8. 体面工作和经济增长	8.9 到2030年,制定和实施可持续旅游业的政策,以创造就业机会,促进地方文化和产品
	8.10 加强本国金融机构的能力,为全民提供更宽广的银行、保险与金融服务
	8.11 提高向发展中国家的贸易协助资源,尤其是最不发达国家,包括为最不发达国家提供更好的整合架构
	8.12 到2020年,制定和实施青年就业全球战略,并落实国际劳工组织的《全球就业协定》

目标9:产业、创新和基础设施——建造具有韧性的基础设施,促进包容性的可持续工业化,推动创新

目标	指标
9. 产业、创新和基础设施	9.1 发展优质、可靠、可持续和具有灾后复原能力的基础设施,包括区域和跨境基础设施,以支持经济发展,提升人类福祉,重点是人人可负担得起并公平利用上述基础设施
	9.2 促进包容的、可持续的工业化,到2030年,根据各国国情,大幅提高工业在就业和GDP中的比例,使最不发达国家的这一比例翻番。
	9.3 提高小型工商企业获取金融服务的渠道,尤其是发展中国家,包括负担得起的信贷,并将它们纳入价值链与市场
	9.4 到2030年,所有国家都根据自身能力采取行动,升级基础设施,改造工商业,以提升其可持续性,提高资源使用效率,更多采用清洁和环保技术及产业流程
	9.5 在所有国家,特别是发展中国家,加强科学研究,提升产业部门的科技能力,包括到2030年,鼓励创新,大幅增加每百万人口中的研发人员数量,并增加公共部门和私人企业的研发支出
	9.6 向非洲国家、最不发达国家、内陆发展中国家(LLDCs)与小岛屿发展中国家提供更多的财政、技术和技能支持,以促进其开发具有灾后复原能力且可持续的基础设施

续表

目标	指标
9. 产业、创新和基础设施	9.7 支持发展中国家的国内技术开发、研究与创新，包括提供有利的政策环境，以实现产业多样化，增加商品附加值
	9.8 大幅提升信息通信技术的普及度，力争到2020年在最不发达国家以低廉的价格普遍提供互联网服务

目标10：减少不平等——减少国家内部和国家之间的不平等

目标	指标
10. 减少不平等	10.1 到2030年，逐步实现和维持最底层40%人口的收入增长，并确保其增长率高于全国平均水平
	10.2 到2030年，促进社会、经济和政治生活的融合，无论年龄、性别、残疾与否、种族、民族、出身、宗教信仰、经济地位或其他任何区别
	10.3 确保机会均等，减少不平等，包括取消歧视性法律、政策和做法，推动与上述努力相关的适当立法、政策和行动
	10.4 采取政策，特别是财政、薪资和社会保障政策，逐步实现进一步的平等
	10.5 改善对全球金融市场和金融机构的监管及监测，并加强上述监管措施的执行
	10.6 确保发展中国家在国际经济和金融机构中的决策发言权，以建立更有效、更可信、更负责及更正当的机构
	10.7 促进有序、安全、正常和负责的移民及人口流动，包括执行合理规划和管理完善的移民政策
	10.8 根据世界贸易组织的各项协议，落实对发展中国家特别是最不发达国家的"特殊与差别待遇"原则
	10.9 根据国家计划与方案，鼓励官方发展援助（ODA）与资金流向最需要的国家，包括外商直接投资，尤其是最不发达国家、非洲国家、小岛屿发展中国家以及内陆发展中国家
	10.10 到2030年，将移民汇款手续费减至3%以下，取消手续费高于5%的侨汇渠道

目标11：可持续城市和社区——建设包容、安全、韧性和可持续的城市及人类居住区

目标	指标
11. 可持续城市和社区	11.1 到2030年,确保人人获得适当、安全和负担得起的住房及基本服务,并改造贫民窟
	11.2 到2030年,向所有人提供安全、负担得起的、易于利用、可持续的交通运输系统,改善道路安全,尤其是扩大公共交通,要特别关注弱势族群、妇女、儿童、残疾人和老年人的需求
	11.3 到2030年,在所有国家加强包容和可持续的城市建设,加强参与性、综合性、可持续的人类居住区规划和管理能力
	11.4 进一步努力保护和捍卫世界文化及自然遗产
	11.5 到2030年,大幅减少包括水灾在内的各种灾害造成的死亡人数和受灾人数,大幅降低灾害造成的直接经济损失占GDP的比重,重点保护贫穷者和弱势群体
	11.6 到2030年,减少都市对环境的有害影响,包括特别关注空气质量、城市废弃物管理
	11.7 到2030年,为所有人提供安全的、包容的、无障碍的绿色公共空间,尤其是妇女、儿童、老年人和残疾人
	11.8 通过加强国家和区域发展规划,支持在城市、近郊和农村地区之间建立积极的经济、社会和环境联系
	11.9 到2020年,大幅增加采取和实施综合政策及计划,以构建包容、资源使用效率高、减缓和适应气候变化、具有灾害韧性的城市和人类居住区数量,并根据《2015—2030年仙台减少灾害风险框架》,在各级建立和实施全面的灾害风险管理
	11.10 通过财政和技术援助等方式,支持最不发达国家就地取材,建造可持续的、有抵御灾害能力的建筑

目标12:负责任消费和生产——实行可持续的消费和生产模式

目标	指标
12. 负责任消费和生产	12.1 各国在顾及发展中国家发展水平和能力的基础上,落实《可持续消费和生产模式十年方案框架》(10YEP),发达国家在这方面要做出表率
	12.2 到2030年,实现自然资源的可持续管理和高效使用

续表

目标	指标
12. 负责任消费和生产	12.3 到2030年，将零售和消费环节的全球粮食浪费减少一半，并减少生产和供应环节的粮食损失，包括收获后的损失
	12.4 到2020年，根据商定的国际架构，在化学品和废弃物生命周期中，实现无害化环保管理，并大幅减少它们释放到大气以及渗漏到水和土壤的概率，尽可能降低它们对人类健康和环境造成的负面影响
	12.5 到2030年，通过预防、减量、回收和再使用，大幅减少废弃物的产生
	12.6 鼓励企业采取可持续发展的做法，尤其是大规模和跨国公司，并将可持续性信息纳入它们的报告周期中
	12.7 根据国家政策和优先事项，推行可持续的公共采购流程
	12.8 到2030年，确保各国人民都能获取可持续发展的有关信息与意识，以及与大自然和谐共处的生活方式
	12.9 支持发展中国家加强科学和技术能力，朝向更可持续的生产和消费模式
	12.10 制定及实施政策，以监测可持续发展对创造就业、促进地方文化和产品的可持续旅游业的影响
	12.11 依据国情消除，市场扭曲，改革鼓励浪费的低效化石燃料补助，包括调整课税架构，逐步取消有害补贴，以反映它们对环境的影响，同时充分考虑发展中国家的特殊需求与状况，尽可能减少对其发展可能产生的不利影响，并注意保护穷人和受影响社区

目标13：气候行动——采取紧急行动以应对气候变化及其影响

目标	指标
13. 气候行动	13.1 加强各国抵御和适应气候相关的灾害及自然灾害的能力
	13.2 将应对气候变化的举措纳入国家政策、战略和规划中
	13.3 加强气候变化减缓、适应、影响减少和早期预警等方面的教育及宣传，加强人员和机构在这方面的能力

续表

目标	指标
13. 气候行动	13.4 到 2020 年，落实发达国家《公约》签约国的承诺，即每年从各种渠道共同筹资 1000 亿美元，满足发展中国家的需求，帮助其切实开展减缓行动，提高履约的透明度，并尽快向绿色气候基金注资，使其全面投入运行。以有意义的减灾与透明方式，解决发展中国家的需求，并尽快让绿色气候基金通过资本化而全盘进入运作
	13.5 促进在小岛屿发展中国家和最不发达国家建立增强能力的机制，帮助其进行与气候变化有关的有效规划和管理，包括重点关注妇女、青年、地方社区和边缘化社区

目标 14：水下生物——保护和可持续利用海洋与海洋资源，促进可持续发展

目标	指标
14. 水下生物	14.1 到 2025 年，预防和大幅减少各类海洋污染，特别是陆上活动造成的污染，包括海洋废弃物污染和营养污染
	14.2 到 2020 年，可持续管理和保护海洋与海岸生态系统，以避免产生重大负面影响，做法包括加强灾后复原能力，并采取恢复原状行动，以保护物产丰富的海洋
	14.3 通过在各层级加强科学合作等方式，减少和应对海洋酸化的影响
	14.4 到 2020 年，有效规范捕捞活动，终止过度捕捞，非法的、未报告的和无管制的（IUU）捕捞活动以及毁灭性捕捞做法，执行科学的管理计划，以便在尽可能短的时间内使鱼群数量至少恢复到其生态特征允许的能产生最高可持续产量的水平
	14.5 到 2020 年，根据国内和国际法，并基于现有的最佳科学资料，保护至少 10% 的沿海和海洋区域
	14.6 到 2020 年，禁止某些助长过剩产能和过度捕捞的渔业补贴，取消助长无管制的捕捞活动的补贴，避免出台新的这类补贴，同时承认给予发展中国家和最不发达国家合理、有效的特殊与差别待遇，应是世界贸易组织渔业补贴谈判的一个不可或缺的组成部分
	14.7 到 2030 年，增加小岛发展中国家和最不发达国家通过可持续利用海洋资源获得的经济收益，包括可持续管理渔业、水产养殖业和旅游业

目标	指标
14. 水下生物	14.8 根据政府间海洋学委员会《海洋技术转让标准和准则》，增加科学知识，培养研究能力，转让海洋技术，以便改善海洋的健康，增加海洋生物多样性对发展中国家的贡献，特别是小岛屿发展中国家和与最不发达国家
	14.9 向小规模人工捕捞业者提供获取海洋资源和市场准入机会
	14.10 确保《联合国海洋法公约》（UNCCLOS）签约国全面落实国际法，包括现有的区域与国际制度，加强海洋和海洋资源的保护及可持续利用

目标15：陆地生物——保护、恢复和促进可持续利用陆地生态系统，可持续管理森林，防治荒漠化，制止和扭转土地退化，遏制生物多样性的丧失

目标	指标
15. 陆地生物	15.1 到2020年，根据国际协议规定的义务，保护、恢复和可持续利用陆地和内陆的淡水生态系统及其服务，特别是森林、湿地、山麓和旱地
	15.2 到2020年，推动对所有类型森林进行可持续管理，停止毁林，恢复退化的森林，大幅增加全球植树造林和重新造林
	15.3 到2030年，防治荒漠化，恢复退化的土地和土壤，包括受荒漠化、干旱和洪涝影响的土地，努力建立一个不再出现土地退化的世界
	15.4 到2030年，保护山地生态系统，包括其生物多样性，以改善它们提供有关可持续发展的有益能力
	15.5 采取紧急重大行动，减少自然栖息地的退化，遏制生物多样性的丧失，到2020年，保护受威胁物种，防止其灭绝
	15.6 根据国际共识，公正和公平地分享利用基因资源产生的利益，促进基因资源使用的适当渠道
	15.7 采取紧急行动，终止偷猎和贩卖受保护的动植物物种，处理非法野生动植物产品的供需问题
	15.8 到2020年，采取措施，防止引入外来入侵物种，并大幅减少其对土地和水域生态系统的影响，控制或消灭其中的重点物种
	15.9 到2020年，把生态系统和生物多样性价值纳入国家及地方规划、发展进程与脱贫战略

续表

目标	指标
15. 陆地生物	15.10 从各种渠道动员,并大幅增加财政资源,以保护和可持续利用生物多样性和生态系统
	15.11 大幅动员各种渠道资源,从各个层级为可持续森林管理提供资金支持,并为发展中国家推进可持续森林管理,包括保护森林和重新造林,提供充足的激励措施
	15.12 在全球改善资源,加大支持力度,打击偷猎和贩卖受保护物种,包括增加地方社区实现可持续生计的机会

目标 16:和平、正义和强大机构——创建和平、包容的社会,促进可持续发展,让所有人都能诉诸司法,在各级建立有效、负责和包容的机构

目标	指标
16. 和平、正义和强大机构	16.1 在全球大幅减少各种形式的暴力及相关的死亡率
	16.2 制止对儿童一切形式的虐待、剥削、贩卖、暴力和酷刑
	16.3 在国家和国际层面促进法治,确保所有人都有平等诉诸司法的机会
	16.4 到2030年,大幅减少非法资金和武器流动,加强追赃和被盗资产返还力度,打击一切形式的有组织犯罪
	16.5 大幅减少一切形式的腐败和贿赂行为
	16.6 在各级建立有效、负责和透明的机构
	16.7 确保各级决策反应迅速,具有包容性、参与性和代表性
	16.8 扩大和加强发展中国家参与全球治理
	16.9 到2030年,为所有人提供法律身份,包括出生登记
	16.10 根据国家立法和国际协议,确保公众获得各种信息,保障基本自由
	16.11 通过开展国际合作等方式,加强相关国家机制,在各层级提高各国尤其是发展中国家的能力建设,以预防暴力,打击恐怖主义和犯罪
	16.12 推动及实施非歧视性法律和政策,以促进可持续发展

目标 17:促进目标实现的伙伴关系——加强可持续发展执行方法,重振可持续发展全球伙伴关系

目标		指标
17. 促进目标实现的伙伴关系	17-1 筹资	17.1 通过向发展中国家提供国际支持等方式，以改善国内征税，提高财政收入的能力，加强筹集国内资源
		17.2 发达国家全面履行官方发展援助（ODA）承诺，包括提供占发达国家国民收入（GNI）的0.7%给发展中国家，其中，0.15%—0.20%应提供给最不发达国家
		17.3 从多渠道筹集财政资源用于发展中国家
		17.4 通过政策协调，酌情推动债务融资、债务减免和债务重组，以帮助发展中国家实现长期债务可持续性，处理重债穷国（HIPC）的外债问题，以减轻其债务压力
		17.5 对最不发达国家采用和实施投资促进方案
	17-2 技术	17.6 加强在科学、技术和创新（STI）领域的南北合作、南南合作、三方区域合作和国际合作，加强获取渠道，加强按照相互商定的条件，共享知识，包括加强现有机制间的协调，特别是在联合国层面加强协调，以及通过一个全球技术促进机制加强协调
		17.7 使用有利的条款和条件，包括特许权和优惠条款，针对发展中国家促进环保科技的开发、转让、传播及推广
		17.8 到2017年，促成最不发达国家全面启动技术库和科学、科技与创新能力培养机制，并提高科技的使用度，尤其是信息通信技术
	17-3 能力建设	17.9 加强国际社会对在发展中国家开展高效的、有针对性的能力建设活动的支持力度，以支持各国落实各项可持续发展目标的国家计划，包括开展南北合作、南南合作和三方区域合作
	17-4 贸易	17.10 通过完成多哈发展回合谈判等方式，推动在世界贸易组织下建立一个普遍、以规则为基础、开放、非歧视和公平的多边贸易体系

续表

目标		指标
17. 促进目标实现的伙伴关系	17-4 贸易	17.11 大幅增加发展中国家的出口，尤其是到2020年，使最不发达国家的全球出口占比增加1倍
		17.12 按照世界贸易组织决定，如期实现所有最不发达国家的产品永久免关税和免配额进入市场，包括确保对从最不发达国家进口产品的原产地优惠规则必须是简单、透明的，有利于市场准入
	17-5 政策与体制一致性	17.13 加强全球宏观经济稳定，包括为此加强政策协调和政策一致性
		17.14 加强可持续发展政策的一致性
		17.15 尊重每个国家制定和执行消除贫困及可持续发展政策的政策空间和领导作用
	17-6 多边合作	17.16 加强全球可持续发展伙伴关系、多利益相关者伙伴关系，收集和分享知识、专长、技术及财政资源，支持所有国家，尤其是发展中国家实现可持续发展目标
		17.17 依据组建伙伴关系的经验和资源配置战略，鼓励和推动建立有效的公私部门伙伴关系及民间社会伙伴关系
	17-7 数据、监督和问责	17.18 到2020年，提高对发展中国家的能力建设支持，包括最不发达国家和小岛屿发展中国家，以大幅增加获得按收入、性别、年龄、种族、民族、移民身份、残疾情况、地理位置和与各国国情有关的其他特征分类的高质量、及时和可靠的数据
		17.19 到2030年，借鉴现有各项倡议，制定衡量可持续发展进展的评价方法，作为对GDP的补充，协助发展中国家加强统计能力建设

附录二 2000—2016年中国及省区市碳排放、能耗、水耗与经济数据

附表1 2000—2016年中国碳排放数据引用自国际能源署（IEA）网站。附表2至附表31 2000—2016年中国各省区市（西藏自治区缺数据，故未列出）碳排放数据由笔者估算，其余数据由笔者根据《中国统计年鉴》中的统计数据整理、计算得到。

附表1　2000—2016年中国碳排放、能耗、水耗与经济数据

年份	碳排放（MtCO$_2$）	人均碳排放（tCO$_2$）	人均GDP（万元）	碳排放强度（tCO$_2$/万元GDP）	能耗强度（tce/万元GDP）	用水强度（kg/元GDP）
2000	3100	2.45	0.79	2.64	1.25	46.79
2001	3256	2.55	0.87	2.56	1.22	43.75
2002	3512	2.73	0.95	2.53	1.22	39.59
2003	4068	3.15	1.06	2.66	1.29	34.84
2004	4742	3.65	1.25	2.82	1.37	32.99
2005	5408	4.14	1.43	2.89	1.40	30.07
2006	5962	4.54	1.67	2.82	1.36	27.45
2007	6473	4.90	2.04	2.69	1.29	24.14
2008	6669	5.02	2.40	2.52	1.21	22.35
2009	7132	5.34	2.61	2.46	1.16	20.62
2010	7833	5.84	3.07	2.45	1.13	18.82
2011	8571	6.36	3.62	2.44	1.10	17.41
2012	8820	6.51	3.98	2.33	1.06	16.20
2013	9191	6.75	4.36	2.25	1.02	15.16
2014	9127	6.67	4.69	2.09	0.97	13.92

续表

年份	碳排放 (MtCO$_2$)	人均碳排放 (tCO$_2$)	人均 GDP (万元)	碳排放强度 (tCO$_2$/万元 GDP)	能耗强度 (tce/万元 GDP)	用水强度 (kg/元 GDP)
2015	9101	6.62	4.99	1.95	0.92	13.04
2016	9064	6.56	5.35	1.82	0.87	12.10

注：人均 GDP 为当年价格；其余 GDP 均按照 2005 年可比价格计算。

附表 2　2000—2016 年北京市碳排放、能耗、水耗与经济数据

年份	碳排放 (MtCO$_2$)	人均碳排放 (tCO$_2$)	人均 GDP (万元)	碳排放强度 (tCO$_2$/万元 GDP)	能耗强度 (tce/万元 GDP)	用水强度 (kg/元 GDP)
2000	66.7	4.83	1.79	1.65	1.02	9.98
2001	66.9	4.83	2.68	1.49	0.94	8.65
2002	68.5	4.82	3.04	1.38	0.90	6.99
2003	71.5	4.91	3.45	1.31	0.85	6.39
2004	80.9	5.42	4.06	1.31	0.83	5.58
2005	82.3	5.35	4.48	1.20	0.73	5.01
2006	85.1	5.32	5.07	1.10	0.70	4.45
2007	93.4	5.57	5.88	1.08	0.66	4.02
2008	98.7	5.57	6.28	1.05	0.61	3.72
2009	102.3	5.50	6.53	0.98	0.58	3.42
2010	103.8	5.29	7.19	0.91	0.56	3.07
2011	98.7	4.89	8.05	0.80	0.52	2.84
2012	102.3	4.94	8.64	0.77	0.49	2.69
2013	92.8	4.39	9.36	0.65	0.47	2.53
2014	102.6	4.77	9.91	0.67	0.44	2.43
2015	107.0	4.93	10.60	0.65	0.42	2.32
2016	105.0	4.83	11.81	0.60	0.40	2.21

注：人均 GDP 为当年价格；其余 GDP 均按照 2005 年可比价格计算。

附表3　2000—2016年天津市碳排放、能耗、水耗与经济数据

年份	碳排放 ($MtCO_2$)	人均碳排放 (tCO_2)	人均GDP (万元)	碳排放强度 (tCO_2/ 万元GDP)	能耗强度 (tce/ 万元GDP)	用水强度 (kg/元GDP)
2000	53.9	5.39	1.64	2.79	1.44	11.70
2001	55.6	5.53	1.91	2.56	1.35	13.26
2002	55.7	5.53	2.14	2.29	1.24	8.19
2003	62.2	6.15	2.55	2.23	1.15	7.36
2004	72.7	7.10	3.04	2.25	1.14	10.56
2005	77.0	7.38	3.55	2.08	1.10	9.75
2006	84.8	7.89	4.15	2.00	1.06	8.49
2007	91.1	8.17	4.71	1.87	1.02	7.57
2008	90.0	7.65	5.71	1.59	0.95	5.90
2009	97.5	7.94	6.13	1.48	0.89	5.41
2010	119.9	9.23	7.10	1.55	0.88	4.21
2011	133.6	9.86	8.34	1.48	0.84	3.77
2012	135.1	9.56	9.13	1.31	0.71	3.12
2013	139.9	9.50	9.81	1.21	0.68	3.11
2014	137.6	9.07	10.37	1.08	0.64	2.79
2015	140.9	9.11	10.69	1.01	0.59	2.73
2016	135.4	8.67	11.45	0.89	0.54	2.59

注：人均GDP为当年价格；其余GDP均按照2005年可比价格计算。

附表4　2000—2016年河北省碳排放、能耗、水耗与经济数据

年份	碳排放 ($MtCO_2$)	人均碳排放 (tCO_2)	人均GDP (万元)	碳排放强度 (tCO_2/ 万元GDP)	能耗强度 (tce/ 万元GDP)	用水强度 (kg/元GDP)
2000	141.1	2.09	0.75	2.37	1.88	35.65
2001	144.2	2.15	0.82	2.23	1.87	30.30
2002	169.6	2.52	0.89	2.39	1.89	29.82
2003	209.6	3.10	1.02	2.65	1.93	25.26
2004	249.8	3.67	1.25	2.81	1.95	22.00

续表

年份	碳排放 (MtCO₂)	人均碳排放 (tCO₂)	人均GDP (万元)	碳排放强度 (tCO₂/ 万元GDP)	能耗强度 (tce/ 万元GDP)	用水强度 (kg/元GDP)
2005	323.0	4.71	1.47	3.20	1.96	19.99
2006	354.7	5.14	1.66	3.10	1.91	17.85
2007	362.3	5.22	1.96	2.81	1.83	15.69
2008	395.0	5.65	2.29	2.78	1.71	13.73
2009	405.4	5.76	2.45	2.59	1.63	12.40
2010	442.5	6.15	2.83	2.52	1.49	11.05
2011	515.8	7.12	3.39	2.64	1.44	9.92
2012	522.7	7.17	3.65	2.44	1.34	9.13
2013	508.9	6.94	3.88	2.20	1.28	8.27
2014	492.4	6.67	3.98	2.00	1.19	7.82
2015	497.0	6.69	4.01	1.89	1.12	7.11
2016	512.7	6.86	4.29	1.82	1.06	6.50

注：人均GDP为当年价格；其余GDP均按照2005年可比价格计算。

附表5　2000—2016年山西省碳排放、能耗、水耗与经济数据

年份	碳排放 (MtCO₂)	人均碳排放 (tCO₂)	人均GDP (万元)	碳排放强度 (tCO₂/ 万元GDP)	能耗强度 (tce/ 万元GDP)	用水强度 (kg/元GDP)
2000	124.7	3.78	0.50	5.20	2.81	23.52
2001	154.5	4.72	0.62	5.95	2.68	21.99
2002	196.3	5.96	0.71	6.82	3.25	19.99
2003	227.7	6.87	0.86	6.99	3.19	17.27
2004	232.4	6.97	1.07	6.26	3.03	15.05
2005	240.3	7.16	1.25	5.75	3.05	13.33
2006	263.4	7.80	1.45	5.64	3.02	12.69
2007	269.6	7.95	1.78	5.05	2.92	11.01
2008	260.3	7.63	2.14	4.50	2.71	9.85
2009	253.0	7.38	2.15	4.15	2.55	9.23

续表

年份	碳排放 (MtCO$_2$)	人均碳排放 (tCO$_2$)	人均GDP (万元)	碳排放强度 (tCO$_2$/ 万元GDP)	能耗强度 (tce/ 万元GDP)	用水强度 (kg/元GDP)
2010	260.0	7.28	2.57	3.74	2.42	9.19
2011	290.8	8.09	3.13	3.71	2.33	8.13
2012	311.5	8.63	3.35	3.60	2.24	8.50
2013	288.7	7.95	3.49	3.07	2.10	7.84
2014	294.8	8.08	3.50	2.99	2.01	7.23
2015	296.4	8.09	3.48	2.91	1.90	7.23
2016	297.8	8.09	3.54	2.80	1.82	7.10

注：人均GDP为当年价格；其余GDP均按照2005年可比价格计算。

附表6　2000—2016年内蒙古自治区碳排放、能耗、水耗与经济数据

年份	碳排放 (MtCO$_2$)	人均碳排放 (tCO$_2$)	人均GDP (万元)	碳排放强度 (tCO$_2$/ 万元GDP)	能耗强度 (tce/ 万元GDP)	用水强度 (kg/元GDP)
2000	50.8	2.14	0.59	2.69	2.09	91.33
2001	54.4	2.29	0.72	2.63	2.15	85.07
2002	62.4	2.63	0.82	2.71	2.25	77.26
2003	83.3	3.50	1.00	3.10	2.46	62.21
2004	107.8	4.52	1.28	3.37	2.69	53.53
2005	135.8	5.65	1.62	3.49	2.77	44.87
2006	218.7	9.06	2.05	4.76	2.79	38.88
2007	180.8	7.44	2.64	3.31	2.69	32.91
2008	213.4	8.73	3.48	3.33	2.56	27.42
2009	226.3	9.21	3.96	3.02	2.33	24.19
2010	232.9	9.42	4.72	2.70	2.19	21.12
2011	289.3	11.66	5.79	2.94	2.15	18.48
2012	294.2	11.82	6.38	2.68	2.01	16.77
2013	287.6	11.51	6.77	2.40	1.48	15.29
2014	284.6	11.36	7.09	2.20	1.42	14.09

续表

年份	碳排放 (MtCO$_2$)	人均碳排放 (tCO$_2$)	人均 GDP (万元)	碳排放强度 (tCO$_2$/万元 GDP)	能耗强度 (tce/万元 GDP)	用水强度 (kg/元 GDP)
2015	284.6	11.34	7.10	2.05	1.36	13.35
2016	295.2	11.72	7.19	1.98	1.30	12.76

注：人均 GDP 为当年价格；其余 GDP 均按照 2005 年可比价格计算。

附表7　2000—2016 年辽宁省碳排放、能耗、水耗与经济数据

年份	碳排放 (MtCO$_2$)	人均碳排放 (tCO$_2$)	人均 GDP (万元)	碳排放强度 (tCO$_2$/万元 GDP)	能耗强度 (tce/万元 GDP)	用水强度 (kg/元 GDP)
2000	226.3	5.34	1.10	4.79	2.09	28.88
2001	231.3	5.51	1.20	4.49	2.01	25.03
2002	243.6	5.80	1.30	4.30	1.82	22.42
2003	264.6	6.28	1.43	4.18	1.81	20.30
2004	286.9	6.80	1.58	4.02	1.75	18.26
2005	332.7	7.88	1.90	4.15	1.61	16.64
2006	355.2	8.32	2.18	3.90	1.56	15.50
2007	381.6	8.88	2.60	3.66	1.51	13.69
2008	399.0	9.25	3.17	3.38	1.43	12.10
2009	405.9	9.35	3.50	3.04	1.36	10.70
2010	448.4	10.25	4.22	2.94	1.30	9.43
2011	485.8	11.08	5.07	2.85	1.26	8.41
2012	511.1	11.64	5.66	2.73	1.19	7.61
2013	472.2	10.76	6.20	2.32	1.01	6.99
2014	481.4	10.96	6.52	2.24	0.96	6.59
2015	472.5	10.78	6.54	2.13	0.93	6.36
2016	482.1	11.01	5.08	2.23	0.92	6.27

注：人均 GDP 为当年价格；其余 GDP 均按照 2005 年可比价格计算。

附表8　2000—2016年吉林省碳排放、能耗、水耗与经济数据

年份	碳排放 （MtCO$_2$）	人均碳排放 （tCO$_2$）	人均GDP （万元）	碳排放强度 （tCO$_2$/ 万元GDP）	能耗强度 （tce/ 万元GDP）	用水强度 （kg/元GDP）
2000	57.7	2.12	0.67	2.64	1.61	51.92
2001	58.6	2.18	0.79	2.45	1.55	44.01
2002	62.7	2.32	0.87	2.40	1.61	42.71
2003	73.8	2.73	0.98	2.56	1.55	36.09
2004	77.9	2.87	1.15	2.41	1.48	30.69
2005	93.5	3.44	1.33	2.58	1.45	27.18
2006	95.7	3.51	1.57	2.30	1.41	24.72
2007	99.4	3.64	1.94	2.06	1.34	20.85
2008	111.1	4.07	2.35	1.98	1.27	18.57
2009	110.3	4.03	2.66	1.74	1.19	17.49
2010	119.8	4.36	3.16	1.66	1.13	16.62
2011	140.2	5.10	3.84	1.71	1.08	14.62
2012	136.6	4.97	4.34	1.49	0.98	14.11
2013	121.0	4.40	4.74	1.21	0.87	13.20
2014	130.0	4.72	5.02	1.22	0.81	12.54
2015	120.7	4.39	5.11	1.07	0.72	11.82
2016	121.5	4.45	5.41	1.01	0.66	10.97

注：人均GDP为当年价格；其余GDP均按照2005年可比价格计算。

附表9　2000—2016年黑龙江省碳排放、能耗、水耗与经济数据

年份	碳排放 （MtCO$_2$）	人均碳排放 （tCO$_2$）	人均GDP （万元）	碳排放强度 （tCO$_2$/ 万元GDP）	能耗强度 （tce/ 万元GDP）	用水强度 （kg/元GDP）
2000	39.8	1.08	0.88	1.20	1.85	89.22
2001	38.0	1.00	0.89	1.04	1.60	79.09
2002	39.1	1.02	0.95	0.97	1.55	62.92
2003	47.7	1.25	1.06	1.08	1.43	55.58
2004	53.3	1.40	1.24	1.08	1.52	52.53

续表

年份	碳排放 (MtCO$_2$)	人均碳排放 (tCO$_2$)	人均 GDP (万元)	碳排放强度 (tCO$_2$/万元 GDP)	能耗强度 (tce/万元 GDP)	用水强度 (kg/元 GDP)
2005	61.6	1.61	1.44	1.12	1.47	49.26
2006	66.3	1.73	1.62	1.07	1.41	46.37
2007	70.8	1.85	1.86	1.02	1.35	42.11
2008	78.7	2.06	2.17	1.02	1.29	38.39
2009	76.5	2.00	2.24	0.89	1.22	36.80
2010	77.1	2.01	2.71	0.80	1.15	33.58
2011	87.3	2.28	3.28	0.80	1.12	29.93
2012	94.6	2.47	3.57	0.79	1.07	30.05
2013	86.8	2.26	3.77	0.67	0.92	28.08
2014	184.6	4.82	3.92	1.36	0.88	26.73
2015	186.0	4.88	3.96	1.29	0.84	24.68
2016	186.2	4.90	4.05	1.22	0.80	23.08

注：人均 GDP 为当年价格；其余 GDP 均按照 2005 年可比价格计算。

附表 10   2000—2016 年上海市碳排放、能耗、水耗与经济数据

年份	碳排放 (MtCO$_2$)	人均碳排放 (tCO$_2$)	人均 GDP (万元)	碳排放强度 (tCO$_2$/万元 GDP)	能耗强度 (tce/万元 GDP)	用水强度 (kg/元 GDP)
2000	115.0	6.87	2.72	2.17	1.02	20.42
2001	118.7	7.36	3.23	2.03	1.00	18.17
2002	126.9	7.81	3.53	1.96	0.95	16.08
2003	142.6	8.33	3.91	1.97	0.93	15.03
2004	153.0	8.78	4.63	1.86	0.89	14.34
2005	165.0	8.73	4.84	1.80	0.87	13.25
2006	165.0	8.40	5.38	1.61	0.84	11.57
2007	169.1	8.19	6.05	1.46	0.81	10.35
2008	179.0	8.36	6.57	1.40	0.78	9.40
2009	178.2	8.06	6.81	1.29	0.73	9.08

续表

年份	碳排放 (MtCO$_2$)	人均碳排放 (tCO$_2$)	人均 GDP (万元)	碳排放强度 (tCO$_2$/ 万元 GDP)	能耗强度 (tce/ 万元 GDP)	用水强度 (kg/元 GDP)
2010	191.9	8.33	7.45	1.27	0.70	8.33
2011	198.3	8.45	8.18	1.21	0.67	7.70
2012	200.7	8.43	8.48	1.14	0.62	6.58
2013	211.7	8.77	9.03	1.12	0.60	6.49
2014	200.6	8.27	9.71	0.99	0.55	5.21
2015	212.2	8.79	10.40	0.98	0.52	4.78
2016	213.5	8.82	11.64	0.92	0.51	4.52

注：人均 GDP 为当年价格；其余 GDP 均按照 2005 年可比价格计算。

附表 11　2000—2016 年江苏省碳排放、能耗、水耗与经济数据

年份	碳排放 (MtCO$_2$)	人均碳排放 (tCO$_2$)	人均 GDP (万元)	碳排放强度 (tCO$_2$/ 万元 GDP)	能耗强度 (tce/ 万元 GDP)	用水强度 (kg/元 GDP)
2000	127.2	1.71	1.15	1.28	0.86	44.70
2001	125.4	1.70	1.29	1.14	0.81	42.46
2002	138.5	1.88	1.44	1.13	0.78	39.05
2003	163.7	2.21	1.68	1.18	0.79	31.15
2004	203.7	2.74	2.02	1.27	0.85	32.88
2005	265.8	3.50	2.41	1.45	0.94	28.39
2006	288.5	3.77	2.84	1.37	0.89	25.98
2007	306.0	3.96	3.37	1.27	0.87	23.10
2008	307.4	3.96	3.99	1.13	0.82	20.57
2009	323.4	4.14	4.41	1.06	0.78	18.00
2010	358.5	4.56	5.26	1.04	0.75	16.06
2011	412.8	5.23	6.22	1.08	0.70	14.47
2012	425.4	5.37	6.83	1.01	0.66	13.14
2013	432.1	5.44	7.53	0.94	0.63	12.52
2014	445.1	5.59	8.18	0.89	0.60	11.81

续表

年份	碳排放 (MtCO$_2$)	人均碳排放 (tCO$_2$)	人均GDP (万元)	碳排放强度 (tCO$_2$/万元GDP)	能耗强度 (tce/万元GDP)	用水强度 (kg/元GDP)
2015	472.4	5.92	8.79	0.87	0.56	10.58
2016	498.0	6.23	9.67	0.85	0.53	9.86

注：人均GDP为当年价格；其余GDP均按照2005年可比价格计算。

附表12　2000—2016年浙江省碳排放、能耗、水耗与经济数据

年份	碳排放 (MtCO$_2$)	人均碳排放 (tCO$_2$)	人均GDP (万元)	碳排放强度 (tCO$_2$/万元GDP)	能耗强度 (tce/万元GDP)	用水强度 (kg/元GDP)
2000	93.7	2.00	1.29	1.27	0.89	27.20
2001	95.8	2.08	1.50	1.17	0.89	25.13
2002	109.5	2.36	1.72	1.19	0.90	22.67
2003	126.9	2.71	2.07	1.21	0.91	19.69
2004	152.1	3.22	2.47	1.27	0.91	17.38
2005	178.2	3.57	2.69	1.33	0.90	15.62
2006	193.5	3.81	3.10	1.27	0.87	13.64
2007	208.2	4.04	3.64	1.19	0.83	12.07
2008	215.9	4.14	4.12	1.12	0.78	11.25
2009	223.7	4.24	4.36	1.07	0.74	9.44
2010	239.6	4.40	5.09	1.02	0.72	8.66
2011	259.1	4.74	5.92	1.01	0.70	7.95
2012	251.6	4.59	6.33	0.91	0.66	7.18
2013	251.8	4.58	6.87	0.84	0.62	6.64
2014	262.0	4.76	7.29	0.82	0.59	6.01
2015	269.4	4.86	7.74	0.78	0.57	5.36
2016	265.5	4.75	8.45	0.71	0.54	4.86

注：人均GDP为当年价格；其余GDP均按照2005年可比价格计算。

附录二 2000—2016年中国及省区市碳排放、能耗、水耗与经济数据 223

附表13 2000—2016年安徽省碳排放、能耗、水耗与经济数据

年份	碳排放 (MtCO$_2$)	人均碳排放 (tCO$_2$)	人均GDP (万元)	碳排放强度 (tCO$_2$/ 万元GDP)	能耗强度 (tce/ 万元GDP)	用水强度 (kg/元GDP)
2000	68.0	1.14	0.51	2.05	1.47	53.35
2001	68.6	1.08	0.51	1.91	1.45	59.64
2002	73.9	1.17	0.56	1.89	1.36	51.02
2003	84.2	1.31	0.61	1.97	1.28	41.79
2004	87.6	1.36	0.74	1.82	1.25	43.62
2005	91.5	1.49	0.88	1.70	1.21	38.70
2006	98.5	1.61	1.00	1.62	1.16	40.40
2007	108.4	1.77	1.20	1.57	1.12	33.57
2008	120.9	1.97	1.44	1.55	1.07	34.19
2009	126.5	2.06	1.64	1.44	1.01	33.25
2010	130.2	2.19	2.07	1.29	0.96	29.05
2011	148.2	2.48	2.56	1.30	0.90	25.78
2012	156.4	2.61	2.87	1.22	0.86	22.52
2013	166.3	2.76	3.19	1.18	0.83	20.93
2014	179.9	2.96	3.43	1.16	0.78	17.62
2015	183.7	2.99	3.58	1.09	0.73	17.19
2016	184.3	2.97	3.94	1.01	0.70	15.93

注：人均GDP为当年价格；其余GDP均按照2005年可比价格计算。

附表14 2000—2016年福建省碳排放、能耗、水耗与经济数据

年份	碳排放 (MtCO$_2$)	人均碳排放 (tCO$_2$)	人均GDP (万元)	碳排放强度 (tCO$_2$/ 万元GDP)	能耗强度 (tce/ 万元GDP)	用水强度 (kg/元GDP)
2000	38.0	1.09	1.13	0.97	0.75	45.00
2001	37.1	1.08	1.18	0.87	0.74	41.28
2002	43.4	1.25	1.29	0.92	0.77	38.72
2003	51.7	1.48	1.43	0.98	0.77	34.71
2004	61.7	1.76	1.64	1.04	0.77	31.33

续表

年份	碳排放 (MtCO$_2$)	人均碳排放 (tCO$_2$)	人均GDP (万元)	碳排放强度 (tCO$_2$/万元GDP)	能耗强度 (tce/万元GDP)	用水强度 (kg/元GDP)
2005	72.7	2.04	1.85	1.11	0.88	28.45
2006	78.4	2.19	2.12	1.05	0.86	25.14
2007	85.8	2.38	2.56	1.00	0.83	22.89
2008	86.8	2.38	2.97	0.90	0.80	20.44
2009	110.0	3.00	3.34	1.01	0.77	18.56
2010	131.9	3.57	3.99	1.07	0.74	16.39
2011	143.9	3.87	4.72	1.04	0.72	14.61
2012	145.4	3.88	5.26	0.94	0.68	12.96
2013	141.0	3.74	5.79	0.82	0.64	11.95
2014	178.0	4.68	6.32	0.95	0.63	10.92
2015	174.9	4.56	6.77	0.85	0.58	9.81
2016	170.1	4.39	7.44	0.76	0.54	8.50

注：人均GDP为当年价格；其余GDP均按照2005年可比价格计算。

附表15　2000—2016年江西省碳排放、能耗、水耗与经济数据

年份	碳排放 (MtCO$_2$)	人均碳排放 (tCO$_2$)	人均GDP (万元)	碳排放强度 (tCO$_2$/万元GDP)	能耗强度 (tce/万元GDP)	用水强度 (kg/元GDP)
2000	36.5	0.88	0.48	1.56	1.07	93.04
2001	36.7	0.88	0.52	1.44	1.03	82.87
2002	41.1	0.97	0.58	1.46	1.04	71.85
2003	48.8	1.15	0.66	1.54	1.08	54.28
2004	57.3	1.34	0.81	1.59	1.06	56.59
2005	64.2	1.49	0.94	1.58	1.06	51.30
2006	69.7	1.61	1.11	1.53	1.02	45.15
2007	72.9	1.67	1.33	1.42	0.98	45.63
2008	73.8	1.68	1.58	1.27	0.93	40.40
2009	77.7	1.75	1.73	1.19	0.89	36.81

续表

年份	碳排放 (MtCO$_2$)	人均碳排放 (tCO$_2$)	人均GDP (万元)	碳排放强度 (tCO$_2$/万元GDP)	能耗强度 (tce/万元GDP)	用水强度 (kg/元GDP)
2010	88.3	1.98	2.12	1.18	0.84	32.08
2011	98.5	2.20	2.61	1.17	0.81	28.51
2012	102.5	2.28	2.87	1.10	0.77	25.98
2013	107.5	2.38	3.19	1.05	0.74	25.77
2014	109.7	2.41	3.46	0.97	0.71	23.00
2015	116.7	2.56	3.66	0.95	0.69	19.99
2016	121.7	2.65	4.03	0.91	0.65	18.31

注：人均GDP为当年价格；其余GDP均按照2005年可比价格计算。

附表16 2000—2016年山东省碳排放、能耗、水耗与经济数据

年份	碳排放 (MtCO$_2$)	人均碳排放 (tCO$_2$)	人均GDP (万元)	碳排放强度 (tCO$_2$/万元GDP)	能耗强度 (tce/万元GDP)	用水强度 (kg/元GDP)
2000	146.0	1.61	0.94	1.46	1.14	24.47
2001	156.9	1.74	1.02	1.43	1.25	23.01
2002	161.8	1.78	1.13	1.32	1.32	20.59
2003	214.0	2.35	1.32	1.54	1.31	15.74
2004	287.3	3.13	1.64	1.79	1.22	13.15
2005	386.8	4.18	2.00	2.09	1.30	11.21
2006	438.3	4.71	2.35	2.06	1.26	10.46
2007	465.4	4.97	2.75	1.92	1.20	9.04
2008	497.9	5.29	3.28	1.83	1.12	8.08
2009	520.3	5.49	3.58	1.71	1.06	7.22
2010	578.4	6.03	4.09	1.69	0.88	6.49
2011	629.6	6.53	4.71	1.66	0.98	5.90
2012	675.0	6.97	5.16	1.62	0.93	5.32
2013	660.6	6.79	5.67	1.44	0.77	4.77
2014	723.3	7.39	6.07	1.46	0.73	4.32

续表

年份	碳排放 （MtCO$_2$）	人均碳排放 （tCO$_2$）	人均 GDP （万元）	碳排放强度 （tCO$_2$/ 万元 GDP）	能耗强度 （tce/ 万元 GDP）	用水强度 （kg/元 GDP）
2015	790.1	8.02	6.40	1.47	0.71	3.96
2016	895.6	9.00	6.84	1.55	0.67	3.71

注：人均 GDP 为当年价格；其余 GDP 均按照 2005 年可比价格计算。

附表 17　2000—2016 年河南省碳排放、能耗、水耗与经济数据

年份	碳排放 （MtCO$_2$）	人均碳排放 （tCO$_2$）	人均 GDP （万元）	碳排放强度 （tCO$_2$/ 万元 GDP）	能耗强度 （tce/ 万元 GDP）	用水强度 （kg/元 GDP）
2000	93.7	1.01	0.56	1.52	1.28	33.12
2001	98.3	1.03	0.58	1.46	1.24	34.30
2002	108.1	1.13	0.63	1.46	1.22	29.64
2003	102.6	1.06	0.71	1.26	1.30	23.00
2004	162.4	1.67	0.88	1.75	1.41	21.63
2005	191.4	2.04	1.13	1.81	1.38	18.68
2006	212.1	2.26	1.32	1.76	1.34	18.79
2007	230.6	2.46	1.60	1.67	1.29	15.14
2008	238.3	2.53	1.91	1.54	1.22	14.69
2009	234.1	2.47	2.05	1.37	1.15	13.63
2010	250.0	2.66	2.46	1.30	0.99	11.67
2011	291.2	3.10	2.87	1.36	0.95	10.46
2012	292.4	3.11	3.15	1.24	0.88	10.09
2013	276.3	2.94	3.42	1.07	0.85	9.34
2014	300.6	3.19	3.70	1.07	0.82	7.46
2015	309.7	3.27	3.90	1.02	0.76	7.33
2016	314.8	3.30	4.25	0.96	0.70	6.93

注：人均 GDP 为当年价格；其余 GDP 均按照 2005 年可比价格计算。

附表18　2000—2016年湖北省碳排放、能耗、水耗与经济数据

年份	碳排放 （MtCO$_2$）	人均碳排放 （tCO$_2$）	人均GDP （万元）	碳排放强度 （tCO$_2$/ 万元GDP）	能耗强度 （tce/ 万元GDP）	用水强度 （kg/元GDP）
2000	88.9	1.47	0.71	2.20	1.55	66.92
2001	83.2	1.39	0.65	1.89	1.41	63.15
2002	91.6	1.53	0.70	1.90	1.39	50.05
2003	104.9	1.75	0.79	1.99	1.47	46.59
2004	115.2	1.91	0.94	1.97	1.56	41.47
2005	130.9	2.29	1.14	2.01	1.55	38.86
2006	145.0	2.55	1.34	1.98	1.51	35.41
2007	159.4	2.80	1.64	1.90	1.45	30.92
2008	161.9	2.83	1.98	1.71	1.35	28.52
2009	167.7	2.93	2.27	1.56	1.28	26.19
2010	177.4	3.10	2.79	1.44	1.23	23.35
2011	200.8	3.49	3.41	1.43	1.18	20.52
2012	202.0	3.50	3.85	1.29	1.13	19.48
2013	190.1	3.28	4.28	1.11	0.91	16.97
2014	202.3	3.48	4.71	1.07	0.87	15.28
2015	202.1	3.45	5.05	0.98	0.80	14.66
2016	205.1	3.48	5.55	0.92	0.76	12.70

注：人均GDP为当年价格；其余GDP均按照2005年可比价格计算。

附表19　2000—2016年湖南省碳排放、能耗、水耗与经济数据

年份	碳排放 （MtCO$_2$）	人均碳排放 （tCO$_2$）	人均GDP （万元）	碳排放强度 （tCO$_2$/ 万元GDP）	能耗强度 （tce/ 万元GDP）	用水强度 （kg/元GDP）
2000	54.0	0.84	0.57	1.35	1.02	78.99
2001	54.7	0.83	0.58	1.25	1.06	73.08
2002	61.5	0.93	0.63	1.29	1.06	64.58
2003	69.8	1.05	0.70	1.34	1.21	61.22
2004	87.5	1.31	0.84	1.50	1.30	55.47

续表

年份	碳排放 (MtCO$_2$)	人均碳排放 (tCO$_2$)	人均 GDP (万元)	碳排放强度 (tCO$_2$/万元 GDP)	能耗强度 (tce/万元 GDP)	用水强度 (kg/元 GDP)
2005	105.6	1.67	1.03	1.62	1.49	50.44
2006	109.0	1.72	1.21	1.49	1.45	44.90
2007	132.5	2.08	1.49	1.59	1.39	38.84
2008	130.9	2.05	1.81	1.39	1.31	34.36
2009	133.1	2.08	2.04	1.24	1.25	30.12
2010	138.7	2.11	2.44	1.13	1.21	26.54
2011	153.8	2.33	2.98	1.11	1.17	23.53
2012	162.6	2.45	3.34	1.06	1.09	21.38
2013	159.0	2.38	3.68	0.94	0.88	19.63
2014	157.0	2.33	4.01	0.85	0.83	17.93
2015	171.0	2.52	4.26	0.85	0.77	16.41
2016	170.4	2.50	4.62	0.78	0.73	15.21

注：人均 GDP 为当年价格；其余 GDP 均按照 2005 年可比价格计算。

附表 20　2000—2016 年广东省碳排放、能耗、水耗与经济数据

年份	碳排放 (MtCO$_2$)	人均碳排放 (tCO$_2$)	人均 GDP (万元)	碳排放强度 (tCO$_2$/万元 GDP)	能耗强度 (tce/万元 GDP)	用水强度 (kg/元 GDP)
2000	164.3	1.90	1.12	1.30	0.75	34.03
2001	170.5	2.19	1.55	1.23	0.74	32.27
2002	182.0	2.32	1.72	1.19	0.74	29.17
2003	204.8	2.57	1.99	1.18	0.75	26.28
2004	236.6	2.85	2.27	1.19	0.77	23.38
2005	263.6	2.87	2.43	1.18	0.80	20.52
2006	290.1	3.07	2.82	1.14	0.78	18.00
2007	305.0	3.16	3.29	1.04	0.76	15.83
2008	311.3	3.15	3.72	0.97	0.73	14.35
2009	340.3	3.36	3.90	0.97	0.70	13.15

续表

年份	碳排放 (MtCO$_2$)	人均碳排放 (tCO$_2$)	人均GDP (万元)	碳排放强度 (tCO$_2$/ 万元GDP)	能耗强度 (tce/ 万元GDP)	用水强度 (kg/元GDP)
2010	366.7	3.51	4.41	0.93	0.64	11.87
2011	384.9	3.66	5.07	0.89	0.66	10.79
2012	386.4	3.65	5.39	0.82	0.59	9.59
2013	382.0	3.59	5.87	0.75	0.56	8.68
2014	404.6	3.77	6.32	0.74	0.54	8.04
2015	418.0	3.85	6.71	0.70	0.51	7.46
2016	448.0	4.07	7.35	0.70	0.49	6.81

注：人均GDP为当年价格；其余GDP均按照2005年可比价格计算。

附表21　2000—2016年广西壮族自治区碳排放、能耗、水耗与经济数据

年份	碳排放 (MtCO$_2$)	人均碳排放 (tCO$_2$)	人均GDP (万元)	碳排放强度 (tCO$_2$/ 万元GDP)	能耗强度 (tce/ 万元GDP)	用水强度 (kg/元GDP)
2000	26.2	0.58	0.46	1.06	1.01	118.95
2001	25.9	0.54	0.48	0.97	1.02	109.39
2002	30.0	0.62	0.52	1.02	0.95	101.37
2003	35.6	0.73	0.58	1.10	0.99	86.08
2004	48.1	0.98	0.70	1.33	1.11	80.41
2005	53.8	1.15	0.87	1.32	1.11	76.77
2006	57.4	1.22	1.01	1.24	1.09	67.97
2007	65.0	1.36	1.22	1.22	1.05	58.40
2008	67.2	1.40	1.46	1.12	1.01	51.72
2009	72.5	1.49	1.60	1.06	0.97	44.43
2010	87.6	1.90	2.08	1.12	0.95	38.67
2011	118.8	2.56	2.52	1.36	0.91	34.43
2012	137.2	2.93	2.78	1.41	0.88	31.08
2013	125.0	2.65	3.06	1.16	0.85	28.69
2014	141.1	2.97	3.30	1.21	0.82	26.39

续表

年份	碳排放 (MtCO$_2$)	人均碳排放 (tCO$_2$)	人均GDP (万元)	碳排放强度 (tCO$_2$/ 万元GDP)	能耗强度 (tce/ 万元GDP)	用水强度 (kg/元GDP)
2015	141.0	2.94	3.50	1.12	0.77	23.76
2016	147.4	3.05	3.79	1.09	0.75	21.50

注：人均GDP为当年价格；其余GDP均按照2005年可比价格计算。

附表22　2000—2016年海南省碳排放、能耗、水耗与经济数据

年份	碳排放 (MtCO$_2$)	人均碳排放 (tCO$_2$)	人均GDP (万元)	碳排放强度 (tCO$_2$/ 万元GDP)	能耗强度 (tce/ 万元GDP)	用水强度 (kg/元GDP)
2000	6.4	0.81	0.66	1.13	0.86	78.57
2001	6.6	0.82	0.70	1.08	0.85	71.39
2002	2.3	0.29	0.77	0.35	0.90	66.19
2003	14.1	1.74	0.86	1.92	0.93	62.92
2004	13.3	1.63	0.98	1.64	0.91	56.98
2005	12.3	1.48	1.08	1.37	0.92	49.30
2006	20.5	2.45	1.25	2.03	0.91	46.20
2007	40.0	4.73	1.48	3.47	0.92	40.53
2008	41.0	4.80	1.76	3.24	0.90	37.07
2009	43.0	4.97	1.91	3.04	0.87	31.49
2010	45.8	5.27	2.38	2.80	0.80	27.13
2011	53.6	6.11	2.88	2.92	0.85	24.20
2012	54.8	6.17	3.22	2.74	0.82	22.65
2013	45.9	5.13	3.55	2.09	0.78	19.66
2014	55.1	6.10	3.88	2.31	0.76	18.87
2015	62.3	6.84	4.06	2.42	0.75	17.82
2016	61.0	6.65	4.42	2.21	0.73	16.28

注：人均GDP为当年价格；其余GDP均按照2005年可比价格计算。

附表 23　2000—2016 年重庆市碳排放、能耗、水耗与经济数据

年份	碳排放 （MtCO$_2$）	人均碳排放 （tCO$_2$）	人均 GDP （万元）	碳排放强度 （tCO$_2$/ 万元 GDP）	能耗强度 （tce/ 万元 GDP）	用水强度 （kg/元 GDP）
2000	33.5	1.08	0.51	1.83	1.13	30.73
2001	31.2	1.01	0.57	1.56	1.11	28.81
2002	34.0	1.09	0.64	1.54	1.10	27.36
2003	32.9	1.05	0.73	1.34	1.10	25.73
2004	38.8	1.24	0.86	1.41	1.05	24.51
2005	54.3	1.94	1.10	1.77	0.99	23.19
2006	56.4	2.01	1.39	1.64	0.97	21.25
2007	60.1	2.13	1.66	1.51	0.97	19.44
2008	63.9	2.25	2.04	1.40	0.89	18.19
2009	65.1	2.28	2.28	1.24	0.84	16.31
2010	69.4	2.41	2.75	1.13	0.81	14.11
2011	83.2	2.85	3.43	1.17	0.77	12.12
2012	87.4	2.97	3.87	1.08	0.72	10.24
2013	73.7	2.48	4.30	0.81	0.68	9.23
2014	81.2	2.72	4.77	0.81	0.65	7.98
2015	84.0	2.79	5.21	0.75	0.62	7.14
2016	88.1	2.89	5.82	0.71	0.57	6.25

注：人均 GDP 为当年价格；其余 GDP 均按照 2005 年可比价格计算。

附表 24　2000—2016 年四川省碳排放、能耗、水耗与经济数据

年份	碳排放 （MtCO$_2$）	人均碳排放 （tCO$_2$）	人均 GDP （万元）	碳排放强度 （tCO$_2$/ 万元 GDP）	能耗强度 （tce/ 万元 GDP）	用水强度 （kg/元 GDP）
2000	65.8	0.79	0.48	1.53	1.51	48.38
2001	68.5	0.79	0.50	1.45	1.45	44.16
2002	78.7	0.91	0.54	1.51	1.44	40.07
2003	97.4	1.12	0.61	1.67	1.58	36.06
2004	114.4	1.31	0.73	1.74	1.63	32.08

续表

年份	碳排放 (MtCO$_2$)	人均碳排放 (tCO$_2$)	人均 GDP (万元)	碳排放强度 (tCO$_2$/ 万元 GDP)	能耗强度 (tce/ 万元 GDP)	用水强度 (kg/元 GDP)
2005	123.2	1.50	0.90	1.67	1.60	28.75
2006	137.2	1.68	1.06	1.64	1.55	25.71
2007	152.4	1.88	1.30	1.60	1.49	22.40
2008	159.4	1.96	1.55	1.52	1.45	19.84
2009	173.9	2.12	1.73	1.45	1.36	18.66
2010	189.5	2.35	2.14	1.37	1.30	16.70
2011	198.0	2.46	2.61	1.25	1.24	14.52
2012	207.7	2.57	2.96	1.16	1.15	13.77
2013	214.9	2.65	3.26	1.09	0.98	12.35
2014	239.2	2.94	3.51	1.12	0.93	11.12
2015	241.1	2.94	3.66	1.05	0.80	11.55
2016	236.0	2.86	3.99	0.95	0.76	10.79

注：人均 GDP 为当年价格；其余 GDP 均按照 2005 年可比价格计算。

附表 25　2000—2016 年贵州省碳排放、能耗、水耗与经济数据

年份	碳排放 (MtCO$_2$)	人均碳排放 (tCO$_2$)	人均 GDP (万元)	碳排放强度 (tCO$_2$/ 万元 GDP)	能耗强度 (tce/ 万元 GDP)	用水强度 (kg/元 GDP)
2000	41.0	1.16	0.28	3.36	3.51	69.06
2001	39.6	1.04	0.30	2.99	3.35	65.73
2002	43.1	1.12	0.32	2.98	3.09	62.17
2003	55.6	1.44	0.37	3.49	3.48	58.82
2004	65.0	1.67	0.43	3.66	3.39	53.14
2005	64.9	1.74	0.53	3.28	2.85	49.12
2006	74.1	2.01	0.63	3.36	2.80	45.32
2007	80.0	2.20	0.79	3.19	2.71	39.07
2008	82.8	2.30	0.99	3.00	2.56	36.86
2009	83.3	2.36	1.11	2.71	2.46	32.66

续表

年份	碳排放 (MtCO$_2$)	人均碳排放 (tCO$_2$)	人均GDP (万元)	碳排放强度 (tCO$_2$/ 万元GDP)	能耗强度 (tce/ 万元GDP)	用水强度 (kg/元GDP)
2010	81.5	2.34	1.32	2.35	2.36	29.25
2011	94.3	2.72	1.64	2.36	2.27	25.44
2012	102.4	2.94	1.97	2.26	1.90	22.25
2013	104.1	2.97	2.31	2.04	1.82	18.17
2014	101.6	2.89	2.64	1.80	1.72	16.88
2015	104.5	2.96	2.98	1.67	1.59	15.59
2016	112.1	3.15	3.31	1.62	1.48	14.52

注：人均GDP为当年价格；其余GDP均按照2005年可比价格计算。

附表26　2000—2016年云南省碳排放、能耗、水耗与经济数据

年份	碳排放 (MtCO$_2$)	人均碳排放 (tCO$_2$)	人均GDP (万元)	碳排放强度 (tCO$_2$/ 万元GDP)	能耗强度 (tce/ 万元GDP)	用水强度 (kg/元GDP)
2000	34.6	0.81	0.46	1.52	1.52	64.38
2001	37.6	0.88	0.50	1.55	1.54	60.10
2002	49.2	1.14	0.53	1.87	1.57	56.45
2003	63.2	1.44	0.58	2.21	1.56	51.14
2004	80.5	1.82	0.70	2.53	1.64	46.11
2005	93.9	2.11	0.78	2.70	1.73	42.28
2006	100.0	2.23	0.89	2.57	1.70	37.26
2007	105.4	2.34	1.06	2.42	1.63	34.38
2008	107.3	2.36	1.25	2.21	1.55	31.61
2009	109.2	2.39	1.35	2.01	1.48	28.11
2010	112.4	2.44	1.57	1.84	1.42	24.19
2011	119.4	2.58	1.92	1.72	1.38	21.27
2012	127.2	2.73	2.21	1.62	1.33	19.37
2013	121.0	2.58	2.52	1.38	1.15	17.04
2014	111.4	2.36	2.72	1.17	1.10	15.74

续表

年份	碳排放 （MtCO$_2$）	人均碳排放 （tCO$_2$）	人均GDP （万元）	碳排放强度 （tCO$_2$/ 万元GDP）	能耗强度 （tce/ 万元GDP）	用水强度 （kg/元GDP）
2015	100.8	2.12	2.87	0.98	1.00	14.54
2016	103.3	2.16	3.10	0.92	0.95	13.39

注：人均GDP为当年价格；其余GDP均按照2005年可比价格计算。

附表27　2000—2016年陕西省碳排放、能耗、水耗与经济数据

年份	碳排放 （MtCO$_2$）	人均碳排放 （tCO$_2$）	人均GDP （万元）	碳排放强度 （tCO$_2$/ 万元GDP）	能耗强度 （tce/ 万元GDP）	用水强度 （kg/元GDP）
2000	46.3	1.28	0.46	2.13	1.25	36.12
2001	52.1	1.42	0.55	2.19	1.28	32.78
2002	62.3	1.70	0.61	2.39	1.32	29.93
2003	72.0	1.95	0.70	2.49	1.36	25.97
2004	92.0	2.48	0.86	2.82	1.46	23.14
2005	103.7	2.81	1.00	2.82	1.52	21.44
2006	122.8	3.32	1.28	2.96	1.48	20.30
2007	135.2	3.65	1.55	2.85	1.43	17.21
2008	150.3	4.04	1.97	2.74	1.35	15.61
2009	163.2	4.38	2.19	2.62	1.29	13.55
2010	183.8	4.92	2.71	2.58	1.16	11.70
2011	201.8	5.39	3.34	2.49	1.12	10.28
2012	225.8	6.02	3.85	2.46	1.08	9.60
2013	226.6	6.02	4.31	2.23	1.04	8.77
2014	236.4	6.26	4.69	2.12	1.01	8.05
2015	233.4	6.15	4.75	1.94	0.97	7.57
2016	231.2	6.06	5.09	1.78	0.93	7.00

注：人均GDP为当年价格；其余GDP均按照2005年可比价格计算。

附表28 2000—2016年甘肃省碳排放、能耗、水耗与经济数据

年份	碳排放 （MtCO$_2$）	人均碳排放 （tCO$_2$）	人均GDP （万元）	碳排放强度 （tCO$_2$/ 万元GDP）	能耗强度 （tce/ 万元GDP）	用水强度 （kg/元GDP）
2000	54.4	2.12	0.38	4.59	2.54	103.92
2001	54.9	2.13	0.44	4.24	2.37	93.99
2002	57.2	2.21	0.48	4.04	2.24	86.51
2003	64.5	2.48	0.54	4.13	2.26	77.88
2004	75.9	2.90	0.64	4.38	2.26	70.17
2005	83.0	3.26	0.76	4.29	2.22	63.60
2006	88.3	3.47	0.89	4.10	2.17	57.28
2007	96.6	3.79	1.06	4.00	2.08	50.97
2008	96.4	3.78	1.24	3.63	1.98	45.69
2009	95.6	3.74	1.33	3.27	1.85	41.23
2010	99.0	3.87	1.61	3.03	1.78	37.28
2011	115.6	4.51	1.96	3.15	1.74	33.44
2012	118.5	4.60	2.19	2.86	1.67	29.74
2013	123.5	4.78	2.45	2.69	1.59	26.60
2014	122.7	4.74	2.64	2.46	1.51	24.15
2015	119.2	4.59	2.61	2.21	1.39	22.08
2016	115.0	4.41	2.76	1.98	1.26	20.38

注：人均GDP为当年价格；其余GDP均按照2005年可比价格计算。

附表29 2000—2016年青海省碳排放、能耗、水耗与经济数据

年份	碳排放 （MtCO$_2$）	人均碳排放 （tCO$_2$）	人均GDP （万元）	碳排放强度 （tCO$_2$/ 万元GDP）	能耗强度 （tce/ 万元GDP）	用水强度 （kg/元GDP）
2000	7.5	1.44	0.51	2.45	2.94	91.20
2001	8.6	1.65	0.57	2.52	2.74	79.57
2002	9.7	1.84	0.64	2.53	2.65	70.24
2003	11.8	2.21	0.73	2.73	2.60	67.27
2004	13.3	2.47	0.86	2.75	2.82	62.37

续表

年份	碳排放 （MtCO$_2$）	人均碳排放 （tCO$_2$）	人均GDP （万元）	碳排放强度 （tCO$_2$/ 万元GDP）	能耗强度 （tce/ 万元GDP）	用水强度 （kg/元GDP）
2005	15.0	2.77	1.00	2.76	3.37	56.50
2006	17.9	3.26	1.18	2.93	3.42	52.82
2007	20.5	3.70	1.44	2.98	3.35	45.36
2008	23.7	4.27	1.84	3.06	3.23	44.51
2009	24.1	4.33	1.94	2.83	3.02	33.84
2010	24.1	4.28	2.40	2.46	2.87	31.39
2011	28.9	5.09	2.94	2.60	2.82	27.63
2012	33.7	5.89	3.30	2.70	2.78	21.91
2013	35.8	6.20	3.67	2.59	2.72	20.35
2014	35.4	6.07	3.95	2.34	2.64	17.38
2015	35.2	5.99	4.11	2.15	2.53	16.37
2016	38.2	6.45	4.34	2.16	2.32	14.93

注：人均GDP为当年价格；其余GDP均按照2005年可比价格计算。

附表30　2000—2016年宁夏回族自治区碳排放、能耗、水耗与经济数据

年份	碳排放 （MtCO$_2$）	人均碳排放 （tCO$_2$）	人均GDP （万元）	碳排放强度 （tCO$_2$/ 万元GDP）	能耗强度 （tce/ 万元GDP）	用水强度 （kg/元GDP）
2000	11.3	2.01	0.47	3.11	4.18	239.96
2001	28.9	5.13	0.60	7.22	3.94	210.45
2002	17.2	3.00	0.66	3.89	4.02	184.83
2003	30.8	5.32	0.77	6.23	4.01	129.37
2004	30.6	5.20	0.91	5.57	4.09	134.76
2005	32.1	5.39	1.02	5.30	4.08	128.86
2006	35.4	5.86	1.20	5.19	4.05	113.85
2007	35.9	5.89	1.51	4.69	3.93	92.64
2008	43.9	7.11	1.95	5.11	3.70	86.29

续表

年份	碳排放 (MtCO$_2$)	人均碳排放 (tCO$_2$)	人均 GDP (万元)	碳排放强度 (tCO$_2$/ 万元 GDP)	能耗强度 (tce/ 万元 GDP)	用水强度 (kg/元 GDP)
2009	45.7	7.32	2.17	4.77	3.45	75.24
2010	50.6	7.99	2.67	4.65	3.38	66.53
2011	66.5	10.41	3.29	5.46	3.87	59.38
2012	78.5	12.14	3.62	5.78	3.60	51.07
2013	81.1	12.40	3.94	5.43	3.48	48.32
2014	80.2	12.11	4.16	4.97	3.30	43.62
2015	87.9	13.16	4.36	5.05	3.26	40.45
2016	91.5	13.56	4.69	4.86	2.97	34.49

注：人均 GDP 为当年价格；其余 GDP 均按照 2005 年可比价格计算。

附表 31　2000—2016 年新疆维吾尔自治区碳排放、能耗、水耗与经济数据

年份	碳排放 (MtCO$_2$)	人均碳排放 (tCO$_2$)	人均 GDP (万元)	碳排放强度 (tCO$_2$/ 万元 GDP)	能耗强度 (tce/ 万元 GDP)	用水强度 (kg/元 GDP)
2000	65.8	3.42	0.71	4.00	2.02	291.95
2001	68.1	3.63	0.80	3.83	1.97	274.35
2002	71.1	3.73	0.85	3.70	1.89	247.24
2003	78.0	4.03	0.98	3.67	1.91	235.41
2004	89.4	4.55	1.13	3.78	2.02	210.35
2005	105.8	5.26	1.30	4.06	2.11	195.26
2006	119.5	5.83	1.49	4.13	2.09	177.72
2007	127.5	6.08	1.68	3.93	2.03	159.63
2008	138.1	6.48	1.96	3.83	1.96	146.72
2009	148.3	6.87	1.98	3.81	1.93	136.42
2010	166.3	7.61	2.49	3.86	1.84	124.32
2011	198.3	8.97	2.99	4.11	1.97	111.00
2012	219.0	9.81	3.36	4.06	2.09	109.29
2013	238.5	10.54	3.73	3.98	2.27	98.11

续表

年份	碳排放（MtCO$_2$）	人均碳排放（tCO$_2$）	人均GDP（万元）	碳排放强度（tCO$_2$/万元GDP）	能耗强度（tce/万元GDP）	用水强度（kg/元GDP）
2014	262.2	11.41	4.04	3.98	2.26	88.25
2015	252.2	10.69	3.95	3.52	2.18	80.47
2016	261.2	10.89	4.02	3.38	2.11	73.26

注：人均GDP为当年价格；其余GDP均按照2005年可比价格计算。

参考文献

Aarons, Kyle, "Carbon Pollution Standards for New and Existing Power Plants and Their Impact on Carbon Capture and Storage", *Cornerstone*, 2014, 2 (3): 19-23.

Acemoglu, D., Aghion, P. and Hemous, D., "The Environment and Directed Technical Change in a North-South Model", *Oxford Review of Economic Policy*, 2014, 30 (3): 513-530.

Annemiek K. Admiraal, Andries F. Hof, Michel G. J. den Elzen and Detlef P. van Vuuren, "Costs and Benefits of Differences in the Timing of Greenhouse Gas Emission Reductions", *in Mitigation and Adaptation Strategies for Global Change*, 2015: 1-15.

Bagstad, K. J., Johnson, G. W., Voigt, B. and Villa, F., "Spatial Dynamics of Ecosystem Service Flows: A Comprehensive Approach to Quantifying Actual Services", *Ecosystem Services*, 2013, 4: 117-125, doi: 10.1016/j. ecoser. 2012. 07. 012.

Bastian, O., Syrbe, R. U., Rosenberg, M., Rahe, D. and Grunewald, K., "The Five Pillar EPPS Framework for Quantifying, Mapping and Managing Ecosystem Services", *Ecosystem Services*, 2013, 4: 15-24, doi: 10.1016/j. Ecoser, 2013. 04. 003.

Beach, R. H., Creason, J., Ohrel, S. B., Ragnauth, S., Ogle, S., Li, C. et al., "Global Mitigation Potential and Costs of Reducing Agricultural Non-CO_2 Greenhouse Gas Emissions through 2030", *Journal of Integrative Environmental Sciences*, 2015, 12 (sup. 1): 87-105, doi: 10.1080/1943815x. 2015. 1110183.

Berit Bakke, Patricia A. Stewart and Martha A. Waters, "Uses of and Exposure to Trichloroethylene in U. S. Industry: A Systematic Literature Review", *Journal of Occupational and Environmental Hygiene*, 2007, 4: 5, 375 – 390, doi: 10. 1080/15459620701301763.

Berrang – Ford, L. , Pearce, T. and Ford, J. D. , "Systematic Review Approaches for Climate Change Adaptation Research", *Reg Environ Change*, 2015, 15: 755 – 769, https: //doi. org/10. 1007/s10113 – 014 –0708 –7.

Biesbroek, G. R. , Klostermann, J. E. M. , Termeer, C. J. A. M. and Kabat, P. , "On the Nature of Barriers to Climate Change Adaptation", *Regional Environmental Change*, 2013, 13 (5): 1119 – 1129, doi: 10. 1007/s10113 – 013 – 0421 – y.

Bina, O. , "The Green Economy and Sustainable Development: An Uneasy Balance?", *Environment and Planning C: Government and Policy*, 2013, 31: 1023 – 1047.

Boden, T. A. , Marland, G. , Andres, R. J. and Global, Regional, National Fossil – Fuel CO_2 Emissions, Carbon Dioxide Information Analysis Center, Oak Ridge National Laboratory, U. S. Department of Energy, Oak Ridge, Tenn. , U. S. A. , 2017, doi: 10. 3334/CDIAC/00001_V2017.

Bowen, A. and Fankhauser, S. , "The Green Growth Narrative: Paradigm Shift or Just Spin?", *Global Environmental Change*, 2011, 21: 1157 – 1159.

Burke, M. , Hsiang, S. and Miguel, E. , "Global Nonlinear Effect of Temperature on Economic Production", *Nature*, 2015, 527: 235 – 239.

CAIT Climate Data Explorer, Washington, DC: World Resources Institute, 2017, Available online at: https: //cait. wri. org.

Collins, M. et al. , "Long – term Climate Change: Projections, Commitments and Irreversibility", Climate Change 2013 – The Physical Science Basis: Contribution of Working Group I to the Fifth Assessment Report of the Intergovernmental Panel on Climate Change, Cambridge University Press, 2013: 1029 – 1136.

Cosgrove, W. J. and Loucks, D. P., "Water Management: Current and Future Challenges and Research Directions", *Water Resources Research*, 2015, 51 (6): 4823 – 4839, doi: 10. 1002/2014wr 016869.

Costanza, R., de Groot, R., Braat, L., Kubiszewski, I., Fioramonti, L., Sutton, P. et al., "Twenty Years of Ecosystem Services: How far Have We Come and How far do We Still Need to Go?", *Ecosystem Services*, 2017, 28: 1 – 16, doi: 10. 1016/j. Ecoser. 2017. 09. 008.

Crossman, N. D., Burkhard, B., Nedkov, S., Willemen, L., Petz, K., Palomo, I. et al., "A Blueprint for Mapping and Modelling Ecosystem Services", *Ecosystem Services*, 2013, 4: 4 – 14, doi: 10. 1016/j. ecoser. 2013. 02. 001.

de Bruin, K., Dellink, R. and Agrawala, S., Economic Aspects of Adaptation to Climate Change: Integrated Assessment Modelling of Adaptation Costs and Benefits, No. 6, OECD Publishing, 2009, Available at http://www.oecd – ilibrary.org/environment/2009.

de Bruin, K. C., Dellink, R. B. and Tol, R. S. J., "AD – DICE: An Implementation of Adaptation in the DICE Model", Working Paper FNU – 126, Hamburg: Research Unit Sustainability and Global Change, Hamburg University, 2007, Available at http://www.fnu.zmaw.de/2007.

DeConto, R. and Pollard, D., "Contribution of Antarctica to Past and Future Sea Level Rise", *Nature*, 2016, 531: 591 – 597.

Drijfhout, S., Bathiany, S., Beaulie, C. et al., "Catalogue of Abrupt Shifts in Inter – governmental Panel on Climate Change Climate Models", *Proceedings of the National Academy of Sciences*, 2015: E5777 – E5786.

Ehresman, T. G. and Okereke, C., "Environmental Justice and Conceptions of the Green Economy", *International Environmental Agreements: Politics, Law and Economics*, 2015, 15 (1): 13 – 27.

Emerson, John, Daniel Esty, Angel Hsu, Marc Levy, Alex De Sherbinin, Valentina Mara and Malanding Jaiteh, 2012 Environmental Performance Index and Pilot Trend Environmental Performance Index, New Haven: Yale Center for Environmental Law and Policy, 2012.

Engelken, M., Römer, B., Drescher, M., Welpe, I. M. and Picot, A., "Comparing Drivers, Barriers, and Opportunities of Business Models for Renewable Energies: A Review", *Renewable and Sustainable Energy Reviews*, 2016, 60: 795 – 809, doi: 10.1016/j.rser.2015.12.163.

Escarcha, J. F., Lassa, J. A. and Zander, K. K., "Livestock Under Climate Change: A Systematic Review of Impacts and Adaptation", *Climate* 2018, 6 (3): 54.

Evers, C. R., Wardropper, C. B., Branoff, B., Granek, E. F., Hirsch, S. L., Link, T. E. et al., "The Ecosystem Services and Biodiversity of Novel Ecosystems: A Literature Review", *Global Ecology and Conservation*, 2018, 13, e00362. doi: 10.1016/j.gecco.2017.e00362.

Fankhauser, S., *Valuing Climate Change: The Economics of the Greenhouse*, London: Earthscan, 1995.

Fankhauser, S. and McDermott, T. (eds.), *The Economics of Climate Resilient Development*, Cheltenham: Edward Elgar, 2016.

Fatorić, S. and Seekamp, E., "Are Cultural Heritage and Resources Threatened by Climate Change? A Systematic Literature Review", *Climatic Change*, 2017, 142 (1 – 2): 227 – 254, doi: 10.1007/s10584 – 017 – 1929 – 9.

Glass, L. M. and Newig, J., "Governance for Achieving the Sustainable Development Goals: How Important are Participation, Policy Coherence, Reflexivity, Adaptation and Democratic Institutions?", *Earth System Governance*, 2019, 100031, doi: 10.1016/j.esg.2019.100031.

Garrick, D., De Stefano, L., Yu, W., Jorgensen, I., O'Donnell, E., Turley, L. et al., "Rural Water for Thirsty Cities: A Systematic Review of Water Reallocation from Rural to Urban Regions", *Environmental Research Letters*, 2019, 14 (4), 043003. doi: 10.1088/1748-9326/ab0db7.

Georgeson, L., Maslin, M. and Poessinouw, M., "The Global Green Economy: A Review of Concepts, Definitions, Measurement Methodologies and Their Interactions", *Geography and Environment*, 2017, 4 (1), e00036.

Goulder, Lawrence H. and Parry, W. H., "Instrument Choice in Environmental Policy", *Review of Environmental Economics and Policy*, 2008, 2 (2): 152–174.

Harris, J. M., Roach, B. and Anne-Marie Codur, *The Economics of Global Climate Change*, Tufts University Global Development and Environment Institute, 2017, http://ase.tufts.edu/gdae.

Harrison, P. A., Berry, P. M., Simpson, G., Haslett, J. R., Blicharska, M., Bucur, M. et al., "Linkages between Biodiversity Attributes and Ecosystem Services: A Systematic Review", *Ecosystem Services*, 2014, 9: 191–203, doi: 10.1016/j.ecoser.2014.05.006.

Herlihy, N., Bar-Hen, A., Verner, G. et al., Climate Change and Human Health: What Are the Research Trends? A Scoping Review Protocol, BMJ Open 2016; 6: e012022, doi: 10.1136/bmjopen-2016-012022.

Hernández-Morcillo, M., Plieninger, T. and Bieling, C., "An Empirical Review of Cultural Ecosystem Service Indicators", *Ecological Indicators*, 2013, 29: 434–444, doi: 10.1016/j.ecolind.2013.01.013.

Himes-Cornell, A., Pendleton, L. and Atiyah, P., "Valuing Ecosystem Services from Blue Forests: A Systematic Review of the Valuation of Salt Marshes, Sea Grass Beds and Mangrove Forests", *Ecosystem Serv-*

ices, 2018, 30: 36 – 48, doi: 10. 1016/j. ecoser. 2018. 01. 006.

Hølleland, H. , Skrede, J. and Holmgaard, S. B. , "Cultural Heritage and Ecosystem Services: A Literature Review", *Conservation and Management of Archaeological Sites*, 2017, 19 (3): 210 – 237, doi: 10. 1080/13505033. 2017. 1342069.

ICC (International Chamber of Commerce), *Ten Conditions for a Transition Toward a "Green Economy"*, Paris: International Chamber of Commerce, 2011.

IEA (International Energy Agency), *Re – powering Markets: Market Design and Regulation during the Transition to Low – carbon Power Systems*, Paris: IEA, 2016.

IEA, *CO_2 Emissions from Fuel Combustion* (2017 edition), IEA/OECD, Paris, 2017, http: //www. iea. org/2017.

IPCC, *Climate Change* 2013: *The Physical Science Basis. Contribution of Working Group Ⅰ to the Fifth Assessment Report of the Intergovernmental Panel on Climate*, *Change.* Cambridge: Cambridge University Press, 2013.

IPCC, *Climate Change 2014: Impacts, Adaptation, and Vulnerability. Part A: Global and Sectoral Aspects, Contribution of Working Group Ⅱ to the Fifth Assessment Report of the Intergovernmental Panel on Climate Change*, Cambridge: Cambridge University Press, 2014a.

IPCC, *Climate Change 2014: Synthesis Report. Fifth Assessment Report of the Intergovernmental Panel on Climate Change*, Cambridge University Press, New York, 2014b.

Jakob, M. , Luderer, G. and Steckel, J. , Massimo Tavoni and Stephanie Monjon, "Time to Act Now? Assessing the Costs of Delaying Climate Measures and Benefits of Early Action", *Climatic Change*, 2012, 114 (1).

Kasztelan, A. , "Green Growth, Green Economy and Sustainable Development: Terminological and Relational Discourse", *Prague Economic Pa-*

pers, 2017, 26 (4): 487 – 499, https: //doi. org/10. 18267/j. pep. 626.

Khor, M. , "Risks and Uses of the Green Economy Concept in the Context of Sustainable Development, Poverty and Equity", *South Center Research Paper*, 2011, No. 40: 6 – 13.

Kivimaa, P. , Hildén, M. , Huitema, D. , Jordan, A. and Newig, J. , "Experiments in Climate Governance – A Systematic Review of Research on Energy and Built Environment Transitions", *Journal of Cleaner Production*, 2017, 169: 17 – 29, doi: 10. 1016/j. jclepro. 2017. 01. 027.

Klöck, C. and Nunn, P. D. , "Adaptation to Climate Change in Small Island Developing States: A Systematic Literature Review of Academic Research", *The Journal of Environment & Development*, 2019, 107049651983589, doi: 10. 1177/1070496519835895.

Landauer, M. , Juhola, S. and Söderholm, M. , "Inter – Relationships between Adaptation and Mitigation: A Systematic Literature Review", *Climatic Change*, 2015, 131 (4): 505 – 517, doi: 10. 1007/s10584 – 015 – 1395 – 1.

Liquete, C. , Piroddi, C. , Drakou, E. G. , Gurney, L. , Katsanevakis, S. , Charef, A. and Egoh, B. , "Current Status and Future Prospects for the Assessment of Marine and Coastal Ecosystem Services: A Systematic Review", *PLoS ONE*, 2013, 8 (7), e67737. doi: 10. 1371/journal. pone. 0067737.

Lövbrand, E. , Hjerpe, M. and Linnér, B. O. , "Making Climate Governance Global: How UN Climate Summitry Comes to Matter in a Complex Climate Regime", *Environmental Politics*, 2017, 26 (4): 580 – 599, doi: 10. 1080/09644016. 2017. 1319019.

Mattoo, Aaditya and Subramanian, A. , "Equity in Climate Change: An Analytical Review", World Bank Policy Research Working Paper, No. 5383, 2010, Available at SSRN: https: //ssrn. com/abstract =

1650474.

Mattoo, A. and Subramanian, A., "Equity in Climate Change: An Analytical Review", *World Development*, 2012, 40 (6): 1083 – 1097, doi: 10. 1016/j. worlddev. 2011. 11. 007.

McEvoy, D. and Cherry, T., "The Prospects for Paris: Behavioral Insights into Unconditional Cooperation on Climate Change", *Palgrave Communications*, 2016, 2: 16056.

McKinsey Company, *Pathways to a Low – Carbon Economy*, 2009, http: //www. mckinsey. com/.

McKinsey Company, *Pathways to a Low Carbon Economy: Version 2 of the Global GHG Abatement Cost Curve*, 2013, http: //www. mckinsey. com/.

Meadows, D. H., Meadows, D. L., Randers, J. and Behrens, W. W., *The Limits to Growth*, New York: Universe Books, 1972.

Mengist, W., Soromessa, T. and Legese, G., "Method for Conducting Systematic Literature Review and Meta – Analysis for Environmental Science Research", *Methods X*, 2019, doi: https: //doi. org/ 10. 1016/J. mex. 2019. 100777.

Mengist, W. and Soromessa, T., "Assessment of Forest Ecosystem Service Research Trends and Methodological Approaches at Global Level: A Meta – Analysis", *Environ Syst Res*, 2019, 8, 22, https: //doi. org/10. 1186/s40068 – 019 – 0150 – 4.

Morris, J., Paltsev, S. and Reilly, J., "Marginal Abatement Costs and Marginal Welfare Costs for Greenhouse Gas Emissions Reductions: Results from the EPPA Model", *Environmental Modeling and Assessment*, 2012, 17 (4): 325 – 336.

Nina Knittel, "The Costs of Mitigation: An Overview", *Climate Policy Info Hub*, 03 February 2016, Online available at: http: //climatepolicyinfohub. eu/costs – mitigation – overview.

New Climate Economy, *Better Growth, Better Climate*, Report by the Global

Commission on the Economy and Climate, London, 2014, http://2014.newclimateeconomy.report/.

Nordhaus, William, *The Stern Review on the Economics of Climate Change*, 2007, http://nordhaus.econ.yale.edu/stern_050307.pdf.

Nordhaus, William, *A Question of Balance: Weighing the Options on Global Warming Policies*, New Haven: Yale University Press, 2008.

OECD, *Indicators to Measure Decoupling of Environmental Pressure from Economic Growth*, Paris: OECD, 2002.

OECD, *Interim Report of the Green Growth Strategy*, Paris: Organization of Economic Cooperation and Development, 2010, http://www.oecd.org/env/.

OECD, *Low Emission Development Strategies (LEDS): Technical Institutions and Policy Lessons*, Paris: OECD, 2010b.

OECD, *Towards Green Growth? Tracking Progress*, OECD Green Growth Studies, 2015.

Olivier, J. G. J. et al., *Trends in Global CO_2 and Total Greenhouse Gas Emissions: 2017 Report*, PBL Netherlands Environmental Assessment Agency, The Hague, 2017.

Owen, Anthony D., "Renewable Energy: Externality Costs as Market Barriers", *Energy Policy*, 2006, 34: 632-642.

Pearce, D., "An Intellectual History of Environmental Economics", *Annual Review of Energy and the Environment*, 2002, 27 (1): 57-81.

Pearce, D., Markandya, A. and Barbier, E. B., *Blueprint for a Green Economy*, Earthscan, London, 1989.

Plummer, R., de Loë, R. and Armitage, D., "A Systematic Review of Water Vulnerability Assessment Tools, Water Resources Management", 2012, 26 (15): 4327-4346, doi: 10.1007/s11269-012-0147-5.

Porter, M., "America's Green Strategy", *Scientific American*, 1991, 264 (4): 168.

Rabie, M., "A World in Transition", in: *A Theory of Sustainable Sociocul-*

tural and Economic Development, Palgrave Macmillan, New York, 2016.

Reckien, D., Creutzig, F., Fernandez, B., Lwasa, S., Tovar‐Restrepo, M., Mcevoy, D. and Satterthwaite, D., "Climate Change, Equity and the Sustainable Development Goals: An Urban Perspective", *Environment and Urbanization*, 2017, 29 (1): 159–182, doi: 10.1177/0956247816677778.

Ren, R., Hu, W., Dong, J., Sun, B., Chen, Y. and Chen, Z., "A Systematic Literature Review of Green and Sustainable Logistics: Bibliometric Analysis, Research Trend and Knowledge Taxonomy", *International Journal of Environmental Research and Public Health*, 2019, 17 (1), 261, doi: 10.3390/ijerph17010261.

Rennings, K. and Rammer, C., "The Impact of Refulation‐driven Environmental Innovation on Innovation Success and Firm Performance", *Industry and Innovation*, 2011, 18 (3): 255–283.

Revesz, R., Arrow, K. et al., "Global Warming: Improve Economic Models of Climate Change", *Nature*, April 4, 2014.

Rogelj, J., McCollum, D. L., Reisinger, A., Meinshausen, M. and Riahi, K., "Probabilistic Cost Estimates for Climate Change Mitigation", *Nature*, 2013, 493 (7430), 79–83, doi: 10.1038/nature11787.

Roggero, M., Bisaro, A., Villamayor‐Tomas, S., "Institutions in the Climate Adaptation Literature: A Systematic Literature Review through the Lens of the Institutional Analysis and Development Framework", *Journal of Institutional Economics*, 2017, 14 (3): 423–448, doi: 10.1017/s1744137417000376.

Rosen, R. and Guenther, E., "The Economics of Mitigating Climate Change: What can We Know?", *Technological Forecasting and Social Change*, 2015, 91: 93–106, doi: 10.1016/j.techfore.2014.01.013.

Sachs, Jeffrey D. and Someshwar, Shiv, "Green Growth and Equity in the

Context of Climate Change: Some Considerations", ADBI Working Paper, 2012, No. 371, Available at SSRN: https://ssrn.com/abstract = 2111137 or http://dx.doi.org/10.2139/ssrn.2111137.

Sanjeev Shrivastava and Shrivastava, R. L., "A Systematic Literature Review on Green Manufacturing Concepts in Cement Industries", *International Journal of Quality & Reliability Management*, 2017, Vol. 34, Iss. 1, pp. 68 – 90.

Schägner, J. P., Brander, L., Maes, J. and Hartje, V., "Mapping Ecosystem Services' Values: Current Practice and Future Prospects", *Ecosystem Services*, 2013, 4: 33 – 46, doi: 10.1016/j.ecoser.2013.02.003.

Schellnhuber, Hans Joachim, Stefan Rahmstorf and Ricarda Winkelmann, "Why the Right Climate Target was Agreed in Paris", *Nature Climate Change*, 2016, 6: 649 – 653.

Shindell, D. T., "The Social Cost of Atmospheric Release", *Climatic Change*, 2015, 130: 313 – 26.

Silvennoinen, S., Taka, M., Yli – Pelkonen, V., Koivusalo, H., Ollikainen, M. and Setälä, H., "Monetary Value of Urban Green Space as an Ecosystem Service Provider: A Case Study of Urban Runoff Management in Finland", *Ecosystem Services*, 2017, 28: 17 – 27, doi: 10.1016/j.ecoser.2017.09.013.

Stern, N., "Economics: Current Climate Models are Grossly Misleading", *Nature*, 2016, 530 (7591): 407 – 409.

Stern, N., *Why are We Waiting? The Logic, Urgency and Promise of Tackling Climate Change*, Cambridge, MA: MIT Press, 2015.

Stern, N., *The Economics of Climate Change, The Stern Review*, Cambridge: Cambridge University Press, 2007.

Tapio, P., "Towards a Theory of Decoupling: Degrees of Decoupling in the EU and the Case of Road Traffic in Finland between 1970 and 2001", *Transport Policy*, 2005, 12 (2): 137 – 151.

TEEB, *The Economics of Ecosystems and Biodiversity*, London: Earthscan, 2010.

Tienhaara, K., "NAFTA 2.0: What are the Implications for Environmental Governance?", *Earth System Governance*, 2019, 100004, doi: 10.1016/j. esg. 2019. 100004.

UNEP, *Rethinking the Economic Recovery: A Global Green New Deal*, 2009, http: //www. sustainableinnovations. org/.

UNEP, *Green Economy Will Boot Job & Economic Growth*, New Global Poll, 2012a, http: //www. unep. org/newscentre/.

UNEP, *Toward a Green Economy Pathways to Suatainable Development and Poverty Eradication*, 2012b, http: //www. unep. org/greeneconomy/.

UNEP, Green Energy Choices: The Benefits, Risks, and Trade – offs of Low – carbon Technologies for Electricity Production, Report of the International Resource Panel by E. G. Hertwich, J. Aloisi de Larderel, A. Arvesen, P. Bayer, J. Bergesen, E. Bouman, T. Gibon, G. Heath, C. Peña, P. Purohit, A. Ramirez, S. Suh, 2016.

UNFCCC, "*The Paris Agreement*", http: //unfccc. int/paris_ agreement/items/9485. php, 2016, Accecced Date: 2017/07/22.

United Nations, *Report of the World Commission on Environment and Development*, General Assembly Resolution, 1987, 42/187, December 11 1987. Retrieved: 2007 – 04 – 12.

United Nations, *Transition to a Green Economy: Benefits, Challenges and Risks from a Sustainable Development Perspective*, New York: United Nations, 2012a.

United Nations, *Green Growth*, Resources and Resilience Environmental Sustainability in Asia and the Pacific, New York: United Nations, 2012b.

United Nations, *Transforming Our World: the 2030 Agenda for Sustainable Development*, 2015, https: //unstats. un. org/sdgs/files/report/.

United Nations, *Global Indicator Framework for the Sustainable Development Goals and Targets of the 2030 Agenda for Sustainable Development*, United Nations, 2017, https://unsta ts. un. org/sdgs/indicators/.

UNDP, *What are the Sustainable Development Goals*? https://www. undp. org/content/undp/en/home/sustainable – development – goals. html.

US EPA, "*Regulatory Impact Analysis for the Final Stands of Performance for Greenhouse Gas Emissions from New, Modified, and Reconstructed Stationary Sources: Electric Utility Generating Units*", 2015, Retrieval Date: 2017/10/03.

Vehmas, J., Kaivo – oja, J. and Luukkanen, J., *Global Trends of Linking Environmental Stress and Economic Growth*, Turku: Tutu Publications, 2003: 1 – 25.

Weitzman, Martin, "On Modeling and Interpreting the Economics of Catastrophic Climate Change", *Review of Economics and Statistics*, 2009, 91 (1): 1 – 19.

World Bank, *Shock Waves: Managing the Impacts of Climate Change on Poverty, Climate Change and Development Series*, Washington, DC, 2016.

World Resources Institute, *CAIT Climate Database*, 2014, http://cait. wri. org/.

陈晨、别敦荣:《2020地平线计划:欧盟研究创新计划框架》,《山东高等教育》2015年第1期。

诸大建:《绿色经济新理念及中国开展绿色经济研究的思考》,《中国人口·资源与环境》2012年第5期。

冯相昭、刘哲、田春秀、王敏:《从国家自主贡献承诺看全球气候治理体系的变化》,《世界环境》2015年第6期。

冯相昭:《〈巴黎协定〉铸就全球气候治理新秩序》,《世界环境》2016年第1期。

何建坤:《〈巴黎协定〉新机制及其影响》,《世界环境》2016年第1期。

洪思扬、王红瑞、来文立、朱中凡:《我国能源耗水空间特征及其协调发展脱钩分析》,《自然资源学报》2017 年第 5 期。

蒋金荷:《中国碳排放问题和气候变化政策分析》,中国社会科学出版社 2014 年版。

经合组织:《为我们期望的未来实现包容性绿色增长》,2012 年,https://www.oecd.org。

雷茵茹、崔丽娟、李伟:《湿地气候变化适应性策略概述》,《世界林业研究》2016 年第 1 期。

李德志、刘科轶、臧润国等:《现代生态位理论的发展及其主要代表流派》,《林业科学进展》2017 年第 8 期。

李海棠:《气候变化法(笔谈)——新形势下国际气候治理体系的构建——以〈巴黎协定〉为视角》,《中国政法大学学报》2016 年第 3 期。

李文俊:《当前全球气候治理所面临的困境与前景展望》,《国际观察》2017 年第 4 期。

联合国环境规划署:《迈向绿色经济:通往可持续发展和消除贫困的途径》,2011 年, http://www.unep.org/greeneconomy。

联合国开发计划署:《2016 年中国城市可持续发展报告:衡量生态投入与人类发展》,联合国开发计划署驻华代表处,中国,2016 年, https://www.cn.undp.org。

林欢:《解读〈巴黎协定〉》,《法制与社会》2016 年第 16 期。

秦大河、陈振林、罗勇等:《气候变化科学的最新认知》,《气候变化研究进展》2007 年第 2 期。

秦天宝:《论〈巴黎协定〉中"自下而上"机制及启示》,《国际法研究》2016 年第 3 期。

万怡挺、常捷:《全球气候变化谈判的回顾与展望》,《环境与可持续发展》2015 年第 2 期。

夏军、刘春蓁、任国玉:《气候变化对我国水资源影响研究面临的机遇与挑战》,《地球科学进展》2011 年第 1 期。

肖巍、钱箭星:《"气候变化":从科学到政治》,《复旦学报》(社会科学版)2012 年第 6 期。

谢富胜、程瀚、李安：《全球气候治理的政治经济学分析》，《中国社会科学》2014年第11期。

新华社：《联合国发布公报庆祝〈巴黎协定〉生效》，新华网，2016年11月4日。

徐维祥、杨蕾、杨沛舟、黄明均、刘程军：《泛长三角生态创新的时空格局演变及形成机制》，《浙江工业大学学报》（社会科学版）2017年第2期。

吴静、王诗琪、王铮：《世界主要国家气候谈判立场演变历程及未来减排目标分析》，《气候变化研究进程》2016年第3期。

谢来辉：《全球环境治理"领导者"的蜕变：加拿大的案例》，《当代亚太》2012年第1期。

张海滨、戴瀚程、赖华夏等：《美国退出〈巴黎协定〉的原因、影响及中国的对策》，《气候变化研究进展》2017年第5期。

张莉：《美国气候变化政策演变特征和奥巴马政府气候变化政策走向》，《国际展望》2011年第1期。

张永香、巢清尘、郑秋红、黄磊：《美国退出〈巴黎协定〉对全球气候治理的影响》，《气候变化研究进展》2017年第5期。

赵兴国、潘玉君、赵波：《区域资源环境与经济发展关系的时空分析》，《地理科学进展》2011年第6期。

朱兆一：《以色列绿色经济研究》，世界图书出版公司北京分公司2016年版。

俞可平：《全球化：全球治理》，社会科学文献出版社2003年版。

仲伟周、邢治斌：《中国各省造林再造林工程的固碳成本效益分析》，《中国人口·资源与环境》2012年第9期。